新文科背景下经管类专业系列教材

U0497734

职场礼仪与沟通
实用教程

▶ 主　编◎杨艳蓉

▶ 副主编◎张燕雪　杨　岚

西南财经大学出版社

中国·成都

图书在版编目(CIP)数据

职场礼仪与沟通实用教程/杨艳蓉主编;张燕雪,
杨岚副主编.--成都:西南财经大学出版社,2024.
11.--ISBN 978-7-5504-6506-0

Ⅰ.C912.1

中国国家版本馆 CIP 数据核字第 2024H5Y166 号

职场礼仪与沟通实用教程
ZHICHANG LIYI YU GOUTONG SHIYONG JIAOCHENG

主　编　杨艳蓉
副主编　张燕雪　杨　岚

策划编辑:陈何真璐　李邓超
责任编辑:雷　静
责任校对:杨婧颖
封面设计:墨创文化
责任印制:朱曼丽

出版发行	西南财经大学出版社(四川省成都市光华村街 55 号)
网　　址	http://cbs.swufe.edu.cn
电子邮件	bookcj@ swufe.edu.cn
邮政编码	610074
电　　话	028-87353785
照　　排	四川胜翔数码印务设计有限公司
印　　刷	郫县犀浦印刷厂
成品尺寸	185 mm×260 mm
印　　张	12.125
字　　数	289 千字
版　　次	2024 年 11 月第 1 版
印　　次	2024 年 11 月第 1 次印刷
书　　号	ISBN 978-7-5504-6506-0
定　　价	39.80 元

1. 版权所有,翻印必究。

2. 如有印刷、装订等差错,可向本社营销部调换。

3. 本书封底无本社数码防伪标识,不得销售。

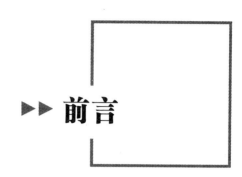

▶▶ 前言

职场礼仪与沟通有助于提升个人职业形象和职业素养、促进职场和谐、改善人际关系，在个人职业发展中具有重要意义。

该教材清晰地阐释了本课程应包含的知识点，旨在将理论与实际相联系，正确严谨地阐述礼仪和沟通相关理论，同时注意追本溯源，确保知识的可操作性较强。

该教材共九章，章节安排合理、取材恰当，适合情景教学与应用。该教材主要包括在一个完整的职场交往过程中，个人形象与言谈举止、见面、接待、拜访、会务、宴请以及职场沟通技巧等环节需要注意的礼仪规范。为了突出实用性，本教材每章开头设置案例导入，章末配有习题和技能拓展训练，针对性强。此外，随着互联网和移动通信的深入发展，新媒体的应用已成为职场不可或缺的一部分。除传统的电子邮件外，本教材还加入了视频会议、微信等新媒体工具的沟通礼仪和规范。

该教材落实立德树人根本任务，政治方向正确。与同类教材相比，该教材尽量结合当下职场实际，反映新知识、新方法和实用操作，并结合中国传统文化和思政元素，体现教学研究与改革的新成果，符合新时代教书育人的要求。

全书由杨艳蓉主编，张燕雪、杨岚副主编，冯子芸参编。其中，杨艳蓉负责第一、三、八章编写，张燕雪负责第二、四章编写，杨岚负责第五、六章编写，冯子芸、杨艳蓉负责第七、九章编写，全书由杨艳蓉负责统稿。本书中的示范图片由宜宾学院经济与工商管理学院学生邓雨洁、刘颖担任模特，施宇鹏担任摄影。

本教材的编写参考了许多同行和专家的教材和资料，因时间关系未在书中一一标明，在此对其深表感谢。

由于编者水平有限，时间局促，书中难免有疏漏不妥之处，恳请各位专家、同行和读者不吝赐教。

编者

2024 年 4 月

▶▶ 目录

第一章

职场礼仪与沟通概述

■**知识要求与目标**

1. 了解职场礼仪的含义、类型与特征。
2. 了解礼仪修养的相关因素，以及提高礼仪修养的方法。
3. 掌握礼仪与职场礼仪的内涵、作用、特点和基本原则。
4. 理解英国学者大卫·罗宾逊提出的 IMPACT 黄金准则。

■**素质培养目标**

1. 理解商务礼仪的重要作用和基本准则，树立礼仪修养意识。
2. 提升学生的人际沟通能力、社会交往能力与礼仪修养。

案例导入

曾子是孔子的弟子，有一次他在孔子身边侍坐，孔子就问他："以前的圣贤之王有至高无上的德行，精要奥妙的理论，用来教导天下之人，人们就能和睦相处，君王和臣下之间也没有不满，你知道它们是什么吗？"曾子听了，明白老师孔子是要指点他最深刻的道理，于是立刻从坐着的席子上站起来，走到席子外面，恭恭敬敬地说道："我不够聪明，哪里能知道，还请老师把这些道理教给我。"

在这里，"避席"是一种非常礼貌的行为，当曾子听到老师要向他传授时，他站起身来，走到席子外向老师请教，是为了表示他对老师的尊重。曾子懂礼貌的故事被后人传诵，很多人都向他学习。

陈祎是隋末唐初洛州人，有一次和几个哥哥听父亲讲授《孝经》。父亲说，古时没有椅子，都是席地而坐。孔子向他的弟子们授课，大家也都是坐在席子上。有一天，孔子讲着讲着，忽然提了个问题，叫他的弟子曾子来回答。曾子见老师要他回答问题，赶紧站起来，往边上一站，垂下双手，毕恭毕敬地回答了孔子的提问……

"这就是曾子避席的故事。你们明白了吗?"几个哥哥都说明白了,这时陈祎却站了起来,整理好衣襟,站到边上,毕恭毕敬地说:"明白了"!

后来陈祎出家当了和尚,法名玄奘。玄奘,俗姓陈,名祎。

案例思考:

1. 一个人的礼仪表现在哪些方面?
2. 礼仪在个人修养中处于怎样的地位?

第一节 礼仪概述

一、礼仪的起源

礼仪是伴随人类文明的发展而发展的,它不是现代社会的产物。

(一) 中华礼仪的起源

古人云:"中国有礼仪之大,故称夏,有服章之美,谓之华。"中华民族自古以来素有"礼仪之邦"的美称,礼仪文化源远流长。汉语中的礼仪一词最早出自《诗经·小雅·楚茨》:"献酬交错,礼仪卒度。""礼"的繁体写作"禮",左边"示"表天象,显示吉凶,代表神事;右边"豊",《说文解字》曰:"行礼之器也,从豆,象形。"其意思是向神进贡的祭物。《说文·示部》解释:"礼,履也,所以事神致福也。"可见,礼是用来"事神"的器物,本意是敬神,后来引申为表示敬意。《周礼·春官·肆师》:"凡国之大事,治其礼仪,以佐宗伯。"《史记·礼书》:"至秦有天下,悉内六国礼仪,采择其善。"《春秋左传正义》云:"中国有礼仪之大,故称夏;有服章之美,谓之华。"经过漫长的岁月积淀,中华民族形成了自成体系的传统礼仪规范。中国古籍中,《周礼》《仪礼》《礼记》是非常重要的古典礼仪专著。孔子是中国历史上第一位礼仪专家,他把"礼"作为治国安邦的基础,主张"克己复礼""为国以礼",倡导人们做"文质彬彬"的君子。孟子把仁、义、礼、智、信作为基本道德规范,认为"辞让之心"和"恭敬之心"是礼的发端和核心。

(二) 西方礼仪的起源

约翰·洛克说过:礼仪的目的与作用是使人们本来的顽固变柔顺,使人们的气质变温和,使他尊重别人,和别人合得来。

国际礼仪源于西方国家的传统礼节。西方是指欧美各国,其文化源流、宗教信仰相近,在礼俗上虽然受各种复杂因素的影响而有差别,但共性较多。澳洲及南美地区,因在历史上深受欧美文化的影响,其礼俗也与欧美各国存在许多共同之处。西方的文明史,在很大程度上反映了人类对礼仪的追求及其演进的历史。人类为维持与发展除血缘亲情以外的各种人际关系,避免"争斗"和"战争",逐步形成了各种与"争斗""战争"有关的礼仪。例如,为了表示自己手里没有武器,让对方感觉到自己没有恶意而创造了举手礼,后来演进为握手;为了表示自己的友好与尊重,愿在对方面前"丢盔卸甲",于是创造了脱帽礼。在古希腊的文献典籍中,如苏格拉底、柏拉图、亚里士多德等先哲的著作中,有很多关于礼仪的论述。中世纪是礼仪发展的鼎盛时代。文艺复兴以后,西方的礼仪有了新的发展:从上层社会对遵循礼节有苛刻要求,到20世纪中期对优美举止进行赞赏，再到为适应社会平等关系而产生了比较简单的礼仪规则。

国际礼仪不仅是社会日常交往的产物，更是国际贸易和国际文化交流的产物，就像一门世界通行的"语言"，参加国际交往的国家、地区或人都能以此来约束自己的行为，并相互理解和接受。随着国际交往的频繁和深入，国际礼仪的内容也在不断丰富。

虽然东西方礼仪的文化土壤不同，但都植根于各自的文明，并随着文明的发展而演进。

二、礼仪的内涵

现代社会背景下，人际交往实际上是人与人之间的信息交流与沟通，顺畅的交流与沟通是人类一切活动顺利进行的基本保障。斯坦福研究中心调查报告曾得出结论："一个人赚钱，12.5%来自知识，87.5%来自人脉。一个人事业的成功，80%归因于与别人的相处，20%才是来自自己的心灵。"这充分表明了交流与沟通能力的重要性。礼仪就是在人际交往中，以一定的行为方式来进行交流与沟通的过程。

（一）礼仪的界定

由前所述可以得出，礼仪是指在长期的社会生活和交往中，人们以一定的约定俗成并共同遵守的程序、方式来实现律己敬人的具体行为规范。由于礼仪的活动都有一定的规矩和仪式，于是又有了礼貌、礼节、仪式的概念。

礼貌，是指人们在待人接物时的言语动作，向交往对象表示谦虚、友好和恭敬的外在表现，侧重于表现人的品质与素养。

礼节，是指待人接物的行为准则，是人们在日常生活中，特别是交际场合相互表示尊敬、问候、祝贺、致意、慰问、哀悼以及给予必要的协助与照料的惯用形式。礼节实际上是礼貌的具体表现形式。没有礼节，无所谓礼貌；有了礼貌，必然伴随具体的礼节。

仪式，是指在一定场合举行的具有专门规定的形式和程序的规范活动，比如成人仪式、升旗仪式、奠基仪式、欢迎仪式、毕业典礼，等等。正如前文所述，最早的礼仪仪式源于原始社会人们对神的祭祀活动。现代社会我们在电视上经常能看到国家领导人欢迎外国领导人的仪式，包括走红毯、奏国歌、鸣礼炮等。例如，按照国际惯例，欢迎国家元首鸣 21 响礼炮，欢迎政府首脑鸣 19 响礼炮，欢迎政府副首脑鸣 17 响礼炮，还要检阅三军仪仗队。

礼貌是礼仪的基础，礼节是礼仪的基本组成部分，仪式是不同礼节的特定表现形式和程序。礼仪在层次上要高于礼貌、礼节，其内涵和范围更深、更广。礼仪实际上是由一系列具体表现礼貌的礼节所构成的。礼仪不像礼节只是一种做法，而是一个表现礼貌的完整的系统过程。从本质上讲三者所表现的都是人与人之间的相互尊敬与友好的情感。鉴于此，为更完整、准确地理解"礼"，采用礼仪这一概念来对此加以表述，是最为可行的。

三者之间存在着既互相区别，又互相渗透的关系，其划分只具有相对意义。懂得了这种划分的相对性，将有助于我们在认识各种礼仪形式时融会贯通。基于以上，我们可以进一步对礼仪下一个完整的定义：礼仪是各民族在长期的交际生活和工作中，集体创造、约定俗成并共同遵守的行为规范，它是一种用语言或非语言形式表现出来的包含尊重、爱护、关心他人等意义的执行体系，其内容可随时代的发展而不断发展演变。

从不同的视角可对礼仪这一概念做殊途同归的诠释，以进一步加深对其的理解与把握：从修养角度来看，礼仪可以说是一个人的内在修养和素质的外在表现，礼仪是个人素质的一种表现形式，个人素质体现于对礼仪的认知和应用；从道德角度来看，礼仪可以被认为是为人处世的行为规范或者称为标准做法、行为准则；从交际角度来看，礼仪既可以说是人际交往中适用的一种艺术，也可以说是一种交际方式；从民俗角度来看，礼仪是待人接物的一种惯例；从审美角度来看，礼仪可以说是一种形式美、心灵美的外化表现；从传播角度来看，礼仪可以说是一种人际交往中沟通的技巧。

（二）礼仪的基本特点

1. 规范性

如前所述，礼仪是人们在交际场合待人接物时需要遵守的行为规范，所以礼仪既受内在的道德准则的约束，又由外在的行为尺度来衡量。人们遵守礼仪规范，就会得到社会的认可和赞同；不按礼仪规范行事，各行其道，各认其理，与他人就难以沟通和合作，从而会因格格不入而四处碰壁。

礼仪的规范性，不仅约束人们在一切交际场合的言谈举止，使之合乎礼仪；也是人们在一切交际场合中必须采用的一种"通用语言"，帮助人们实现有效沟通。

2. 操作性

礼仪规范以人为本，重在实践，人人可学，习之易行，行之有效。"礼者，敬人也。"待人的敬意，应当怎样表现，不应当怎么样表现，礼仪都有切实可行、行之有效的具体操作方法。用具体的方法来实际贯彻礼仪原则，把它们落到实处，言之有物、行之有方。例如，开会时主方让客方坐右边，表示对客方的礼貌和重视。

3. 差异性

礼仪作为一种文化现象，是全人类的共同财富。礼仪规范约定俗成，不同国家、不同地区，由于民族特点、文化传统、宗教信仰、生活习惯的不同，往往有着不同的礼仪规矩，"十里不同风，百里不同俗"，这就需要增进了解，尊重差异，入乡随俗。

4. 时代性

礼仪一旦形成，则具有世代相传、共同实践的特点，但是礼仪并非一成不变，而是随着时代发展变化而吐故纳新，随着国家和地区间内外交往日益频繁而互相借鉴吸收，它跨越了国家和地区的界线。尽管不同国家、不同民族、不同社会制度所构成的礼仪有一定差异；但在讲文明、讲礼仪、相互尊重的原则基础上形成完善的规范的国际礼仪，已被世界各国人民所接受和广泛使用。比如，我国传统的跪拜礼流传至今，但其表现形式发生了变化，在很多社交场合和商务场合已演变为鞠躬礼或叩指礼。所以礼仪除了具有固定形式与规范外，还要注意因时因地因人而异。

5. 发展性

礼仪规范不是一成不变的，它随着时代的发展、科学技术的进步，在传统的基础上不断地推陈出新，体现着时代的要求与时代的精神。例如，随着信息技术的不断发展，如今书信交往已逐渐减少，网络礼仪应运而生。节假日给远方亲朋好友打个电话，发个短信，或通过网络订购鲜花和礼物相送，表示祝贺与问候，有了网络，虽天各一方也能收到远方的暖心祝福，这些都反映了礼仪发展性的特点。

三、礼仪的施行方法

（一）客随主便

客随主便是处于客位的礼仪当事人必须遵循处于主位的礼仪当事人所在地域的礼仪规范。简言之就是客人应随主人安排而行事。在一般情况下，处于客位的礼仪当事人可以简称为"客人"或"来宾"；处于主位的礼仪当事人则可以简称为"主人"或"东道主"。因此客随主便是指外来客人必须遵循主人所在地域的礼仪规范。

任何国家、任何地区都有一些长期以来自然形成的风俗和习惯。遵循所到地域的礼仪规范，是一切处于客位的礼仪当事人无法回避的，如果做不到这一点，必然会造成不同程度的礼仪失误，并且产生一系列其他的不良影响。从积极方面来看，遵循所到地域的礼仪规范，是处于客位的礼仪当事人得到所赴地域主人的认同、认可、赞赏和欢迎的因素之一。

（二）主遂客意

主遂客意是指在涉外交往中东道主国家基本上采用本国礼仪的同时，适当地采用一些交往对象所在国现行的礼仪，尤为重要的是，要做到对交往对象的国家及民族的主要礼俗禁忌心中有数，并且在实际操作中加以避免。

主遂客意是相互尊重，是对客随主便的真正理解和准确把握。既坚持客随主便，又不失主遂客意的精神，是现代礼仪的体现。其实，在许多礼仪行为和礼仪活动中，都需要主遂客意。比如，在外事活动中经常举行各式各样的宴会，东道主国家在筹办宴会时，就必须具有主遂客意的思想和精神。宴会上不仅要准备东道国的特色菜品，也要遵循客方习惯，准备一些客方国家的传统饮食，避免客方因饮食不同造成的肠胃不适，影响交往活动的顺利进行。

无论是主遂客意还是客随主便，都是对"入国问禁、入乡随俗、入门问讳"的贯彻落实，都是尊重交往对象的具体体现。

第二节　职场礼仪

团体和个人，其礼仪的修养程度，是体现其道德水平、综合素质的重要方式。

一、职场礼仪的内涵

什么是职场礼仪呢？职场礼仪就是在职场活动中，个人的行为规范与待人处世的行为准则，是社会个体应当遵守的交往艺术。职场活动主要体现为人与人之间在职场中的交往。人和人打交道，就要讲究交往的艺术。职场礼仪主要由四个基本要素组成。

（一）主体

主体指职场中礼仪活动的实行者，它既可以是个人，也可以是组织。当礼仪活动规模较小，形式较为简单时，其主体通常是个人。当礼仪活动规模较大、流程较为复杂时，其主体通常是组织。没有礼仪主体，礼仪活动不可能正常进行。

（二）客体

客体也叫礼仪行为的实施对象，指礼仪活动的具体指向者和承受者，它既可以是人，也可以是物；可以是物质的，也可以是精神的；可以是具体的，也可以是抽象的；可以是有形的，也可以是无形的。没有礼仪客体，礼仪就失去了对象，就不成为礼仪。

（三）媒介

媒介指礼仪活动所依托的一定的物质或手段。由人体礼仪媒介、物体礼仪媒介、事体礼仪媒介等构成。在具体施行礼仪时，这些不同的礼仪媒介往往是交叉、配合使用的。

（四）环境

礼仪的环境指的是礼仪活动所处的特定的时空条件，分为礼仪的自然环境与礼仪的社会环境。礼仪的环境，经常决定着礼仪的实施，不仅实施何种礼仪由其决定，而且具体礼仪的实施方法也由其决定。

二、职场礼仪的基本原则

社会职业种类繁多，数不胜数，各行各业都有各自的行业规定，但职场通行礼仪是大体一致的。在参与职场活动时，职场人士一般应遵循职场礼仪的基本原则。

（一）尊重原则

礼仪的本质就是尊重。孟子说："恭敬之心，礼也。"我们常说，"礼者，自卑而敬人""人敬我一尺，我敬人一丈""礼尚往来，往而不来非礼也，来而不往亦非礼也"等，都是这个意思。所以，人际交往中，尊重是核心内容。但尊重这一内容只有通过一定的形式表达出来，才能被别人看见和感受到，才能达到礼仪应有的效果，发挥礼仪应有的作用。因此，我们讲礼貌、懂礼节、注重仪表、举行仪式，这些形式是必不可少的。尊重包括自尊和尊重他人。

【小情景】

史诗英雄巨片《赛德克·巴莱》故事根据 1930 年发生的"雾社事件"改编，影片叙述在险恶的日据时代，赛德克人被迫失去自己的文化与信仰，男人必须服劳役、不得狩猎，女人派遣帮佣、不能编织彩衣。骁勇善战的赛德克人马赫坡社的领头人莫那·鲁道，见证了这三十年来的压迫统治，看着族人过着苦不堪言的日子。日警和赛德克人的紧张关系因一场误会更加剑拔弩张，自此族人便活在恐遭日警报复的阴霾中，忍辱负重的莫那·鲁道在深思后，虽知这场战役将面临灭族危机，但他明白唯有挺身而出为民族尊严反击，才能成为真正的赛德克人，于是决心带领族人循着祖灵之训示，夺回属于他们的猎场。

影片上映于 2012 年，从构思到上映整整花了 12 年，分为上下两部。这是一部人性与文明的战争，日军企图用他们口中的"文明"去挑战、去践踏赛德克人心中的"人性"，信仰与图腾支撑着手无寸铁的赛德克人向日军的大炮冲锋，妇女小孩为了节约粮食以支持前线的男人奋勇作战，集体自杀。

如果你的文明是叫我们卑躬屈膝，那我就让你们见证野蛮的骄傲。这群战士在历史长河中纵然消散，但他们也终究留下了浓墨重彩的一笔。时日曷丧，予及汝皆亡，唯自由之灵魂不可征服，他们血脉中流淌的中华民族的血液饱含了不可屈服、永不向敌人卑躬屈膝的气节。

1. 自尊

俗话说，"树活一张皮，人活一张脸"，在人际交往中，一个人只有尊重自己，保持自己的人格和尊严，才能赢得他人的尊重。自尊是指在职场和其他社交场合维护自己的人格，尊重自我，尊重自己的职业，尊重自己所在的单位，对所从事的工作全力以赴。

一个人若没有自尊，别人就不会尊重你。一个人外表打扮得光鲜，但是言语低俗、举止粗鲁是没办法获得别人的尊重的。要维护自尊，就要注意自己的内在和外在形象，严格要求自己的仪容仪表，在待人接物时友好从容。

2. 尊重他人

尊重应该是双向的、相互的。苏格拉底曾言："不要靠馈赠来获得一个朋友，你须贡献你诚挚的爱，学习怎样用正当的方法来赢得一个人的心。"可见在与人交往时，只有真诚待人才是尊重他人，只有真诚尊重，方能创造和谐愉快的人际关系。真诚和尊重有许多误区，一种是在社交场合，一味地倾吐自己的所有真诚，甚至不管对象的想法如何；另一种是不管对方是否能接受，凡是自己不赞同的或不喜欢的一味地抵制排斥，甚至攻击。如果在社交场合中，陷入这样的误区也是糟糕的。所以在社交中，必须注意真诚和尊重的一些具体表现，在你倾吐衷肠时，有必要看一下对方是否是能倾听肺腑之言的知音。另外，如果对方的观点或打扮等是你不喜欢、不赞同的，也不必针锋相对地批评他，更不能嘲笑或攻击，你可以委婉地提出或适度地有所表示或干脆避开此问题。这是给人留有余地，是一种尊重他人的表现，自然也是真诚在礼貌中的体现。就像在谈判桌上，尽管对方是你的对手，你也应彬彬有礼，显示自己尊重他人的风度，这既是礼貌的表现，同时也是心理上战胜对方的表现。要表现你的真诚和尊重，在职场或社交场合，牢记三点：给他人充分表现的机会，对他人表现出你最大的热情，给对方永远留有余地。

【小情景】

有一个人想用零钱坐公交车，看到旁边有一个报刊亭，于是扔给卖报老人一张百元大钞，傲慢地说："赶紧找钱！"卖报老人非常生气，说："我可没工夫给你找钱。"说罢，就夺回了那人拿在手里的报纸。那人很生气，可也没有办法。

这时，第二位顾客也遇到了类似的情况，不过他就比第一个人聪明多了。只见他笑眯眯地走到报摊前，对老人恭敬地说："大爷，我碰到了一个难题，您能不能帮我一下？我现在只有一张百元钞票，可我真的想买份报纸，可以吗？"

老人笑了，他温和地说："我今天刚开张，零钱真不多。不过冲你这态度，还是卖给你吧！"说着，就把一份报纸塞进他的手里。

第二位顾客之所以能成功换来零钱，就是因为他对卖报老人很尊重，所以打动了卖报老人。有时候，人与人之间的关系不能仅仅用金钱来衡量，稍稍表示一下尊重，可能就会换得别人的热情相助。礼貌和尊重可以营造友好的气氛，让社交更加顺利。

（二）平等原则

心理学家的研究证明：任何人都有友爱待人和受人尊敬的心理需求，渴望平等地与他人沟通和交往。因此在人际交往中，我们对与自己交往的对象要做到一视同仁，给予同等的礼遇，不能厚此薄彼、区别对待。礼尚往来体现出的就是平等原则。国家元首到访，东道主国家鸣礼炮21响，这是世界各国普遍遵守的规范。因此，只要接待的是国家元首，不论国家大小、国力强弱，也不论元首的年龄、人种、肤色、性别等，我们都要鸣放21响礼炮。

【小情景】

著名的史学四大家之一的陈寅恪早年到日本、德国、美国等国留学长达13年之久，精通多国语言。不过，他虽然了解西方文化，但从国外回来也从没忘记东方礼仪。一次，几个学生上门拜见他，这天陈寅恪的父亲陈三立刚好也在，于是家里出现了两种关系，父与子、师与生。陈寅恪因此遇到了一个棘手的问题：谁该坐着谁该站着？

父亲肯定得坐着，但自己和学生怎么办？全部坐下显然不行，按当时的礼节，作为儿子，无论年龄有多大，学问有多深，在父亲的面前永远是儿子，是不能平起平坐的。当然，自己也不能让学生站着，因为他们都是客人。

陈寅恪想了一会儿，最后让大家都坐下来，自己则站到父亲的身旁。学生们看到了他的举动，一下子就明白了两个道理：作为晚辈，必须尊重长辈；作为主人，则应遵守中国人的待客之道，让客人坐着。既为人子，又为人师，家中的陈寅恪很快找到了自己的位置。

（三）宽容原则

"严于律己，宽以待人"是中华传统文化特别强调的一种美德，这一美德同样适用于现今社会。一般来说，交往初期，双方总会存在一定的心理距离，有不相容的心理状态，这种差异会使交往双方产生思想隔膜，甚至会使双方关系僵化。要想缩小这种心理上的差异，就要抱着宽容之心。"海纳百川，有容乃大"，能设身处地为别人着想，能原谅别人的过失，也是一种美德。

【小情景】

清康熙年间，张英在朝廷当文华殿大学士、礼部尚书。老家旧宅与吴家为邻，之间有个空地，供双方来往交通使用。后来邻居吴家建房，要占用这个通道，张家不同意，双方将官司打到县衙门。县官考虑纠纷双方都是名门望族，不敢轻易了断此案。在这期间，张家人写了一封信，要求张英出面干涉此事。张英给家里的回信中写了四句话：千里来书只为墙，再让三尺又何妨？万里长城今犹在，不见当年秦始皇。家人看了以后，主动让出三尺空地。吴家见状，深受感动，也让出三尺房基地，这样就形成了一个六尺巷。两家礼让和睦之举从此传为美谈。

有人说六尺巷有多长？它比长城还长；六尺巷有多阔，它比海面还阔；六尺巷有多深，它能装下高山大海。其实，六尺巷里只装了四个字：礼让、和谐。

（四）适度原则

海涅说过，崇高到可笑，仅一步之遥。礼仪的适度原则指人们在施行礼仪的过程中，必须在熟悉礼仪规范和准则的基础上，注意各种情况下的人际关系的距离，要把握好分寸，根据交往的场合、事件、对象、环境等因素选择合适的礼仪行为，做到大方得体，恰到好处。不能将"礼多人不怪"作为处事原则，"东施效颦""过犹不及"只会贻笑大方。

【小情景】

过犹不及

春秋时期，孔子的学生子贡问孔子，他的同学子张和子夏哪个更贤明一些。孔子说子张常常超过周礼的要求，子夏则常常达不到周礼的要求。子贡又问，子张能超过是不是更好一点，孔子回答说超过和达不到的效果是一样的。

（五）从俗原则

国情、地域、民族、文化背景不同，因此社交生活中存在"十里不同风，百里不同俗"的情况。"入竟（境）而问禁，入国而问俗，入门而问讳"（《礼记·曲礼上》），问禁、问俗、问讳都是尊重对方之意，也是职场礼仪中必须遵守的原则。这要求我们正确认识客观现实，尊重交往对象的习俗，做到知礼明俗，才能在职场上构建和谐融洽的商务关系，否则自高自大、妄加非议、自以为是，会导致双方产生误会，甚至关系紧张，断送单位业务拓展的大好前景。

三、职场礼仪的基本理念

由前所述，我们可以总结出职场礼仪的几大基本理念。

（一）尊重为本

职场礼仪的基本原则之首就是尊重。"人敬我一尺，我敬人一丈"，充分考虑对方的感受，是职场活动顺利开展的基本保障，是同事之间、合作伙伴之间和谐关系的调节剂。

（二）有效表达

尊重他人，不只是了解其中内涵，更重要的是实际操作。职场交往中，要表达对交往对象的尊重、友好，如果当事人不善于表达，或表达不到位，我们的尊重就不会有实际的效果，这样的商务交往也只能是无效交往或低效交往。

1. 要善于表达

对对方尊重、友好，就应该让对方知道，这是职场交往的要求。职场交往的内容与形式是相辅相成的，形式不等于形式主义，形式表现内容，内容反映形式。商务活动中，要通过一定的具体形式，把尊重展现出来，让对方了解和感受到。

2. 表达形式规范

职场礼仪的核心是一种行为规范和交往准则，彼此共同遵守，用来约束日常职场活动的方方面面，促成职场活动的顺利开展。善于表达，就要遵守约定俗成的规范。否则，对方就会无法理解或理解产生偏差，致使沟通失败。在职场交往中怎样才能做到有礼有节、相互尊重呢？要有实际的内容和形式，要把尊重、礼貌、热情恰到好处的、形式规范地表达出来。比如邀请对方参加聚会，有三种选择：打电话方式邀请、登门送请帖的方式邀请、发短信或微信消息的方式邀请。日常生活中可能这三种形式我们都遇到过，我们作为被邀请方的话，会觉得哪种方式更让人容易接受呢？

（三）以对方为中心

要想获得成功的商务交往，就必须以对方为中心去考虑和处理问题。以对方为中心是"白金法则"的要旨。"白金法则"是指在人际交往中要取得成功，就一定要做到交往对象需要什么，我们就要在合法条件下满足对方什么。"白金法则"是美国学者托尼·亚历山德拉博士与迈克尔·奥康纳博士研究的成果。这里要注意的是，满足别人的需要并不意味着迷失自己，它有三大要点：

1. 行为合法

不能要什么给什么。要自觉知法、懂法、守法，行为合法。做人、做事都需要底线。

2. 交往应以对方为中心

对方需要什么，我们就要尽量满足对方什么。本质是以对方为中心，满足其需求，使对方价值最大化、成本最小化。但并不意味着我们就要无条件无底线地给予。

3. 对方的需要是基本的标准

"白金法则"的精髓在于"别人希望你怎样对待他们，你就怎样对待他们"。从研究别人的需要出发，调整自己的行为，运用我们的智慧和才能，带给他人轻松和愉快。

无论是在商务还是政务职场活动中，要尊重他人，真诚待人，公正待人。我们必须以交往对象为中心来开展职场服务工作，使交往对象的需求在良好的职场服务中得到满足，方能实现商务或政务活动的目的。

（四）角色定位准确

角色定位（role definition）：在一定的系统环境下（包括时间），在一个组合中拥有相对的不可替代的定位，就是角色定位。"角色"不一定是一个人，也可以是一个群体。职场交往是双向的、互动的，需要相互理解，需要我们准确地定位。职场企业角色通常分为：经营层、管理层和执行层。找准自己的定位才能在职场中发挥最大作用。

1. 自我角色定位准确

每个人在日常生活中都扮演着各种各样的角色。职场人员在自己的工作岗位上工作时，必须弄清楚自己当时当地所扮演的角色，这是非常重要的。明确自己所处的时间、地点、场合和是什么身份，调整好自己的心态，摆正自己的位置。如果上下级角色、客我角色错位，就会导致交往的失败。

如果用军队来描述职场的三种角色定位，那么管理层是军队的军官，是专家，要有所创新；经营层是首长，是全才；执行层是士兵，是上级的帮手，执行工作任务，每一个细节都要做到精益求精。

2. 准确设计自我角色形象

为自己做形象设计，就是为了让自己的角色定位具体化、明确化、形象化。俗话说："干什么，就要像什么。"商务活动中，每个人应按自己所承担的责任进行角色扮演。发式、妆容、服饰、姿态、礼节等设计与角色一致且落实到位，才能获得好评和认同。

3. 为对方进行必要的定位

尊重他人，就要了解他人。当今社会，人们交际的范围在不断扩大，交际的对象日趋复杂。不同的交际对象，由于其职业、性别、年龄、职务、文化程度、身体状况、个人喜好、宗教信仰的不同，交际的心理也不同。对方是怎样的人，在开始交往之前，我们必须弄清楚，方能表达得当，友好交往。

4. 遵守惯例，注意角色间的调整

按惯例交往，更容易让对方了解和接受我们对他的尊重和友好。交往中，还要注意因双方关系的发展导致的双方角色的变化，以及在各种对象如客户、上司、同事等眼中的角色转换。

商务人员要有自知之明，要善解人意。人人为我，我为人人。其实，自己可能是自己最大的对手，也是自己最重要的贵人，心态决定态度，态度决定行为，行为决定命运。一个人懂得善待自己与他人，工作和生活才有质量，才能得到别人的尊重。

（五）善始善终

职场中的人际交往要抓住每一个细节，做到尽善尽美，善始善终。

1. 善始

善始即首轮效应，也称首因效应、第一印象，是指人与人之间第一次交往时给对方留下的印象，在对方头脑中占据主导地位。换而言之，它是一种有关个人形象、单位形象的成因及塑造的理论。第一印象在50%以上决定了对一个人的看法，而且往往很少改变这个判断。也就是说，第一印象很好的人，即使往后其在表现上有什么不尽如人意的地方，别人仍会采取接纳、原谅的态度；但如果给人第一印象是负面的，其往后即使加倍用心，也很难脱离坏印象的阴影。很不幸的是，通常最初的印象破坏了，大概没有机会再去制造好的印象了，正所谓"人永远没有第二次机会回到给别人留下第一印象的时候"。对于人际交往而言，这种认知往往直接影响交往双方的关系。鉴于此，我们在学习交往艺术时应当对此予以高度重视。

2. 善终

善终即尾因效应、末尾印象，是指在人际交往或工作场合的最后阶段给别人留下的印象。即使第一印象非常好，但也必须谨记一点，末尾印象和第一印象同样非常重要。在一些场合，末尾印象甚至决定着该企业或个人的整体印象是否完美，商务合作或谈判能否取得成功。商务交往应该有始有终，始终如一，方能顺利圆满。

【小情景】

某市为了扩大声誉，加大招商引资力度，会定期或不定期地举办一些大型展销会议。因为邀请了很多国内外嘉宾和各级领导，所以往往这些大型会议的开幕式都非常隆重，负责接待工作的人员也非常热情周到，让嘉宾们赞不绝口。但是到了展销会议结束前一天或半天，随着参观客人的逐渐离去，工作人员也多数不见了踪影，客商们打包返程的事宜往往都是他们独自操办。这个时候客商们都有种被舍弃的感觉，刚开始对这个城市的好感也会大幅度降低。

四、IMPACT 黄金准则

针对礼仪修养，英国的学者大卫·罗宾逊概括出了 IMPACT 黄金准则。IMPACT 黄金准则具体包括以下几个方面。

（一）正直（integrity）

正直是指通过言行表现出诚实、可靠、值得信赖的品质。这要求商务人士品行端正，踏实肯干，不能因为经济诱惑而做出说谎和欺瞒之事。一个人的尊严是靠自己的良好品质维护的，应当"做老实人，说老实话，干老实事"。

（二）礼貌（manner）

在与他人进行商务交往时，一定要保持言行举止的礼貌，因为一个人的风度可以向对方表明自己是否可靠，行事是否正确和公正。如果表现得粗鲁、自私、散漫，是无法推进双方合作进展的。

（三）个性（personality）

个性是指个人在商务活动中表现出来的独特之处。例如，商务人士可以充满激情地参加商务活动，但不能在沟通时感情用事，丧失理智；可以充分展现自己的优势，不过分谦虚，但不能言而无信；可以用自己的幽默感逗人发笑，但不能表现得轻率、轻浮；可以充分展露自己的才华，但要适可而止，不可因过度表现自己而惹人厌烦。

（四）仪表（appearance）

有种说法是，两个人初次见面，只需短短的 7 秒，就决定了给对方留下的第一印象。而在这短暂时间内的第一印象，在之后的交往中很大程度上影响着他们对另一方的态度和行为。鉴于第一印象的重要性，职场人士应当注重个人仪表，衣着整洁得体，举止落落大方，在职场上给商务伙伴留下良好的第一印象。

（五）善解人意（consideration）

从别人的角度来看你自己，这是良好的职场风度中最基本的一条原则。成功的谈判者往往会先代入对方的角度、扮演一下对手的角色，从而更好地理解和解读对手的心意。对方可能有的反应进行预判，就能更谨慎、更敏锐地与对方打交道。

（六）机智（tact）

机智即三思而后行，当有疑虑时，保持沉默。职场中每个人都有可能对某些挑衅立即做出反应，或者被利用某些显而易见的优势，如果我们一时冲动，则会悔之不及。

IMPACT 黄金准则的作用是有利于塑造个人形象，规范员工行为，给对方留下良好印象。

第三节　职场沟通

在交往过程中，沟通的作用非常大。世界著名关系学之父卡耐基说过：一个人获得成功的因素中 15% 来源于专业技术，85% 来源于人际关系和沟通技巧。

所以职场中除了礼仪，我们还可以学习良好的沟通，沟通技巧好的人，其人际关系更圆融，工作也开展得更顺利。

一、职场沟通的概念

沟通（communication）原是指开通沟渠以便两水连通，后用来指使两方相连。现在可以理解为是人与人之间、人与群体之间思想与感情的传递和反馈的过程，目的是使思想达成一致和使感情通畅。

沟通是为了一个设定的目标，把信息、思想和情感在个人或群体间进行传递，并且达成共同协议的过程。

沟通是人们分享信息、思想和情感的过程。这个过程不仅包含口头语言和书面语言，也包含形体语言、个人的习气和方式、物质环境（赋予信息含义的任何东西）。

职场沟通就是信息传递与接收的行为，发送者凭借一定的渠道，将信息传递给接收者，并寻求反馈以达到相互理解的过程。

二、职场沟通类型

由于沟通的普遍性和复杂性，我们可以根据不同的标准对沟通进行分类。

（一）语言沟通和非语言沟通

根据沟通符号的划分，沟通可以分为语言沟通和非语言沟通。语言沟通包括书面沟通与口头沟通。口头沟通是日常生活中最为常用的沟通方式，平常的交流、讨论、开会都离不开口头语言；书面沟通借助于书面文字材料实现信息交流，可以修正内容，准确性较高，且保存时间较久，可以超越时间和空间的限制。非语言沟通指基于身体动作、眼神、面部表情以及发送者和接收者之间的身体距离等而产生的沟通行为。有些学者认为每一种身体动作都有意义，没有一种动作是随便表现出来的。非语言沟通弥补了语言沟通单一性的问题，并常常使语言沟通更为复杂。身体动作本身并不具有精确的或普遍的意义，但当它与口头语言结合起来时，就使得发送者传递的信息更为丰富。对接收者来说，注意非语言沟通中的信息十分重要，有时非语言沟通传递的信息可能和语言沟通传递的信息存在矛盾之处，也就是人们常说的口是心非。

"花言巧语"可以帮助一个人获得他人的好感；语言可能使你逃离灾祸，也可能使你陷入泥潭；一个敢于站起来说话的人可能成为领导者；语言也可能使人受到极大的鼓舞或者极大的侮辱。语言可以帮助你去获得他人的理解，并使你与他人的沟通成为可能。你对语言的驾驭会使他人对你所处的状态和接受的教育产生联想。

非语言沟通包括声音语气（比如音乐、语音、语调）、表情（比如眼神、笑容）停顿与肢体动作（比如手势、舞蹈、武术、体育运动等）。

最有效的沟通是语言沟通和非语言沟通的结合。

（二）正式沟通和非正式沟通

根据沟通的组织形式划分，沟通可以分为正式沟通和非正式沟通。正式沟通是指在一定的组织机构中通过明文规定的渠道进行信息的传递。例如，上级向下级下达批示、发送通知，下级向上级呈送材料、汇报工作，定期或不定期的会议等。

非正式沟通是指在正式沟通渠道外进行的信息交流，是人们以个人身份进行的人际沟通活动，如人们私下交换意见、议论某人某事等，都属于非正式沟通。

（三）单向沟通和双向沟通

从沟通信息有无反馈的角度看，沟通又可分为单向沟通和双向沟通。

单向沟通是指信息单向流动的人际沟通。在沟通时，沟通双方的地位不变，一方只发送信息，另一方只接收信息而不向对方反馈信息，如做报告、大型演讲等。实际上，严格意义的单向沟通是少见的，一般情况接收者都会以各种形式（语言符号、非语言符号）或多或少地将信息反馈给对方。

双向沟通是指信息双向流动的人际沟通。在沟通时，发送信息者与接收信息者之间的地位不断变换，信息沟通与信息反馈多次往复，如交谈、协商、谈判等。人际沟通中的绝大多数均为双向沟通。

【小情景】

J跟Z约好了去大剧院看俄罗斯芭蕾舞团的经典芭蕾舞剧天鹅湖，只是此时距离演出只有一周左右的时间了，订票网站上只剩下千元以上的高价票。Z因为在淘宝上是钻石买家，于是由他负责去买票。演出当天J和Z下了班，飞奔而去，在大剧院门口找到卖家交易，Z拿到票，J问几点开始演出？Z答，七点半。J脑子里打了个圈，因为以他大剧院看戏的经验，一般都是07：15，难道这次不同？可J没问，想Z挺细心的，不会错，看着Z把票子收进包里，于是说，现在才06：40，那咱们还有时间去吃点东西。于是两个人跑去旁边小弄堂去吃小吃，果腹之后匆匆赶去剧院。拾阶而上时只有J和Z两个孤单身影。J抬头看表，07：20而已，这得快点，都入场了。

等到了剧院，照常要先"轻装上阵"。令人惊讶的是，厕所里没人，J觉得不对，让Z拿票来看，票上醒目地印着07：15。Z当下傻眼了，说卖票的人一直跟他说演出时间是7：30。J和Z赶紧进场，场内很安静，舞台上上演着王子庆祝生日后邂逅天鹅的一幕。J和Z不安地从聚精会神看演出的同排观众面前穿过，虽然没有听到埋怨，可他们在心里骂了自己无数遍，因为自己的疏忽做了这么遭糕的事。一场期待已久的演出以忙乱的入场开始，坐稳后两人心脏怦怦跳了一阵才平缓。这时演出已经进行了半小时，一场盛宴没了"前菜"，后面的滋味虽好，却总觉得差了点什么。

（四）下行沟通、上行沟通和平行沟通

根据在群体或组织中沟通传递的方向，沟通分为下行沟通、上行沟通和平行沟通。

1. 上行沟通

上行沟通是指下级将情况、意见通过组织系统向上级反映的沟通形式，也就是自下而上的沟通，如汇报工作、表明态度、提出建议等。如果群体的组织结构不够完善、组织层次过多，就会造成上行沟通的阻碍。因此，疏通沟通渠道是十分重要的，如召开各种类型的座谈会，进行访问，设立"建议箱""举报箱"，实行领导接待来访制度，开展抽样调查等。

2. 下行沟通

下行沟通是指组织内部上级管理人员向下级人员传达指示，发布命令、通知、通报等的沟通方式。如果下行沟通顺畅，就能把管理者的意图很快地传达给员工，使员工增强行动的自觉性，尽快把上级的意图转化为自己的行动，为实现管理者的决策和集体活动目标而努力工作。

3. 平行沟通

平行沟通是指同一层次的组织人员之间的信息交流，即横向联系，包括群体内部平行组织之间的横向信息交流、群体之间的信息交流。平行沟通是保持组织间正常关系的重要方式，对加强平行单位之间的相互了解、增进团结、做好协作等有积极意义。如果平行沟通渠道不畅通，群体下属部门就会各自为政，部门之间就容易产生隔阂、矛盾和冲突，甚至形成"独立王国"，因此平行沟通是不容忽视的一种沟通方式。

（五）自我沟通、人际沟通与群体沟通

按照参与沟通人数划分，沟通可以分为自我沟通、人际沟通和群体沟通。有的时候信息的发送者和接收者是一个人，这种在个人自身内部发生的信息传递的过程就是

自我沟通，是人与人之间成功沟通的基础。人际沟通指的是两个人之间发生的信息传递的过程，它是人际交往的起点，是建立人际关系的基础。群体沟通是指三个及以上的个体之间进行的信息传递过程。

三、沟通的意义

沟通是人类组织的基本特征和活动之一，没有沟通，就不可能形成组织和人类社会。家庭、企业、国家都是十分典型的人类组织形态。沟通是维系组织存在，保持和加强组织纽带，创造和维护组织文化，提高组织效率、效益，支持、促进组织不断进步发展的主要途径。有效的沟通能让我们高效率地把一件事情办好，让我们享受更美好的生活。善于沟通的人懂得如何维持和改善相互关系，更好地展示自我需要、发现他人需要，最终赢得更好的人际关系和成功的事业。

（一）沟通可以互通信息，有助于提高工作效率和质量

《易经》有云："天地交而万物通也，上下交而其志同也。"意思是天地相交而万物沟通，上下相交而志向相同。诸葛亮也曾说过："为政之道，务于多闻，是以听察采纳众下之言，谋及庶士，则万物当其目，众音佐其耳。"意思是管理之道是多听建议，了解全面情况。

企业高层领导之间、上下级之间、部门与部门之间、同事之间需要有效的沟通，通过有效沟通传递自己的信息，获取对方的信息，增进相互间的信息交流，有助于团队成员之间快速达成共识，形成统一思想，有助于推动工作的顺利开展。

有效沟通是人们在工作和事业上取得成功的关键。在当代，重大创造活动依赖于跨国、跨地区、跨学科的人才群体的合作。在个人层面上，发展趋势也同样如此。人们事业上的成功将越来越依赖于广泛的交流与合作，而合作的成效又取决于当事人的合作能力。

（二）沟通可以增进了解，有助于化解矛盾和互相帮助

著名管理学大师肯·布兰查德曾经根据雁的群体生活特点，总结出一条管理经验：一个企业必须具备野雁的天赋。也就是说，在野雁的团队里，除了共同的方向和共同的目标以外，最重要的是和谐良好的团队氛围。而沟通恰好是可以增进了解和提供互相帮助的基础，有助于营造和谐氛围。

沟通是了解一个人思想认识、工作状态的一种有效手段，有效地沟通可以消除人与人之间的隔阂，缩短心与心之间的距离，增进相互间的理解和信任。沟通可以增进同事之间的了解，建立和巩固相互信任的基础，从而化解各种矛盾，避免工作中出现的各种麻烦。

在单位内部的工作中，与领导层有效沟通，有助于迅速准确地领会领导意图；与同事之间有效沟通，可以增多彼此间的交往，增加互相帮助的机会，有利于解决相互之间的矛盾；与平级部门和相关单位有效沟通，可以为相互之间的工作协调配合提供便利，促进工作开展。

（三）沟通可以凝聚合力，有助于正向激励和促进团结

在任何企业中，如果沟通渠道不畅通，大家都无法表达自己的意愿，传递自己的信息，会造成信息不通畅、感情不融洽、关系不协调，下属得不到领导的激励，领导不了解下属的工作状态，团队内部会极度缺乏凝聚力，对工作正常推进，甚至对企业

的正常运转会造成严重影响。

采取有效的沟通方式和畅通沟通渠道，员工有成绩的时候，可以获得领导的肯定与嘉奖，员工遇到困难的时候，领导可以及时发现问题和解决问题，有助于建立良好的人际关系与营造和谐工作氛围，对员工的激励和鞭策会及时得到传递，从而凝聚团队的合力。

有效沟通还具有心理保健作用，并且能够发挥企业内部激励和鞭策作用。同事思想出现波动、情绪发生变化时，有效沟通可以了解和满足同事的感情需求，保持心理健康。管理者通过对员工的了解，根据不同员工的特点，可以有的放矢地调动员工的积极性。

本章小结

无论国内外，礼仪都是特定历史条件下经济发展的产物，是各民族在长期的日常生活和工作中，约定俗成共同遵守的行为规范。本章作为全书开篇，按礼仪概述、职场礼仪、职场沟通三个部分引出全书内容。

礼仪具有五大特点：规范性、操作性、差异性、时代性、发展性。礼仪施行方法需要做到客随主便、主遂客意。

职场礼仪就是在职场活动中，个人的生活行为规范与待人处世的行为准则，是社会个体应当遵守的交往艺术。职场礼仪由主体、客体、媒体和环境四个要素组成，包括：尊重、平等、适度、宽容、从俗五大原则和尊重为本、有效表达、以对方为中心、角色定位准确、善始善终五大理念。IMPACT 黄金准则较好地概括了职场礼仪的内涵。

小测试

一、判断题

1. 职场礼仪的规范是祖先留下来的，不会发生变化。　　　　　　　　（　　）
2. 东方礼仪和西方礼仪的起源本质是一样的。　　　　　　　　　　　（　　）
3. 从俗原则就是指要无条件按照当地的风土习俗来行事。　　　　　　（　　）

二、选择题

IMPACT 黄金准则不包括（　　　）

    A. 个性

    B. 礼貌

    C. 善解人意

    D. 仪式

三、思考题

如何较好地做到主遂客意？

四、技能拓展训练

同学们按小组，分别举一个发生在自己身上或身边的事例，并讨论此事例中当事人的行为是否符合礼仪规范，如果不规范，那该如何做。

本章参考答案

第二章
职场语言沟通

■**知识要求与目标**
1. 了解沟通的要素与障碍。
2. 了解语言沟通的类型。

■**素质培养目标**
1. 掌握语言沟通礼仪和禁忌。
2. 掌握接打电话的基本礼仪。

案例导入

我前些日子出差，客户的公司门口有一家宠物店，看到宠物店中有一条小狗，经过一番讨价还价，把小狗买了下来带回家去。晚上我给二姐打电话，告诉她我买了一条白色的博美，她非常高兴，马上询问狗是什么颜色？多大了？可爱吗？晚上，大姐打电话来询问我最近的情况，小狗在我接电话的时候叫起来，大姐在电话里一听到有狗在叫，就问狗是否很脏？咬人吗？有没有打预防针……

同样是对一条狗，不同的人的反应却差别很大。二姐从小就喜欢狗，所以一听到狗，她的脑海中肯定会描绘出一副可爱的小狗的画面。而大姐的反应是关心狗是否会带来什么麻烦，在脑海中也会浮现出一副肮脏凶恶的狗的画面。

案例点评：同样的一件事，不同的人对它的概念与理解的区别是非常大的，日常的谈话与沟通当中也是同样的。当你说出一句话来，自己认为可能已经表达清楚了意思，但是不同的听众会有不同的反应，对其的理解可能是千差万别的，甚至可以理解为相反的意思。这将大大影响沟通的效率与效果。因此，我们在进行沟通的时候，需要体会对方的感受，做到用心去沟通。

第一节　沟通的要素与障碍

沟通是人际关系的桥梁，连接着人与人之间的情感、想法和理念。有效的沟通有助于双方建立信任和亲近感，促进友好关系的形成。在职场中，良好的沟通能够消除误解、减少冲突，让人们更加理解彼此，建立起积极的互动模式。沟通的概念与意义已在第一章呈现，在此不再赘述。本章主要围绕沟通的要素与障碍，以及语言沟通的礼仪规范展开。

一、沟通的要素

（一）沟通必须有明确的目标

沟通进行之前，必须确定好为什么要进行沟通，沟通之后的结果怎么样。如果沟通没有目标，那么沟通结果将会无效。

（二）沟通的重点是意义的理解

沟通过程中，发送者要把传送的信息"编码"成符号，接收者则进行相反的"解码"过程。如果信息接收者对信息类型的理解与发送者不一致，则会导致沟通障碍和信息失真。信息经过传递后，只有接收者所感知和理解的信息意义与发送者的初衷完全一致时，才能达到有效沟通的目的。

（三）沟通要传达的内容是信息、思想和情感

工作中信息是最好沟通的，不好沟通的是思想和情感。在沟通过程中，为了能够让对方理解并容易转变为行为，必须进行很好的设计，将符合信息传递的思想和情感紧密融合，形成良好的人际关系。

（四）沟通要有结果

沟通结束后，双方必须就相关的信息、思想和情感达成共同的协议，只有形成了双方和多方都承认的协议，沟通才告结束；否则，各自按理解去做，效率低下，甚至会出现一些问题。这个协议可以是书面的也可以是口头上的。有效沟通的目的是将信息传递出去，被接受，得到答复性的行动。由此可见，沟通是说、听、问的过程，也是一个循环的过程。

图 2-1 描述了一个简单的沟通过程模式，包括八个要素：发送者、编码、通道、解码、接收者、噪声、反馈、背景。其中编码由发送者完成，而解码则是接收者的任务。

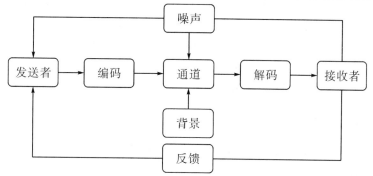

图 2-1　沟通过程模式

1. 编码和解码

编码是发送者将思想意义符号化，编成一定的文字等语言符号或其他形式的符号。解码则与之相反，是接收者在接收信息后，将符号化的信息还原为思想，并理解其意义。完美的沟通应该是发送者的思想经过编码与解码两个过程后，双方意思完全吻合，信息完全"对称"。信息"对称"的前提条件是双方拥有共同语言，如果双方对信息符号及信息内容缺乏共同经验，编码、解码过程则会不可避免地出现偏差。

因此，发送者在编码过程中必须充分考虑到接收者的经验背景，注重内容、符号对接收者的可读性；接收者在解码过程中也必须在考虑发送者经验的背景下进行，这样才能更准确地把握发送者要表达的真正意图。

2. 通道

通道是由发送者选择的、用来传递信息的媒介。不同的信息内容要求使用不同的通道。例如，政府工作报告就不宜通过口头形式，而应采用正式文件作为通道；邀请朋友吃饭则可以采用口头沟通。有时也可以使用多种传递通道，例如，双方可先口头达成一个协议，然后再予以书面确认。

3. 背景

沟通总是在一定背景下发生的，任何形式的沟通都要受到各种环境因素的影响。例如，在办公室与在家里所采用的沟通方式存在区别。从某种意义上来看，与其说沟通是由沟通者本人把握的，不如说它是由背景环境控制的。一般认为，对沟通过程模式产生影响的背景因素包括心理背景、物理背景、社会背景、文化背景等方面。

4. 反馈

沟通过程的最后一环是反馈，反馈是指接收者把信息返给发送者，并对信息是否被理解进行核实，也就是最终结果。在没有得到反馈之前，我们无法确认信息是否已经得到有效编码、传递和解码。如果反馈显示接收者接收并理解信息的内容，这种反馈称为正反馈；反之，则称为负反馈。

反馈不一定来自接收者，发送者往往可以从自己发送信息的过程或已发出的信息中获得反馈。比如，当我们发现所说的话含糊不清时，会自己做出调整，这便是自我反馈。

5. 噪声

噪声是指妨碍信息沟通的所有因素，它存在于沟通过程的各个环节，并有可能造成信息失真。例如，模棱两可的语言、难以辨认的字迹、不同的文化背景等都是噪声。噪声可以分为外部噪声、内部噪声和语音噪声。外部噪声是指外界的影响信息接收的杂音。例如，两位乘客在候车厅中谈话，广播中的语音播报、旁边乘客的聊天谈话等都是外部噪声。内部噪声是指知识经验的局限、对某人某事所持有的偏见等。如"话不投机半句多"就是描述的内部噪声对信息传递的干扰。语音噪声是指语言或语气词给信息接收带来的干扰，例如，不同语种的人之间的沟通，又如叹气或骂人的话语等。

二、沟通的障碍

沟通并不总是有效的，它存在许多障碍。沟通障碍主要来自三个方面：发送者障碍、接收者障碍和信息传播通道障碍。

（一）发送者障碍

在沟通过程中，信息发送者的语言、情绪、表达能力等都会影响信息的完整传递，主要表现在：

1. 语言能力

语言能力即发送者运用语言的能力。其一，指运用普通话、方言或外语等；其二，指用语言描述事件或者事物的能力，包括语言表达能力和文字表达能力。

在沟通时，运用同一地区的方言，表明彼此属于同一地区的人，同乡的情感会伴随着乡音而来。可是，如果企业员工在一起工作时，本地人用方言交流，外地员工因听不懂方言，就会有被排除在外的感觉，容易在单位里形成小团体。因此，许多大企业都规定必须使用普通话，国家也在普及普通话，以促进各地区间文化的沟通交流。

【小情景】

有一个秀才去买柴，他对卖柴的人说："荷薪者过来！"卖柴的人听不懂"荷薪者"（担柴的人）三个字，但是听得懂"过来"两个字，于是把柴担到秀才面前。秀才问他："其价如何？"卖柴的人听不懂这句话，但是听得懂"价"这个字，于是就告诉秀才价钱。秀才接着说："外实而内虚，烟多而焰少，请损之。"（你的木材外表是干的，里头却是湿的，燃烧起来，会浓烟多而火焰小，请减些价钱吧。）卖柴的人因为听不懂秀才的话，于是担着柴就走了。

秀才与卖柴人之间的沟通存在语言选择、方式失当和知觉偏差等问题。秀才满口文言，而卖柴人无法理解，最终导致沟通失败。

2. 音色以及语调

同样一句话，音色不同，效果也不同。同样，因语调语速的不同，语言也会带上不同的情感。音色，又叫音质、音品，是声音的特色。每个人的声带及其共鸣器官的结构特征不一样，震动时发出的音色（声谱）就像人的指纹一样，相同的概率非常低。因此，不同的人发出同一个音，其音色是因人而异的，有甜美型、尖锐型、娃娃音型、浑厚型等。

语调是语言中抑扬顿挫的旋律模式。具体来说，它反映的是语音中除音质特征之外的音长、音强等方面变化的旋律特征。我们说话时有快慢、轻重、长短之分，语速有快慢之别，语流有连贯、停顿的变化，所有这些都是语调的具体体现。同样的句子，语调不同，意思就会不同，有时甚至会相差千里。

3. 身体语言的影响

人的身体会说话，它比人的语言更真实。不同的仪态动作向外传递出内心不同的情感或者心理状态。有时候人们更愿意相信自己所看到的体态动作、眼神、表情上所传递出来的信息，往往认为它比语言本身更可靠。比如当工作人员说"很高兴为您服务！"时面带微笑，眼睛看着对方，身体前倾行礼，这时候对方的感觉就是这位工作人员是真诚的，是愿意且高兴服务的。但如果这位工作人员说这句话的时候面无表情，双手交叉抱在胸前，身子后仰，头向上，下巴往上抬，眼睛俯视对方，无论怎么说对方也难以相信。因此，身体语言是影响沟通有效性的重要因素。

4. 发送者的情绪

信息发送者内心的情绪必然会影响沟通效果。音由心起，言为心声，当信息发送者怀有恭敬心的时候，他的声音往往是喜悦的、亲切的、柔和的；信息发送者怀有傲慢心的时候，他的声音往往是尖酸的、刻薄的、怀疑的、侮辱的。信息发送者怀有恭敬心的时候，往往用到敬语和礼貌用语；信息发送者怀有傲慢心的时候，往往体现为不耐烦、不友好、不尊重的语言。

比如有一个客户对所填写表格中的一项不知道要不要填，前来咨询工作人员："请问这项我要不要填？"如果工作人员很愿意为对方服务，没有消极情绪，她会耐心地告诉对方需要还是不需要填，或者耐心地告诉对方怎么填；可如果工作人员内心是烦躁的，就很容易说出苛责的话："这么简单都不知道？还需要问！""我都说几遍了，你怎么还问？"如果出现消极情绪了，要及时地进行自我调整，否则就会成为有效沟通的障碍。

（二）接收者障碍

从信息接收者的角度看，影响信息沟通的因素主要有六个方面：

1. 个性因素所引起的障碍

信息沟通在很大程度上受个人心理因素的制约。个体的性格、态度、情绪、见解等的差别，都会成为信息沟通的障碍。

2. 知识、经验水平的差距所导致的障碍

不同的专业背景、职位和成长环境，使每个人在知识储备、理解力、思考模式上有差异。所以在沟通中，若双方经验及知识水平差距过大，人们往往会根据经验上的大致理解去处理信息，使彼此理解的差距拉大，形成沟通障碍。

3. 对信息的态度不同所造成的障碍

个体对于信息的不同态度来源于认识差异和利益观念差异。在团体中，不同的成员对信息有不同的看法，所选择的侧重点也不相同。很多员工只关心与他们的利益相关的信息，而不关心组织目标、管理决策等方面的信息，这也成了信息沟通的障碍。

5. 相互不信任所产生的障碍

有效的信息沟通要以相互信任为前提，只有这样才能使向上反映的情况得到重视，向下传达的决策迅速实施。管理者在进行信息沟通时，应该不带成见地听取意见，鼓励下级充分阐明自己的见解，这样才能做到思想和感情上的真正沟通，才能接收到全面可靠的信息，才能做出明智的判断与决策。

6. 沟通者的畏惧感以及个人心理品质造成的沟通障碍

在管理实践中，信息沟通的成败取决于上级与下级、领导与员工之间的全面有效的合作是否顺利。但在很多情况下，这些合作往往会因下属的恐惧心理以及沟通双方的个人心理品质而形成障碍。一方面，如果主管过分威严，给人造成难以接近的印象，或者管理人员缺乏必要的同情心，不愿体恤下属，都容易造成下级人员的恐惧心理，影响信息沟通的正常进行。另一方面，不良的心理品质也是造成沟通障碍的因素。

【小情景】

一个知名网络博主曾在网上分享过一个自己亲身经历的失败沟通的案例。他曾在一家公司担任技术总监兼管国际业务。有个销售人员直接找他签发一个公司的授权文

件。当时身为技术总监的博主发现此事销售部长已经处理过，是同一客户，但文件授权写的不同的代理商。博主问他销售部长对于这种情况是什么意见，这个销售人员二话不说就走了，转身去找老板。老板就召集销售部长、这个员工和博主开会。听完这个员工的陈述后，老板直接下达指令给博主，叫他出具授权文件。

顾及老板的面子和权威，博主照办了，然后告诉老板这件事会有问题，博主是违心做的。老板不理解。结果用户对他们公司"一女两嫁"的做法非常有意见，业务也告吹了。在后来的工作中，公司几乎所有的员工都不给这个销售人员好脸色看，他的工作无法开展，因为没有任何一个人愿意真心地去配合他。

（三）信息传播通道障碍

信息传播通道的问题也会影响沟通的效果。信息传播通道的障碍主要有以下几个方面：

1. 选择沟通媒介不当

比如对于重要的事情而言，口头传达效果较差，接收者会因为"口说无凭""随便说说"而不加重视。

2. 几种媒介相互冲突

当信息用几种形式传送时，如果相互之间不协调，会使接收者难以理解传递的信息内容。例如，领导表扬下属时面部表情很严肃甚至皱着眉头，就会让下属感到困惑。

3. 沟通渠道过长

在管理中，合理的组织架构有利于信息沟通。如果组织架构过于庞大，中间层次太多，信息从最高决策者传递到下属单位不仅容易产生信息失真问题，而且还会浪费大量时间，影响信息的及时性。同时，自下而上的信息沟通，如果中间层次过多，同样也浪费时间，影响效率。

4. 外部干扰

信息沟通过程中经常会受到自然界各种物理噪声、机器故障的影响或被其他事物干扰，也会因双方距离太远而沟通不便，影响沟通效果。

第二节　语言沟通概念与类型

案例导入

20 美金的价值

爸爸下班回到家已经很晚了，他很累，也很烦。他发现五岁的儿子靠在门旁正等着他。

"爸爸，我可以问您一个问题吗？"

"什么问题？"

"爸爸，您一小时可以赚多少钱？"

"这与你无关，你为什么问这个问题？"父亲生气地说。

"我只是想知道，请告诉我，您一小时赚多少钱？"小孩儿哀求道。

"假如你一定要知道的话，我一小时赚二十美金！"

"哦，"小孩儿低下了头，接着又说，"爸爸，可以借我十美金吗？"

父亲发怒了："如果你是要借钱去买毫无意义的玩具的话，给我回到你的房间睡觉去！好好想想为什么你会那么自私！我每天辛苦工作，没时间和你玩小孩子的游戏！"

小孩儿默默地回到自己的房间，关上门。

父亲坐下来还在生气。后来，他平静下来了，心想他可能对孩子太凶了，或许孩子真的很想买什么东西，再说他平时很少找家长要钱。

父亲走进孩子的房间："你睡了吗？"

"爸爸，还没有，我还醒着。"孩子回答。

"我刚才可能对你太凶了，"父亲说，"我不应该发那么大的火，这是你要的十美金！"

"爸爸，谢谢您。"孩子高兴地从枕头底下拿出一些被弄皱的钞票，慢慢地数着。

"为什么你已经有钱了还要？"父亲不解地问。

"因为原来不够，但现在凑够了，"孩子回答，"爸爸，我现在有二十美金了，我可以向您买一个小时的时间吗？明天请早一点回家，我想和您一起吃晚餐！"

试想一下，如果这位爸爸一直没有去孩子的房间，听听孩子的话，他能明白孩子的真实想法吗？或许爸爸会一直埋怨自己的孩子，而孩子会渐渐地疏远父母。

一、语言沟通的概念

语言是人类所特有的用来表达情感、交流思想的工具，是一种特殊的社会现象。它由语音词汇和语法构成一定的系统，语言包括书面语和口语。

语言沟通作为一种重要的沟通途径，是通过语言或声音的方式进行沟通的活动，以语言符号为载体实现的沟通思想、定的时空情境中以有声语言（不排除无声语言，本章只涉及有声语言）为主要媒介来实现交流思想、联络感情、沟通信息、商讨问题的一种手段。

二、语言沟通的类型

根据所采用的媒介的不同，语言沟通的类型主要分为口头沟通、书面沟通和电子沟通等。口头沟通指借助语言进行的信息传递与交流。口头沟通的形式很多，如会谈、电话、会议、广播、对话等。

（一）口头沟通

所谓口头沟通是指借助口头语言实现的信息交流，它是日常生活中最常采用的沟通形式，主要包括口头汇报、讨论、会谈、演讲、电话联系等。口头沟通也是管理工作中的重要事项，沟通技能是管理者必须要掌握的。口头沟通的优点是有亲切感，可以用表情、语调增强沟通的效果，可以马上获得对方的反应，具有双向沟通的好处。

（二）书面沟通

书面沟通是用书面媒介的形式与公众交流信息，沟通情况，主要用于内部公众之间的沟通，其形式有内部报刊、信件、公告板、标语和各种辅助出版物。内部报刊的形式有普通报纸式、杂志式和文件式，发行方式有赠阅和销售两种。信件也是书面沟通的一种方式。信件有组织信件和私人信件两种。此外还有辅助出版物，如时事通讯、各种手册说明和有关的书籍等。

（三）电子沟通

电子沟通是以计算机技术与电子通信技术组合而产生的信息交流技术为基础的沟通。它是随着电子信息技术的兴起而新发展起来的一种沟通形式，包括即时通信、传真、闭路电视、电子邮件等。电话交谈可以被认为是在更大的空间范围内进行的"面对面"交谈。交谈发生的空间扩大了许多，但交谈双方都远离了彼此的视觉范围。电话交谈完全依靠各自声音的语气声调使对方闻其声如见其人。所以在交谈时声音要力求和谐，充满活力，通过声调的高低、语速的快慢、语气的变化，准确传达自己的情感。

第三节　语言沟通礼仪

案例导入

"言有四术"的含义

西汉著名长沙王太傅贾谊在他的《新书》中对言经进行了具体阐述："言有四术：言敬以和，朝廷之言也；文言有序，祭祀之言也；屏气折声，军旅之言也，言若不足，丧纪之言也。"意思是语言的方式有四种，在朝廷议政时，言语恭敬和气，不要因政见不同而疾言厉色；在祭祀时，言语文雅而有次序，从容稳重不紊乱；军旅之中，静时如屏息，言语时声音直折雄壮；在丧事中，要少言语，尽量不与人争辩或议论不休。

这对今天的我们依然具有重要的指导意义。我们若要做到不失言于人，在说话时就必须顾及场合、时机、对象等要素，确定相应的说话内容、方式、语气等。如居丧期间，不谈论娱乐之事；吉庆时节，不谈论凶事等；做到非礼勿言。

在人际交往中，如何正确地使用语言表达个体的情感，是语言沟通所关注的问题。恰如其分的语言沟通应遵循如下几点原则：态度谦虚诚恳，获取他人肯定；表情亲切自然，眼睛注视对方，但不是盯视，照顾到所有交谈者；语调平和沉稳；语言准确规范，这又具体包括语音、词汇、语法规范和表达恰当、切合语境两个层面。

一、语言沟通的仪态与用语

（一）语言沟通的仪态

在发言的时候，出于对发言者的尊重，各方都会注视着发言者，所以说话的人要有正确的仪容和仪态。

仪容：表情要微笑、眼神要专注。

忌讳：木然，无精打采，不看人，盯视对方，戴帽子、墨镜等。

仪表：服装要整洁统一，体现庄重、专业；注意服装、鞋子、袜子以及皮包的搭配。同时注意以下事项：女士忌过紧、过短、过透、过于时尚的服饰；男士注意不披、不卷、不挽衣物，外口袋尽量不装东西。

仪态：距离适当，正确的站姿、坐姿，注意手势，切忌用手指指向他人。

（二）语言沟通的社交用语

1. 敬语

敬语，亦称敬辞，它与谦语相对，是表示尊敬礼貌的词语。除了礼貌上的必须之外，多使用敬语还可体现一个人的文化修养。

（1）敬语的运用场合。

第一，比较正规的社交场合；

第二，与师长或身份、地位较高的人交谈；

第三，与人初次打交道或会见不太熟悉的人；

第四，会议、谈判等公务场合等。

（2）常用敬语。

我们日常使用的"恭请"，第二人称中的"您"字，代词"阁下""尊夫人""贵方"等都属于常用敬语。另外还有一些常用的用法，如初次见面称"久仰"，很久不见称"久违"，请人批评称"请教"，请人原谅称"包涵"，麻烦别人称"打扰"，托人办事称"拜托"，赞人见解称"高见"等。敬语适用于嘉宾、长辈、师尊，不适用于自身，比如"有时间我一定莅临""这件事你可以请教我""你的这些情况我都会包涵的"等都属于误用。

2. 谦语

谦语亦称谦辞，它与敬语相对，是向他人表示谦恭和自谦的一种词语。谦语最常见的用法是在别人面前谦称自己和自己的亲属。例如，称自己为"愚"，称自己家人为"家严""家慈""家兄""家嫂"等。自谦和敬人是一个不可分割的统一体。尽管日常生活中谦语使用不多，但其精神无处不在。谦语适用于自身及亲属，切不可用于长辈或者领导，比如"这是我的一篇文章，请您拜读""没有人发言，那就请领导抛砖引玉吧"等都属于误用。

【知识拓展】

敬辞前缀例释

屈老俯光请，雅芳拜华令；叨玉垂大贤，高贵恭惠奉。

①"敬"字一族，常用于自己的行为涉及别人。

如敬告：告诉。敬贺：祝贺。敬候：等候。敬礼（用于书信结尾）：表示恭敬。敬请：请。敬佩：敬重佩服。敬谢不敏：表示推辞做某件事（不敏：没有才能）。

②"屈"字一族。

如屈驾：委屈大驾（多用于邀请人），亦有劳驾、枉驾。屈就：多用于请人担任职务，委屈就任。屈居：委屈地处于（较低的地位）。屈尊：降低身份俯就。

③"老"字一族，用来尊称别人，有时特指老年人。

如老伯、老大爷、老太爷：可尊称老年男子。老前辈：尊称同行里年纪较大、资格较老、经验较丰富的人。老兄：尊称男性朋友。老总：尊称中国人民解放军的某些高级领导人（多和姓连用）。现也指一些公司的总经理或董事长。"老"字用在表示姓氏的词后，也可以表示尊重，如称巴金为巴老。

④"俯"字一族，旧时公文书信中用来称对方对自己的行动。

如俯察：称对方或上级对自己理解。俯就：用于请对方同意担任职务。俯念：称对方或上级体念。俯允：称对方或上级允许。

⑤"光"字一族，表示光荣，用于对方来临。

如光顾（多用于商家欢迎顾客）：称客人来到。光临：称宾客到来。

⑥"请"字一族，用于希望对方做某事。

如请进：请对方进来。请坐：请求对方坐下。请问：用于请求对方回答问题。

⑦"雅"字一族，用于称对方的情意、举动。

如雅教：称对方的指教。雅量：称对方的度量大。雅兴：称对方的兴趣大。雅意：称对方的情意或意见。雅正：把自己的诗文书画等送给人时表示请对方指教或批评。

⑧"芳"字一族，用于对方或与对方有关的事物。

如芳邻：称对方的邻居。芳龄：称对方（多用于年轻女子）的年龄。芳名：称对方（多用于年轻女子）的名字。

⑨"拜"字一族，用于人事来往，指自己的行为动作涉及对方。

如拜辞：指告辞对方。拜读：指阅读（对方的文章）。拜访：指访问对方（朋友）。拜服：指佩服对方。拜识：结识。拜贺：指祝贺对方。拜识：指结识对方。拜托：指托对方办事情。拜望：指探望（对方）。

⑩"华"字一族，称对方的有关事物。

如华诞：称对方生日。华翰：称对方的书信。华堂：称对方的房屋。华宗：称人同姓。

⑪"令"字一族，用于对方的亲属或有关系的人。

如令尊：尊称对方的父亲。令堂：尊称对方的母亲。令郎：尊称对方的儿子。令爱、令媛：尊称对方的女儿。令兄：尊称对方的兄长。令弟：尊称对方的弟弟。令婿（令袒）尊称对方的女婿。令侄：尊称对方的侄子。令亲：尊称对方的亲戚。

⑫"叨"字一族。

如叨光：沾光（受到好处，表示感谢）。叨教：领教（受到指教，表示感谢）。叨扰：打扰（受到款待，表示感谢）。

⑬"玉"字一族，指对方身体或行动。

如玉成：成全。玉音：尊称对方的书信、言辞（多用于书信）。玉体：称对方身体。玉照：称对方的照片。

⑭"垂"字一族，用于别人（多是长辈或上级）对自己的行动。

如垂爱：称对方（多是长辈或上级）对自己的爱护（多用于书信）。垂念：称别人对自己的思念。垂青：称对方对自己的重视。垂问、垂询：称别人对自己的询问。

⑮"贤"字一族，用于平辈或晚辈。

⑯"高"字一族，称别人的事物。

如高见：高明的见解。高就：指人离开原来的职位就任较高的职位。高龄：称老人（多指六十岁以上）的年龄。高论：称别人的议论。高寿：用于问老人的年纪。高足：称呼别人的学生。

⑰"贵"字一族，称与对方有关的事物。

如贵干：问人要做什么。贵庚：问人年龄。贵国：称对方国家。贵姓：问人姓。贵校：称对方学校。贵恙：称对方的病。贵子：称对方的儿子（含祝福之意）。

⑱"恭"字一族，表示恭敬地对待对方。

如恭贺：恭敬地祝贺。恭候：恭敬地等候。恭请：恭敬地邀请。恭迎：恭敬地迎接。恭喜：祝贺对方的喜事。

⑲"惠"字一族，用于对方对待自己的行动动作。

如惠存：请保存（多用于送人相片、书籍等纪念品时所题的上款）。惠顾：惠临（多用于商店对顾客）。惠临：指对方到自己这里来。惠允：指对方允许自己（做某事）。惠赠：指对方赠予（财物）。

⑳"宝"字一族，用于称呼对方的店铺等。

如宝地：用于称对方所在的地方。宝号：用于称呼对方的店铺或名字。

㉑"奉"字一族，用于自己的举动涉及对方时。

如：奉达：告诉，表达（多用于书信）。奉复：回复（多用于书信）。奉告：告诉。奉还：归还。奉陪：陪伴或陪同做某事。奉劝：劝告。奉送、奉赠：赠送。奉托：拜托。奉迎：迎接。奉赠：赠送。

㉒"某下"一族，表示对别人的敬称。

如殿下：对帝王的尊称。阁下：称指有一定社会地位的人（多用于书信中，外交场合）。麾下：指将帅。膝下：给父母或祖父母写信时，常在开头的称呼下面加"膝下"。足下：尊称朋友。

谦称前缀例释

愚家小敝浅，鄙舍老贱寒。拙陋不敢管，妾劳寡奴犬。

①"愚"字一族，用于自称的谦称。

如愚兄：向比自己年轻的人称自己。愚见：称自己的见解。也可单独用"愚"谦称自己。

②"家"字一族，用于对别人称自己的辈分高或年纪大的亲戚。

如家父、家尊、家严、家君：称父亲。家母、家慈：称母亲。家兄：称兄长。家姐：称姐姐。家叔：称叔叔。

③"小"字一族，谦称自己或与自己有关的人或事物。

如小弟：男性在朋友或熟人之间的谦称自己。小儿：谦称自己的儿子。小女：谦称自己的女儿。小人：地位低的人自称。小生（多见于早期白话）：青年读书人自称。小可（多见于早期白话）：谦称自己。小店：谦称自己的商店。

④"敝"字一族，用于谦称自己或跟自己有关的事物。

如敝处：谦称自己的房屋、处所。敝人：谦称自己。敝校：谦称自己所在的学校。敝姓：谦称自己的姓。

⑤"浅"字一族较少，如浅见：浅显的见解。

如鄙人：谦称自己。鄙意：谦称自己的意见。鄙见：谦称自己的见解。

⑥"舍"字一族，用于对别人称自己辈分低或年纪小的亲戚。

如舍弟：称弟弟。舍妹：称妹妹。舍侄：称侄子。舍亲：称亲戚。

⑦"老"字一族，用于谦称自己或与自己有关的事物。

如老粗：谦称自己没有文化。老朽：老年人谦称自己。老脸：年老人指自己的面子。老身：老年妇女谦称自己。

⑧"过"用于评价别人对自己的行为。

如：过奖：意思是过分的表扬或夸奖，用于对方赞扬自己时。过誉：意思是过分的称赞，用于对方称赞自己时。

⑨"寒"字一族较少，寒舍：对人称自己的家。

⑩"拙"字一族，用于称自己的（文章见解等）。

如拙笔：谦称自己的文字或书画。拙见：称自己的见解。拙著（拙作）：称自己的作品。

⑪"陋"字一族较少，如陋见：浅见。

⑫"不"字一族。

如不才：没有才能。不敢当：表示承担不起（对方的招待、夸奖等）。不敏：不聪明（表示自谦）。不佞：没有才能。不肖：品行不好（多用于子弟）。

⑬"敢"字一族，表示冒昧地请求别人。

如敢问：用于问对方问题。敢请：用于请求对方做某事。敢烦：用于麻烦对方做某事。

⑭"管"字一族较少，如管见：浅陋的见识。

⑮妾：古时女子谦称自己。

⑯"劳"头一族，请别人做事所用的客气话。

如：劳驾：请别人做事或让路。劳步：用于谢人来访。劳累：让人受累（用于请别人帮忙做事）。劳神：（用于请别人帮忙做事）费精神。

⑰"薄"用于称呼和自己有关的事物。

如薄酒：意思是味淡的酒，常用于待客时。薄礼：意思是不丰厚的礼物，多用来谦称自己送的礼物。薄面：为人求情时谦称自己的面子。

⑱"刍"用于称呼自己的见解等。

如刍议：用于称自己的议论，如胡适《文学改良刍议》。

⑲犬子：称自己的儿子。

二、语言沟通内容

（一）话题的选择

交谈是最基本的语言沟通方式，一般而言，交谈大都是从寒暄问候开始的，而更深入的交谈就涉及具体的沟通话题。

（1）适宜选择的话题。对方感兴趣的话题；彼此共同的话题；对方擅长的话题；轻松娱乐的话题，如最近的电视节目、体育比赛、天气变化、网络热点、健康养生、家乡的风土人情、名胜风景、文学、艺术、哲学、历史等高雅的话题；天文、地理、生物等双方熟悉的科学话题；双方的兴趣、爱好、专业等。

（2）不宜选择的话题。格调不高的话题；非议别人的话题；涉及个人隐私的问题；涉及工作秘密及商业秘密的话题；触及对方不幸时要致歉并及时转移话题；在因公交往、初次交往、跨文化对外交往时，政治问题和民族信仰问题要慎谈。

（二）话题的展开方式

话题展开前需注意对方的行为态度，这通常会给我们一些提示。正面的提示包括对方有眼神接触、有微笑、面部表情自然；负面的提示则包括对方正在忙于某些事情、正与别人沟通、当然我们自己也得同样发出有效的提示。

一般而言，我们可以围绕以下几方面展开话题：

一是己方：可简单透露自己的感受或近况。例如，我近来学习比较忙，常常要复习到深夜。

二是对方：从对方身上发掘话题，衣着、外表、首饰等都是题材。例如，您这件外套真好看，是在哪里买的呢？

三是当时情景或流行话题。

若碰巧碰上，可以通过简单的问候展开话题，如你最近怎样呀？也可以通过真诚地夸赞对方来展开话题。受到赞美是人们心理上的需要，人们有受到尊重、被欣赏、被鼓励、被肯定的心理需求。首先，赞美应该发自内心，能引起对方好感的只能是那些基于事实、发自内心的赞美；其次，赞美要具体化，在赞扬对方时，要有意识地说出一些具体而明确的事情，而不是空泛、含糊地赞美。最后，赞美要适度，对对方的赞美应适可而止，真诚的赞美应恰到好处。

例如，这小朋友长得多可爱，尤其是这对水汪汪的眼睛，又大又亮。

四是若发现沟通双方不投机、言谈乏味或对方对谈论的话题没兴趣，则不宜勉强维持话题，但仍要有礼貌地离开。

【小情景】

有一次，李世民指着一棵长势不是特别好的树说："此树很美。"一个大臣满脸堆笑连忙赞美："好树，确实是好树，枝是枝，叶是叶，树干又直，真是少见……"他还想赞美下去，没想到李世民变了脸色："哼！难怪魏征叫我疏远小人。我一直没悟出小人是谁，虽也疑心过你，但不曾证实，今日果然……"

思考：你认为这位大臣为什么说了赞美的话，却受到李世民的批评？

（三）话题的维持方式

话匣子打开了后，可以运用漫谈资料、自我揭示、共同兴趣三种方法来维持话题，也要适当地转移话题。

1. 漫谈资料法

漫谈资料法，指在回答问题时多透露点可以谈论的资料信息，使对方能发掘更多话题，否则谈话就会变得枯燥无味。如："我不是北方人，但有过几次在北方出差的经历，很喜欢那里。"

除此之外，我们也要小心留意对方透露的漫谈资料，以便发掘更多话题。如："原来你是北方人呀，那里的过年习俗和南方有什么区别呀？"

2. 自我揭示法

自我揭示法即透露自己的信息，这种做法可以帮助对方更了解自己，并为对方提供谈话题材。但注意自我揭示需与对话内容有关且不宜太多或太长，视对方的反应而定。

自我揭示的内容可包括三个层次：

（1）与谈论话题有关的个人经验。

（2）自己对谈论的事项的意见。

（3）自己对分享事件的感受。

例如：

小明："小东，你放假去了哪里玩呀？"

小东："去了北京，玩了 14 天，很好玩。"（个人感受）

小明："我上次放假也去了北京玩，也觉得很好玩！你认为哪里最好玩？"（个人经验及感受）

小东："我觉得长城最好玩，不过处处都要收钱，真扫兴。"（个人感受）

小明："是啊！我也有同感，我觉得现在北京变得很商业化，不像以前了。"（个人意见）

3. 共同兴趣法

共同兴趣法就是在漫谈之中，找出共同的兴趣及话题，有助于维持话题。

例如：

小红："我昨天去打了羽毛球，累得不行。"

小丽："我也喜欢打羽毛球，你通常在哪里打呢？"

如果上述三种方法都尝试之后，谈话仍不能维持，就需要做以下两点：

4. 转换话题。一是留意自己及对方是否对谈论中的话题已没有兴趣，可以用漫谈资料等方法转换话题。

三是平衡彼此谈话的内容。无论以漫谈资料或自我揭示法来增加谈话的机会，都需避免一方讲得太多或太少。一般情况下，较平均的参与会使双方的交谈较自然。

（四）倾听和回应

在维持谈话时，如果能表示明白对方感受和说话背后的含义，对方会更喜欢与你倾谈，有助于促进彼此了解，所以倾听及回应技巧亦十分重要。

1. 倾听层次

倾听的耳朵是虔诚的，倾听的心灵是敏感的，有了倾听的耳朵和愿意倾听的心，才能实现有效沟通。根据倾听的认真程度大致可以分为五个层次，见图 2-2。

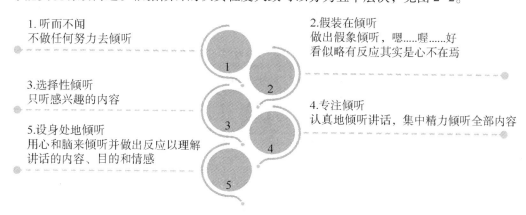

1. 听而不闻
不做任何努力去倾听

2. 假装在倾听
做出假象倾听，嗯……喔……好
看似略有反应其实是心不在焉

3. 选择性倾听
只听感兴趣的内容

4. 专注倾听
认真地倾听讲话，集中精力倾听全部内容

5. 设身处地倾听
用心和脑来倾听并做出反应以理解
讲话的内容、目的和情感

图 2-2 倾听的五个层次

2. 倾听技巧

倾听属于有效沟通的必要部分，以求思想达成一致和实现感情的通畅。狭义的倾听是指借助听觉器官接收言语信息，进而通过思维活动实现认知、理解的全过程；广义的倾听包括文字交流等方式。

良好的倾听应该集中注意力，用耳听、用眼看、用嘴问、用脑思考、用心灵感受，准确掌握对方所说的事件、意见等，可以通过鼓励、询问、适当反应和重述等方式促进倾听。

①鼓励：促进对方表达意愿。

②询问：以探索的方式获得更多的信息。

③反应：告诉对方你在听，同时确定你完全了解对方的意思。

④重述：用于讨论结束的时候，确定没有误解对方的意思。

【小情景】

巴顿将军为了显示他对部下生活的关心，搞了一次参观士兵食堂的突然袭击。在食堂里，他看见两个士兵站在一个大汤锅前。

"让我尝尝这汤！"巴顿将军向士兵命令道。

"可是，将军……"士兵正准备解释。

"没什么'可是'，给我勺子！"巴顿将军拿过勺子喝了一大口，怒斥道："太不像话了，怎么能给战士喝这个？这简直就是刷锅水！"

"我正想告诉您这是刷锅水，没想到您已经尝出来了。"士兵答道。

思考：上述案例给了我们什么启示？

房子还不够高

克诺是一位背包客，他走进一家小旅馆，想在那里休息一晚上。

他问旅馆老板："一个单间带早餐要多少钱？"

老板回答道："房间不同，价格自然不同。二楼房间 150 元一天，三楼房间 130 元一天，四楼 110 元一天，五楼只要 90 元一天。请问您要哪一种？"

背包客沉默了一会儿，然后转身准备离开。

"您觉得价格太高了吗？"老板忙问。

"不"，背包客回答，"是您的房子还不够高。"

如果直接把问题说明白："您的房价太高，我住不起。"那么旅馆老板可能会立马反驳："这还高呀？这算便宜的。"或者出口伤人："没钱还住什么旅馆！"如果这样，谈话就很容易陷入尴尬的境地。而正是克诺巧妙地用比直言更为有效的幽默方法表述了自己的意向，避免了人际关系的对抗与僵化，同时还生出一番趣味，说不定老板一乐，会同意以更便宜的价格租给克诺。

3. 回应技巧

沟通时所发出的信息由内容和情绪两部分组成。因此，回应也应该包括"内容的回应"和"情绪的回应"。我们可以采取三明治回应法，即上下两层是情绪，中间一层是内容，表现在话题回应上则是以肯定开始，把建议夹在中间，以希望和相信结束。

（1）用肯定、积极的语言回应。

在职场中，我们经常需要与同事、上司、客户进行沟通交流。在回应对方时，除了基本的礼貌外，应该用肯定的语言回应，比如"你的想法很好""你的建议很有价值"，等等。这样可以让对方感到被重视和认可，从而增强合作意愿。

（2）用简洁、幽默的语言回应。

我们在对话题进行回应时，不要使用过于复杂的词语或句子，这样可以让对方更加容易理解话中之意。同时，可以用适当幽默的语言回应，这样可以让对方感到轻松愉快。

（五）委婉拒绝

我们提倡乐于助人的美好品德，但是当面临的情形无法很好地帮助别人的时候，也要考虑委婉拒绝。

1. 何时拒绝

我们可以根据以下三个条件来判断何时拒绝：

（1）重要性：手头的事比别人请求你去做的事更重要时；

（2）能力：别人所拜托的事情，超出了自己的能力范围；

（3）是非：从社会道德规范看，明显判断为不好的事。

2. 如何拒绝

如何拒绝是拒绝技巧中的核心部分，除了要掌握拒绝别人请求的基本表述步骤外，还需学会在拒绝的同时为他人提供合适的协助方案，以最大限度地降低他人的不满情绪。

（1）听完请求，再做回答。在社交沟通中，倾听是基本的沟通礼仪，不听对方把话说完就贸然打断是不礼貌的表现。仔细倾听可以让对方了解到自己的接受或拒绝并非草率作出的决定，而是在认真考虑之后才不得已而为之的。

（2）表明态度，作出解释。做出必要的解释，拒绝的理由要合情合理。不要只用一个"不"就让对方打道回府，而应给"不"加上合情合理的注解从而让对方明白，自己的拒绝不是毫无来由的更不是找借口搪塞，而是确有无可奈何的原因或难以诉说的苦衷，讲明自己的处境，最好具体说出理由及原委。那么，将心比心，对方多半能理解你的言行。

（3）提供协助方案或替代方案。提供有益的建议，拒绝的同时提供有益的建议，比如介绍有效的方法；拒绝的同时提供其他方面的帮助，比如，"我倒是很想帮你的忙，可是不巧，我现在着急去拜访客户，正好我上次听你说你要买样什么东西，正好在客户附近有，结束之后，我帮你带一下"；承诺其他时间解决，可以在婉拒时承诺在其他时间帮助解决。当不忙时我们便可履行承诺，从而不影响同事间的关系。

（4）拒绝的态度要诚恳和蔼，措辞要委婉含蓄，内容要明白直接。

【小情景】

林黛玉初进贾府之时，邢夫人苦留黛玉吃过晚饭再走。

黛玉答道："舅母爱惜赐饭，原不应辞，只是还要过去拜见二舅舅，恐领了赐去不恭，异日再领，未为不可。望舅母容谅。"

黛玉一番话婉辞了大舅母的赐饭，语言恳切得体，包含三层意思："舅母爱惜赐饭，原不应辞"充分肯定对方的美意；"还要过去拜见二舅舅，恐领了赐去不恭"表述了自己要离去的正当、充分的理由；"异日再领""望舅母容谅"表示改日一定领赐，请求对方谅解。

三、语言沟通表达技巧

沟通主要是以有声语和体态语作为信息载体传情达意。同样一句话，语调语气不同，可能带给对方的感受不同。所以在人际沟通中，不仅要做到语音标准、语意准确、情感适度，还要做到轻重适当、停顿准确、快慢适宜、语调高低有致、语气交错相宜，从而使沟通双方在语言中获得美感的同时，实现交流心得、传情达意、增进情感的目的。

（一）语音标准

语音标准，要求沟通者在掌握科学发声方法的基础上，调节发音气息，做到口齿清晰、字正腔圆；语意准确和情感适度，要求沟通者能够恰当地掌握语调的高低升降变化，合理地安排停顿、语速和重音，运用表达语意的各种感情色彩的特殊技巧，准确无误地与人交际。

【知识拓展】

秦始皇的贡献之一是倡导和推行"书同文，车同轨"，统一规范了全国的文字。后来为了减少在口语沟通与礼仪上的障碍，我国历朝历代都实行官话与地方方言并存的政策。到了现代社会，东西南北中广泛交流沟通，频繁往来，国家开始大力推广普通话，用普通话沟通是现代"大交际"的需要，也是一个人文化素养的体现。沟通中表达者使用普通话要做到语音标准，吐字清晰，要做到语音标准，就要发声科学规范，口齿清晰，字正腔圆。尤其是不同方言区的人在沟通交际过程中，要尽量使用普通话，以促进有效沟通，促成相互理解与合作。口音较重的沟通者，应注意避免发音不清晰以及区域方言带来的沟通障碍和歧义。

标准的普通话不是一朝一夕就能够练成的，需要一个长期练习的过程。只要掌握正确的学习方法和途径，把握其中的练习技巧，就可以做到沟通无障碍。

（二）语速、语调、语气技巧

在人际沟通中，除了要做到语音清晰，还应做到表意明确，这需要在使用较标准的普通话进行沟通的同时，学会选用准确的词句来表达思想感情。要清晰准确地表达个人的思想、生动地传情达意，语速、语调、语气表达技能必不可少。这些技能主要表现在语句的停顿与连贯、语音的轻重、语速的快慢、语调的高低、语气的交错和情感的调度等多个方面。

第一，任何人进行沟通，都不可能一口气连续不停地表达，必然要有语句的停顿与连贯技能的运用，清晰地表达也是人际沟通的礼仪所在。恰当运用停顿与连续的关系，能够让沟通显得跌宕有致、层次清晰。

第二，要注意语音的轻重。在表达时对需要突出的内容着重处理，毕竟每个人说出来的每段话，其内容的重要性并不都是一样的。

第三，要注意语速的快慢。这既与个人的沟通风格、心理状态、沟通环境有关，也与沟通的内容有很大的关系。沟通者在与人交际的过程中应做到语速快慢得体、缓急合适、快而不乱、慢而不滞，以实现清晰明了地沟通，有声有色地沟通，直达人心地沟通。

第四，日常沟通交际中，不同的语调有其自身的意义。平直语调容易引起对方的听觉疲劳，所以在交流的过程中适时地升高、曲折、降抑语调，可以大大提升个人说话的感染力与吸引力。

第五，语气的运用非常重要。同样一句话，若用不同的语气来表达，可以使人产生不同的心理感受。语气的类型有很多，或声硬气足，或声沉气缓，或声急气促。表达者要结合说话的需要交错使用合适的语气，显示出对对方的态度。

在与人沟通的过程中，语句的停顿与连贯、语音的轻重、语速的快慢、语调的高低、语气的交错都要以内在的真情实感为根本，没有内在的真情实感，这些技巧的使用就会显得浮夸与造作，唯有沟通者的真情实感才能换来对方的感同身受。总之，选准用词提升技巧，恰当抒发个人情感，形成个人所特有的沟通韵律和魅力，最终就可以实现鼓舞人、打动人和说服人的目标。

（三）用语准确文明

在沟通与礼仪中，要学会选用精确的词句来传达信息，表达思想，传递情绪和情感。口语沟通不同于书面语沟通，一些语音相同或相近而语意不同的词语，往往会使对方误解。比如，"这次参加考试的学员全部合格"，看书面语不会有误解，但转变成口语就容易将"全部"听成"全不"。又如，有人因为把朋友的一句"你做事件件都讲究"听成了"你做事件件都将就"而引发了口角。可见，在口语沟通中，要做到表意明确，首先就要用准词语，尤其要注意避免使用容易引起误解或歧义的词语。同时，必须根据角色、对象、场景和心境等要素来选择所用的词语和句子，以实现有文化、讲文明的沟通。

"言为心声，语为人镜"，文明用语不仅是对他人的尊重，也是个人修养与素质的体现。"良言一句三冬暖，恶语伤人六月寒"，这些都充分地说明了沟通与礼仪中用语文明的重要性。要做到用语文明，应注意态度诚恳、措辞谦逊、避开忌讳、把握分寸。

态度诚恳是文明用语的前提，它有别于虚情假意的客套。措辞谦逊，则要求与他人沟通时用好敬语敬辞、谦语谦辞。如称呼对方家人用"令尊""令堂""令郎""令爱"等，称呼自家人用"家父""家母""家严""家慈"等。

要注意避开忌讳，一般的交谈或与关系一般的人交谈，坚持"六不问"，即对人的年龄、婚姻、住址、收入、经历和信仰都不要询问，这些都属于个人隐私问题。在沟通内容上，一般不要涉及疾病、死亡、灾祸等不愉快的事情，遇到不得不说的情况，以"仙逝""驾鹤西去"等代替直接说"死"字。与人沟通，还要注意亲疏有度、把握分寸，"交浅"不可"言深"；男女有别，雅俗不同；老少有差异，谨言和随意应区分。

四、语言沟通禁忌

（一）爱揭短

古话说："君子成人之美，不成人之恶。"凡是成人之美的话，诸如激励人心、善意的忠告都是受人欢迎和尊重的。反之，在与人谈话中，爱揭短和拆台，可能使对方的兴致成为泡影，则会造成沟通不愉快。

（二）瞎抱怨

由于职场上工作紧张，竞争激烈，抱怨是职场常态。但抱怨除了发泄之外，效果并不佳，换种表达方式会更有效。事实证明，积极有效的沟通方式永远比发牢骚要高明得多。即使要抱怨，也要注意方式方法和场合。

（三）说闲话

多数人都有爱说别人闲话的习惯，只要几人聚在一起，肯定就会东家长西家短地说个没完。说闲话当然用不着负责任，所以容易越说就越没边际，容易使同事关系紧张，也不利于自己的形象。

（四）直言直语

直言直语既是人性中一个可贵的特质，也可能是一个弱点，因为喜欢直言直语的人常常只看到现象或表面，也只考虑到自己的不吐不快，而没有考虑旁人的立场、观念、性格和感受。所以，直言直语有时候会伤到谈话对象，会成为人际关系的阻碍，表达者可以选择迂回地说，巧妙地说。

（五）职业"哑巴人"

讲究语言艺术、不乱说话，不等于不说话，也不等于战战兢兢地说话。关键是要看场合、有分寸。但是因为怕说错而做职业"哑巴人"，则会和同事疏远，不利于沟通情感。

第四节　电话礼仪

案例导入

电话里的女高音

某杂技团计划于下月赴美国演出，该团团长刘明要就此事向市文化局做请示，于是他拨通了文化局局长办公室的电话。电话响了足足有半分多钟仍不见有人接听。刘明正纳闷，突然电话那端传来一个不耐烦的女高音："喂，什么事啊？"刘明一愣，以为自己拨错了电话："请问是文化局吗？""废话，你不知道你往哪儿打的电话啊？""哦，您好，我是市歌舞团的，请问王局长在吗？""你是谁啊？"对方没好气地盘问。刘明心里直犯嘀咕："我叫刘明，是杂技团的团长。""刘明？你跟我们局长什么关系？""关系？"刘明更是丈二和尚摸不着头脑："我和王局长没有私人关系我只想请示一下我们团出国演出的事。""出国演出？王局长不在，你改天再来电话吧。"没等刘明再说什么，对方就"啪"地挂断了电话。刘明感觉像是被人戏弄了一番，拿着电话半天没回过神来。

在上述事例中，文化局的那位女同志在接听电话时态度懒散，语气生硬粗鲁，给人盛气凌人的感觉。这不仅影响公务的正常办理，而且极大地损害了国家公务人员在人民群众心目中的形象。

电话被现代人公认为是便利的通信工具，在日常工作中使用电话语言很关键，电话礼仪可能会直接影响一个公司的声誉，接打电话有如下注意事项：

一、接打电话礼仪

（一）接电话礼仪

第一，接听电话要及时。铃响不过三声，及时接起电话表示对客人的重视，不让客户等待。如果实在是因为忙或者距离远，没有及时接起电话，接起来问候之后的第一句话要说："抱歉，让您久等了。"这样既表示歉意，也表示对对方的尊重。但是，也不能铃刚响一声，马上就接起来，打电话之人还没做好准备，突然传来的声音会把对方吓一跳的。

第二，通话声音清晰，语言要规范。不管是接电话还是打电话，都要保证通话声音清晰，语言规范。声音要保证清晰，环境要保持安静，同时自己嘴里不能含有食物或水。电话交流时，对方不可能通过表情、文字等其他信息来判断自己听到的信息，因此耳朵里听到的声音就是唯一获取信息的来源。

第三，遇到掉线的情况，要及时拨回去，再次接通之后要表达歉意，告知刚才是电话掉线的缘故，以防对方误以为是故意挂断电话。

第四，请对方挂断后再挂。挂电话之前，要把对方的来电事项重复一次，加以确认，然后感谢对方的来电，礼貌再见，有意识地等待对方挂电话之后再挂电话，就像是送客送到对方看不见为止、目送对方离去一样，是尊重对方的表现。

（二）打电话礼仪

打电话时要注意以下几点：

第一，择时通话。打电话选择通话时间非常重要，公事公办，非办公时间别打电话。尤其应该避免在对方可能用餐、休息的时间拨打电话。

第二，通话三分钟原则。电话沟通往往用于事情简单、程序明了的情况，也就是在三分钟内可以说得清楚、让对方明白的内容。如果过于复杂，可以通过电话约访，争取面谈比较合适。工作时间不能电话聊天，要做到"长话短说，废话不说，没话别说"。私人电话则尽量在下班时间接打。

第三，拨错电话要道歉。

二、代接电话的注意事项

代接电话要注意以下几点：

第一，先告知对方要找的人不在。

第二，要有主人翁意识。当问清楚来电事项之后，也许这件事并不必须是他要找的人才能办理，接电话的工作人员也一样能够解决。对于打电话之人来说，打电话的目的就是解决问题，只要问题能够解决，是谁帮助解决的并不是他所关心的，他关心的是问题能不能解决。

第三，详细记录并及时转告。如果来电需要转达留言，则代接电话之人要负起将留言准确转达的职责，好记性不如烂笔头，将来电要转达的内容进行详细记录，并重复一次加以确认，确认无误后再礼貌再见。当应接电话之人来时，要及时转告，千万不要传递错误信息或忘记转告，最后造成他人的损失，引起纠纷。

三、手机礼仪

（一）手机放置

携带手机要将其放在适当的位置，不可以有意识地将其展示于人，不论使用的手机多么先进，多么昂贵，它就是通信工具，不是抬高个人身价的装饰品。因此，若是让人感觉你把手机当成了装饰品，四处炫耀，就会让人对你的印象大打折扣。

外出时手机要放在随身携带的公文包内，或上衣口袋里，方便随时能拿出。需要注意的是，穿西装和套裙时手机最好放到公文包里，以免影响衣服的整体外观，切勿将其挂在腰带上，或把手机挂在脖子上、手上，这是非常不雅观的做法。

在参加会议、商务洽谈、签约时，可以将其暂交秘书、会务人员代管。在办公室可将手机放到抽屉里。

参加饭局时，饭桌上一般不放手机，尤其是谈合作时，如果把手机放在饭桌上，合作方可能会误会在录音或者做其他不好的事情。因此，职场饭局中尽量将手机放在口袋里或者包里，以免给他人造成困扰。

（二）拨打与接听手机

首先，接电话和手机时要注意礼貌用语。当电话和手机响起时，我们应该尽快接听，并使用"您好""请问您找谁？"等礼貌用语。如果对方没有自报家门，我们可以主动询问对方是谁，这不仅是一种礼貌，也是对对方的尊重。同时，我们应该尽量避免使用"你猜我是谁？"等不礼貌用语，这会让对方感到不舒服或被轻视。拨打他人的手机之后，如果对方没有及时接听，要有耐心，一般应当等候对方10分钟左右。在此期间，不宜再同其他人进行联络，以防电话占线。拨打他人手机后迅速挂断或是转而接打另一人的电话，都会被视为不礼貌的行为。

其次，拨打手机需要注意礼仪。在拨打手机之前，我们应该先考虑一下通话的时间和内容，避免在对方不方便或不愿意接听的时候打电话。拨打他人的手机，手机接通后要互相问好，一般是接电话者先问好，打电话者问好后，往往要接着说："请问你是……吗？"然后再自报家门："我是……"同时要询问："现在通话方便吗？"打电话时如果没有特殊的原因，与对方进行通话的时间不应当超过5分钟。如果对方不方便接听，我们应该尽快挂断手机，并另约时间再打。在通话过程中，我们应该注意语调和用词，尽量避免使用不礼貌或攻击性的语言。同时，我们也要注意听取对方说话内容，并尽可能地给予回应和解答。

接听手机者，在暂时不方便使用手机时，可以在语音信箱上留言，说明具体原因。有时，还可以采用转移呼叫的方式与外界保持联系，到方便时一定要回话。不及时回复他人电话，会被视为不礼貌的行为。

最后，我们还应该注意一些细节问题。例如，在通话过程中不要随意打断对方的发言，要耐心听取对方的意见或建议。同时，我们也要注意自己的言行举止，避免影响周围的人或破坏环境。另外，如果需要长时间通话，我们应该尽可能地选择一个安静、私密的环境，以免影响其他人或被别人打扰。

（三）手机彩铃

手机彩铃的内容要和身份相匹配，如果选择与自己身份不太匹配的铃声，会损害自己的形象。公务员、公司管理人员等由于岗位性质的需要，应该以稳重的形象示人，因此，在工作场合中，响起搞笑的手机铃声或彩铃不仅会显得很不严肃，而且与自身身份不符。工作期间最好不用彩铃，选择普通铃声为宜，为了宣传企业可以选择"……企业欢迎您！"

需要注意的是，手机彩铃绝对不能有不文明的内容，否则，不仅显得不雅，还会让拨打者尴尬，影响商务往来。另外，在公共场所，尤其是相对比较安静的办公场合，手机铃声的音量设置直接体现了使用者的素质。因此，手机铃声音量不能太大，以离开座位两米可以听见为宜，铃声太大会对他人造成影响。

（四）手机短信

在短信的内容选择和编辑上，应该和重视通话文明一样重视手机短信。

第一，发短信要有称呼、问候和署名，这既体现了对对方的尊重，也为了让短信接收者知道你的身份。

第二，短信祝福不宜太长，不要把别人的祝福短信转发过去，更有甚者连名字都没改就直接转发了，这是不礼貌的。

第三，提醒对方最好用短信，有些重要电话可以先用短信预约。

第四，短信要及时清理，以免重要的短信进不来，要及时删除自己不希望别人看到的和无用的短信。

第五，同事间一些简单的工作交流可用短信进行，但除非是上司主动要求或事先征得其同意，下级不宜以短信方式和上级谈工作。

（五）使用手机的禁忌

1. 遵守公共秩序

在公共场合，尤其是在会场等要求安静的场合，应让其处于静音或振动状态，不能对着手机大声说话。不能在楼梯、电梯、路口、人行道等公共场合以及人来人往之处，旁若无人地使用手机，妨碍他人通信。

2. 注意安全

（1）在驾驶汽车时，不能使用手机通话，注意行车安全。

（2）不能在加油站、面粉厂、油库、医院重症监护室等处和飞机飞行期间使用手机，可能引发火灾、爆炸，或者干扰医疗仪器、航班的正常运行。

（3）涉及商业秘密的事项最好不要在手机上交谈，避免手机信息外泄。

3. 保证畅通

职场人员在告诉交往对象自己的手机号码时，务必力求准确无误。如果是口头相告，应重复一两次，以便对方进行验证。

如果更换了手机号码，应尽早告知自己主要的交往对象，包括一些老客户，以保证彼此联络的顺畅。应经常使手机保持在开机状态，以方便他人与你联系。

4. 尊重隐私

如果是其他人想通过你得知别人的手机号码，应该在得到对方的允许之后，再告诉他人。职场交往中，不应该不负责任地将别人的手机号码转告给他人。

在商务场合未经他人许可就进行拍照，是不礼貌的行为。拍照或者合影留念都应征询他人同意，不应随意地用手机拍摄和发送照片，这可能会侵犯他人的隐私。正式的职场饭局中，亦不适合拍照发朋友圈，若不小心拍到敏感信息，比如商业机密、未公开的合作细节等，可能会给个人和公司带来损失。

本章小结

沟通的目的是建立联系，传递信息。沟通过程中也存在障碍因素，障碍可能来自发送者、接收者和信息传播通道。根据沟通媒介、沟通方向、参与沟通的人数等标准，可以将沟通分为多种类型。其中，根据沟通所借助的媒介可以分为语言沟通和非语言沟通，本章主要阐述了语言沟通内容、语言表达技巧和语言沟通禁忌。

语言沟通以简单、明确、高效、无误为目标，为了实现这一目标，我们需要注意以下事项。第一，文明沟通，掌握沟通的仪态，做到表情要微笑、眼神要专注。第二，选择合适的沟通内容，尤其是要选择合适的展开话题，采用漫谈资料法、自我揭示法、共同兴趣法等方法维持话题，同时需要认真倾听，并对对方谈话内容做出回应。第三，从语音、语速、语调、语气等方面提高语言表达的技巧。第四，规避语言沟通的禁忌，切忌指他人之短、无事瞎抱怨，当然也不要做职业"哑巴人"。

小测试

一、多项选择题

1. 沟通的要素包括（　　　）

    A. 沟通主体

    B. 沟通客体

    C. 沟通介体

    D. 沟通环境

    E. 沟通渠道

2. 按照信息传递的方向分类，沟通可以分为（　　　）

    A. 上行沟通

    B. 下行沟通

    C. 平行沟通

    D. 斜向沟通

    E. 左向沟通

    F. 右向沟通

3. 沟通的障碍主要包括（　　　）

    A. 发送者障碍

B. 接收者障碍

C. 信息传播渠道障碍

D. 使用谦语

E. 使用敬语

4. 语言沟通的类型按照使用的媒介可大致分为（　　　　）

A. 口头沟通

B. 书面沟通

C. 电子沟通

D. 多人沟通

E. 间接沟通

二、技能拓展训练

（一）赞美小游戏

训练步骤：

1. 请小组成员逐一作为被赞美的对象。

2. 请小组其他成员向被赞美者依次说出一句发自内心的赞美，赞美内容不可以重复。

3. 作为被赞美者的小组成员谈被别人赞美的感受。

4. 作为赞美者的小组成员谈赞美别人时的感受。

（二）如何委婉拒绝加班

假如你是某公司的员工，领导把一项临时性的任务安排给你，而你因手头工作繁多无法完成这项工作。在这种情况下，怎样才能说服领导把这项工作安排给别人又不会对你产生不好的印象呢？

本章参考答案

第三章

职场非语言沟通

---・■**知识要求与目标**・---

1. 了解非语言沟通的特征，理解非语言沟通的作用。
2. 了解各种非语言形式的含义，掌握非语言沟通分类。
3. 熟悉肢体语言的沟通类型。

---・■**素质培养目标**・---

1. 掌握非语言沟通技巧。
2. 掌握语言沟通技巧。

案例导入

小王问小杨："人家都说沉默是金，你说，沉默真的是金吗？"小杨说："不一定，那次我和小白一起在西安带团，我们向客人推荐贵妃宴。介绍完了，问客人吃不吃的时候，二十多位客人都一声不吭。沉默，我一看苗头不对就溜了。小白看在地陪的面子上，又去问客人吃不吃。结果呀，被客人骂了一通。客人说，'让我们掏钱的事，你们怎么这么积极'！你看，沉默是什么？"

小王说："照这么说，沉默有时不是金，而是暴风雨来临前的宁静啊！可是，如果客人把话说出来，你就一定能明白他的意思吗？"

小杨说："那要看客人怎么说。比如，他对你说，你真好。你知道这是什么意思吗？""如果他把重音放在'你'字上，我想他是真的说我好。如果他把重音放在'好'字上，那就不好说了，可真可假。如果他把重音放在'真'字上，而且把声音拖长，说成你真~好，那就基本上可以肯定他是在讽刺我。"

小王说："我也注意到了，客人强调什么的时候，是会用重音来强调的。比如，你问他要不要增加一个景点，他如果明确表态，他会在说我们不去的时候，把'不'字说得重些，或者干脆一字一顿地回答，'我~们~不~去'！"小杨说："是啊。恐怕客人出口长气，哼一声我们都要想想是什么意思。"小王问道："这哼一声到底是什么意思呢？"小杨说："那就要看具体情况了。比如说，客人走着走着，突然'哎哟'一声，你又看到他一个趔趄，那大概是把脚扭了。如果客人在'哎哟'的同时，还拍着脑门，那多半是忽然想起了什么或者是发现自己遗忘了什么。"小王问道："如果客人出一口长气呢？"小杨说："那也得具体分析，那次登上长城，远眺北国，风光无限，我就听到一位老华侨长舒了一口气，再看他那一脸的自豪。那意思肯定是，啊！祖国真美啊！不过也有相反的。去年股票大跌，我团里的一位上海客人不停地长吁短叹。后来一问，果然他已经损失了将近一半。"小王感慨道，"看来我们做导游的要想当一个好导游，首先应该当一名好观众，要善于通过观、听、悟，来把握客人的各种心理啊！"

案例解析：本案例中既包含语言沟通中的口头沟通的方式，也包含非语言沟通的方式。导游们所讨论的主要是非语言沟通在旅游人际交往中的各种含义和作用。正如案例中的小王所讲，只有善于准确把握不同的沟通方式及其含义，才能实现顺利有效的旅游人际交往。

第一节　非语言沟通的类型与特点

如前两章所讲，大家都明白沟通是信息的交换，是编码和解码的过程，表达者把自己要表达的信息，经过编码之后传递给别人，别人接收到传递给自己的信息，自己要学会解码，才能理解对方。但这些也只能让别人明白沟通是什么，而不知道怎么办。有句话说得好，沟通是一场无限游戏。打牌、下棋等是有输赢的有限游戏，而无限游戏没有固定边界，无限相对于有限而言，一切以可持续为目的，比如文化、宗教等。而沟通也是无限游戏，话语、词汇可能当下说完就没了，但由此引发的感受、体验、人际关系的改变是无限的。所以沟通的无限游戏除了语言沟通，还有很重要的非语言沟通。非语言沟通的研究始于 1872 年英国生物学家查尔斯·罗伯特·达尔文（Charles Robert Darwin）出版的《人类与动物的情感表达》。学者发现，人类所有的行为都具有沟通的价值，个体的每个行为都是信息的载体。目前，非语言沟通的研究领域已经大大拓宽，学者从生理、心理、社会等各个层面研究非语言沟通的过程。

职场中，不仅说话是一门技术，非语言沟通也是我们不得不掌握的技巧。从心理学角度分析，沟通是人与人之间或人与群体之间思想与感情的传递和反馈的过程，以求思想达成一致和感情的通畅。美国的传播学家艾伯特梅拉比安曾对沟通提出一个"73855"公式，即沟通时，"信息的全部表达 = 7% 语调 + 38% 的声音 + 55% 肢体语言"。我们把声音和肢体语言都归为非语言交往的符号，那么人际交往和销售过程中，信息沟通只有 7% 是由言语进行的。

非语言沟通指的是以表情、手势、眼神、触摸、空间、时间等非自然语言为载体所进行的信息传递，通过肢体动作、面部表情、衣着和随身物品等方式交流信息、进行沟通的过程。沟通信息的内容部分往往通过语言来表达，而非语言部分则作为提供解释内容的框架来表达信息的相关补充部分。绝大部分人际沟通都是非语言性的，人们经常会注意互动中的非语言线索，并赋予其界定人际关系、管理认同等不同的功能。

一些社会学家认为，人的情感信息有93%来自于非语言的部分，也有些研究者指出接近65%的信息不是通过语言表达出来的。非语言沟通可以用更多的信息载体来进行交流，这些载体包括身体的特征、有意识或者无意识的行为，以及个人的领域信息，因此非语言沟通方式在人与人的沟通中扮演着重要角色。

一、非语言沟通的类型

非语言沟通的形式多种多样，总结起来有以下几种：

（一）体态沟通

体态语言是以身体动作来表示意义的无声沟通形式。人们见面相互点头、握手或拥抱等行为就是用体态语言向对方致意、表达问候和欢迎。人们在交谈时身体略向前倾，不时点头，神情随着谈话的内容变化而变化，这些体态特征表示出对说话者的尊敬和礼貌。如果腿不住地乱抖，身体随意摇晃，眼睛左顾右盼，会使说话者感到不高兴。因为这些无声的语言传递出的信息是不尊重、不礼貌和不欢迎。所以体态语言是否得当与人际沟通成功与否关系很大。

体态语主要包括头语、手势和身姿三种，它们既可以支持修饰语言，表达口头语言难以表达的情感，也可以表达肯定、默许、赞扬、鼓励、否定、批评等意图，以收到良好的沟通效果。

1. 头语

头语是人们经常使用的姿势动作。头语往往能简洁明了地表达人们的意图和反应，对人的语言起到强化和削弱的作用。

2. 手势

手势是会说话的工具，是体态语言的主要形式。它使用频率最高，形式变化最多，因而表现力、吸引力和感染力也最强，最能表达其丰富多彩的思想感情。

从手势表达思想内容来看，手势动作可分为情意手势、指示手势、象形手势与象征手势。

情意手势用以表达感情，使抽象的感情具体化、形象化，如挥拳表示义愤，推掌表示拒绝等。指示手势用以指明人或事物及其所在位置，从而增强真实感和亲切感。象形手势用以模拟人或物的形状、体积、高度等，给人以具体明确的印象，这种手势常略带夸张，只求神似，不可过分机械模仿。象征手势用以表现某些抽象概念，以生动具体的手势和有声的语言构成一种易于理解的意境。

【知识拓展】

手势语在整个非语言交际中占有非常重要的地位。布罗斯纳安曾经说过："手部动作实际上是身势语的核心。"而英国一位心理学家对不同文化的手势语的使用频率进行了调查，其结果也从侧面验证了这种说法。他发现，在一个小时的谈话中，意大利人做了80个手势，法国人做了120个手势，墨西哥人则做了180个手势。意大利有句谚语，大意是：如果一个人的胳膊被砍掉，那么他宁愿当哑巴。借此形象地指出手势语在交流交际中的重要性。

3. 身姿

身姿包括肩、臂、腰、腹、背、腿、足等身体部位，通过坐、立等姿势的变化表达语言信息的"体语"。身姿语可表达自信、乐观、豁达、庄重、矜持、积极向上、感兴趣、尊敬等或与其相反的语义。人的动作与姿态是人的思想感情和文化教养的外在体现。

（二）面部表情

一个人的表情往往就是内心情感的表露，表情可以无声地传达一个人内心的想法。真诚动人的情感是人与人之间建立融洽关系的重要纽带，是不受权力因素影响和制约的。面部表情非常丰富，许多细微复杂的情感都能通过面部种种表现来传达，并能对口语表达起解释和强化作用。同样是笑，微笑、憨笑、苦笑、奸笑……不同的笑在嘴、唇、眉、眼和面部肌肉等方面会表现出许多细微而复杂的差异。因此，人们要学会充分地运用面部表情来准确表达自己的意图。

（三）目光接触

俗话说，"眼睛是心灵的窗户"，说明了眼睛在人际交往中对于传递信息十分重要。在沟通交流中，目光的交流总是处于第一位的，是人与人之间最传神的非语言沟通。在各种器官对刺激的反应中，眼睛对刺激的反应最为强烈，并且最为敏锐，占感觉部分的70%。因此，应尽量让自己的目光看起来柔和、友好。注意和别人说话时，最忌讳眼神闪烁、狠狠盯住对方或斜眼看人。这样会使对方产生不信任感。

【知识链接】

人们在交往和销售过程中，彼此之间的注视还因人的地位和自信而异。推销学家在一次实验中，让两个互不相识的女大学生共同讨论问题，预先对其中一个说，她的交谈对象是个研究生，同时却告知另一个人说，她的交谈对象是个高考多次落榜的中学生。观察结果是，自以为自己地位高的女学生，在听和说的过程中都充满自信地凝视对方，而自以为地位低的女学生说话时很少注视对方。在日常生活中也能观察到，往往主动者或处于优势地位的人更多地注视对方，而被动者或处于劣势地位的人较少迎视对方的目光。

（四）人际距离

"不识庐山真面目，只缘身在此山中。"庐山乃人间胜境，看不出它的妙处来，是因为身在山中之故。人与自然景观之间的关系尚且如此，人与人之间的关系更是微妙。我们尽管有良好的愿望，希望自己所拥有的人际关系亲密度越高越好，但应记住"亲密并非无间，美好需要距离"。

个体之间在进行交往时通常要保持一定的距离。这种距离因个体之间关系的不同而不同。人类学家霍尔认为"人际距离"可区分为四种：

1. 亲密距离（0~0.46m）

亲密距离通常用于父母与子女之间、夫妻或恋人之间，在此距离双方均可感受到对方的气味、呼吸、体温等。这一距离排斥第三者加入。职场中要尽量避免介入这个距离内。

2. 个人距离（0.46~1.2m）

个人距离一般适用于朋友之间，此时，气氛轻松，人们说话温柔，可以感知大量的体语信息。

3. 社会距离（1.2~3.6m）

社会距离用于具有公开关系而不是私人关系的个体之间，如上下级关系、顾客与售货员之间、医生与病人之间等。

4. 公众距离（>3.6m）

公众距离用于进行正式交往的个体之间或陌生人之间，这一距离下的交往有公认的社会标准或习俗。这时的沟通往往是单向的，如报告人在礼堂上作报告。

职场中的交往距离有三种情况值得注意：

一是领导与下属交往时，或师傅和徒弟交往时，要注意有意识地缩短交往的距离，不要人为地与交往对象拉开距离。因为本来领导和师傅的特定身份已使交往对方不易适应，这时更有必要使交往的双方首先在交往距离上减少陌生感。比如护士站在离患者病床很远的地方与之交谈，会使患者感到被讨厌或嫌弃，缩短与之的距离是建立良好护患关系的方式之一。

二是在与人初次交往或到一个新单位时，与他人之间首先要保持一定的距离，使交往的双方都有一个适应的过程。不要一开始就使双方交往的距离很小，因为这样会使双方不自然和不安。等熟悉以后，应使交往的距离逐渐缩小，否则双方会产生疏远感。

三是在与异性同事交往时，要保持一定的距离。如果双方太近，会使对方感到不安，甚至被人视为轻浮、不庄重，破坏自己的形象。

（五）时间控制

时间本身不具有语言的功能，不能传递信息，但人们对时间的掌握和控制，却能用来表示一定的意思。在人际交往中，人们往往会以时间来传递某种信息和态度。比如开会时早到、迟到或中途退场，往往对会议召集者表达自己对会议不重视的态度。当然迟到本身也包含不礼貌的信息。在人际交往中，与人约定好时间之后不可过早到达，尤其是到新朋友、同事家；但也不可迟到，这样会使主人感到不高兴，会被认为是对他的不尊重和轻蔑。举个实例，在护理工作中也要注意时间问题，如什么时间给病人注射换药，什么时间给病人进行生活护理，要安排得井井有条，不能不注意时间而耽误护理或是影响病人休息。

（六）仪表与环境

仪表是一个人的外部形象，包括面容、体态、服饰、姿态、风度和举止等内容。在日常交际活动中，交往的技巧和能力固然重要，但保持良好的仪表也同样重要，因此，衣着应高雅大方、端庄得体，体现出自己的审美情趣，以及对他人的态度。

如一名青年女性去医院看病，医生未穿白大褂，衣着随意，留着长发，女病人不敢让他检查。因为对方衣着所发出的信息，使其产生了不信任感。另外，护士浓妆艳抹、穿金戴银同样会让病人感到不信赖。

环境布置也能向人们传递一定的信息。环境的嘈杂程度、安静程度、温度、光线等都可能影响人际沟通的质量。例如，人们如果在一个嘈杂的环境中进行沟通，就可能受到噪音的干扰，导致信息传输不准确或不完整。相反，一个安静舒适的环境则可以营造出一种温馨、和谐的氛围，有利于人际沟通的展开。

（七）身体接触

研究表明，最影响建立融洽关系的非语言行为之一就是身体接触。陌生人的一个真心拥抱就能抚慰孤独之痛。相关研究者表示，现代社会，人们越来越多地通过数码或视像设备进行交流，忽略了人与人接触的重要性。该研究发现，被陌生人缓慢、带有情感的轻抚能降低社会排斥感。

面对沟通对象，适度的身体接触可以表达支持、欣赏、鼓励等积极的情感，让人体会到沟通的快乐。身体接触所表达的信息较多。一是表示亲近、关系密切；二是表明一种关怀或服务，如领导与下级的接触，父母与儿女之间的接触；三是表明爱意，等等。与一位多年未见的好友不期而遇，两人双手紧紧相握，兴奋与激动溢于言表；两国元首之间的会见，相互拥抱以示友好；两位好朋友一同逛商店，相互挽着胳膊或相互拉着手，都表示亲近的关系。医生在为患者体检时的触诊属于医源性人体接触，是职业需要，同时也是一种关怀。当病人诉说头痛时，护士用手触摸病人的额头；病人手术时极为紧张，护士握住病人的手使其减轻恐惧，保持情绪稳定。以上均表明身体接触是一种关怀，起到此时无声胜有声的作用。年轻的母亲抚摸小宝宝、贴贴脸、摸摸脚丫、拍拍屁股等是一种亲肤需要，同时也表明浓浓的母爱。

同时，身体接触时应该注意一些问题。与女性相比，男性更多回避与同性接触身体。与男性相比，女性更多回避与异性接触身体。另外，接触部位也要注意，沟通中最常接触的是手，关系亲近可以扶一扶肘，拍一拍肩，其他身体部位必须谨慎对待，即使是开玩笑，处理不好也会被认为是冒犯。

（八）辅助语言

辅助语言，也称副语言，它包括发声系统的各个要素：音质、音幅、音调、音色等。辅助语言是丰富多彩的，在公关交际礼仪中有不同的含义。一个人的嗓音具有许多特点，如音量大小，音质柔软度，音高及其变化，发音、共鸣、音调高低、呼吸、鼻音、喉音等。

在公关交际活动中，这些特点的单独或结合运用可以表达语言的特定意思，或友好的，或嘲讽的；或兴奋的，或悲哀的；或诚恳的，或虚假的，甚至自觉不自觉地打开情绪状态的"密码"，展示一个人的身份和性格。以礼貌用语中的"请"字为例，语调平稳，会显得客气，满载盛情；语调上升，并带拖腔，意味着满不在乎，无可奈何；语调下降，语速短促，会被理解为是命令式的口气，怀有敌意。

事实上，人们在语言沟通时，同一句话或同一个字，因为使用不同的副语言而造成人们不同知觉的事例还有很多。比如，人们往往倾向于把说话语速较快、口误较多的人，知觉为地位比较低、很容易紧张的人；而把说话声音响亮、慢条斯理的人，知觉为地位较高、悠然自得的人；说话结结巴巴、语无伦次的人被认为缺乏自信，或言不由衷；而用鼻音哼声又往往会让人觉得其傲慢、冷漠和鄙视，令人不快。一个人激动时往往声音高且尖，语速快，音域起伏较大，并带有颤音；而悲哀时又往往语速慢，音调低，音域起伏较小，显得沉重而呆板；同样，爱慕的声音往往是音质柔软，低音，共鸣音色，慢速，均衡且微向上的音调，有规则的节奏以及含糊的发音；而表示气愤的声音则往往是声大、音高，音质粗哑，音调变化快，节奏不规则，发音清晰且短促。

比如，我们在收听球赛广播时，尽管看不见播音员的面容和动作，有时也不完全能听清其说话的内容，却能从他尖锐、短促乃至声嘶力竭的语调中知觉其兴奋或紧张的心情；而从低沉的叹息声中知觉出惋惜之情。

【小情景】

职场礼仪
与沟通实用教程

著名的悲剧影星罗西在一次欢迎外宾的宴会上应邀为客人们表演一段悲剧，他用意大利语念起了一段台词，尽管人们听不懂台词内容，却为他那动情的声调和表情流下同情的泪水。可一位意大利人却忍俊不禁，跑出厅外大笑不止。原来，这位悲剧明星念的根本不是什么台词，而是宴席桌上的菜单。这种现象说明什么？

这则轶事说明在人际关系中，说话声调本身具有沟通作用。一个人是友好还是充满敌意，是冷静还是激动，是诚恳还是虚假，都可以从他的声调节奏、停顿等表现出来。俗语说："听话听声，锣鼓听音。"我们在判断一个人说话的情绪和意图时，固然要听他在"说什么"，但更应该注意他"怎样说"，即从他的声调高低、音量大小、抑扬顿挫及转折、停顿中领会其"言外之意"，而这些就叫辅助语言。同时还有那些发出来的无固定意义的呻吟、叹息、叫喊、哭泣、咳嗽等所谓的"类语言"。这些对语言的表达起到"补充"和协助作用。在人际交往中，正确使用辅助语言，才能达到有效的沟通效果。

二、非语言沟通的特点

从非语言沟通的分类可以看出，非语言沟通有以下特点：

（一）普遍性

在人与人之间交流、沟通的过程中，几乎每个人从小就自觉、不自觉地学会了非言语沟通能力，这种沟通能力是人类天生就具有的一种本能。许多身体语言、情态语言已经为全世界大多数人所接受，具有普遍性，如见面握手表示友好欢迎已被大家公认了。

（二）差异性

不同民族有各自不同的文化、历史背景及风俗习惯。在人际沟通中，年龄、性别、文化程度、伦理道德、价值取向、生活环境等社会文化因素都会对非语言沟通产生影响，从而造就其特有的非语言沟通的符号和方式。

（三）社会性

人与人之间的关系是一种社会关系，社会中不同地位、不同职业、不同阶层都会对非言语沟通产生影响。谈判中表达不同意见的时候，有的人会用摆手和皱眉表示，有的人仍然以微笑表示。

（四）无意识性

在日常生活中，当我们与人谈话时，不经意间做出的蹙额、摇头、瘪嘴、抖腿等动作，很多时候我们自己并不自知。一个人的非语言行为往往是对外界刺激的直接反应，以个人或群体的形体动作、表情等外在表现作为信息发送的起点，通过一种可视的、直观的形式把所要表达的意思表达出来，基本是无意识的反应。

（五）规范性

这种规范性就是指一个社会群体或一个民族受到特定传统观念的影响，长期以来对非言语沟通所产生的社会认同。

（六）情境性

非言语沟通一般不能够单独使用，不能脱离当时当地的条件、环境背景、包括要与相应语言情境的配合，只有那些擅于将非言语符号与真实环境背景联系起来的人，才能将非言语符号运用得准确、适当。

第二节　非语言沟通的技巧

人的非语言沟通能表示各种态度，如果我们把对非语言沟通的正确解读应用于工作中会更利于人际沟通，它可以产生良好的"首因效应"，能部分代替有声语言沟通、交流情感，并且增强有声语言的表现力和感染力，更有助于我们对信息的发送和控制，提升沟通效果。

一、有效解读肢体语言的意义

解读肢体语言是一项需要掌握的复杂技能，解读肢体语言并不像记住一系列动作或手势那么简单。每一种肢体语言都可以发出各种各样的情绪信号，具体取决于一个人的个性和情绪状态。即便如此，根据信号出现的上下文，信号的含义也可能不同。如果您想解读某人的非语言信号，请密切关注他们表达不同情绪的方式。总的来说，人们可以通过身体的四个部位发送和接收体语言，按其表现力和可靠性排序，它们依次是面部表情及眼睛、双臂和双脚、身体姿势、位置。其中四肢的形体动作无疑更容易反映内心的想法。

埃米·卡迪经过多年的研究发现，做什么动作和个人情绪有直接关联。改变姿势就能改变内分泌和脑神经的状态，让人变得更自信，更有力量，而且短短2分钟内就能有结果。一个人昂首挺胸，说话铿锵有力，这种舒展的姿势可以产生积极的心理情绪，对自己产生信心，对人生有掌控感；而一个人低头走路，这种姿势是龟缩的姿势，会产生弱势的心理状态，认定自己弱，觉得自己不行。

当拥有自信和力量时，面对困难，我们敢于勇往直前，沉着面对。

身体姿势可以影响你的心态，心态影响行为，行为可以影响你成为什么人。所以看一个人的性格，看他的身体姿势就明白了。一个拥有舒展姿势的人，其实就是天生的领导者。

【小情景】

著名演讲家尼克·胡哲，天生就没有四肢，只有左臀部以下有一个带着两个脚趾头的小脚。曾经他因为身体残疾，遭受同学嘲笑和欺侮，还曾自杀过；但最终他没有放弃自己，开始走上了演讲之路。看过尼克·胡哲演讲的人，你一定会被他逗笑。演讲台上，尼克·胡哲说着幽默的笑话，昂首挺胸，跟现场观众互动，好不欢乐。他从不掩饰自己的残疾，调侃自己的脚是"小鸡脚"。在演讲中，他无数次当众倒在桌子上，向台下的观众演示一个无手无脚的人如何重新站起来。

二、有效解读无声沟通方式

当人们面对面沟通的时候，信息通过三种方式传递：语言（文字）传递占7%，声音传递占38%，表情及肢体动作传递占55%。所以人际互动时，从解读无声的身体语言得来的信息，往往比从有声语言中得到的信息还多。人们不仅只是听你说的内容，更重要的是会感受你的表情和声音。

我们的面部表情，以及手势，腿、脚、躯干的姿势都属于体姿语。

（一）眼神沟通

眼睛的动作能明确表达人的感情世界，眼神是肢体语言中最生动、最复杂、最微妙，也是最具表现力的，一切情绪、情感和态度的变化都可从眼神中表达出来。

1. 保证稳定的目光接触

沟通时目光接触时间需占到谈话时间的30%~60%，这样比较有礼貌，并且能表现出对谈话内容感兴趣，表达真诚、热情的情感，少于或多于这个范围，则表示漠视或关注度太高，会造成对方的不满和紧张。

2. 正确运用眼神表达

原则一：别人和你说话时，你的眼睛一定要看着他，但不是一直盯着看。

每个人都有被尊重的需求，而我们的眼睛是心灵的窗口，你通过直视他的眼睛，表达出这样的意思："你说的每个字我都很感兴趣，请继续说下去。"眼神交流之余，还可以通过点头、微笑来回应对方，表达对对方聊天内容感兴趣。

原则二：和别人说话时，眼睛可以看别的地方，但不要过分东张西望。

你在说话时，思维是跳跃、发散的，同样，眼睛是心灵的窗口，说话的时候你正在进行活跃的思考，所以你的眼神可以跳跃。但你的眼神从他面部游离开的距离不要过大，频率不要过高，否则就像在掩饰事实，或是在撒谎了。

原则三：空间越小，拥挤度越高，越不需要做眼神交流。

比如电梯间里，你只需要在交谈中，偶尔地向对方投去短暂的一瞥。在太狭小的空间里，不需要做直接的眼神接触，否则双方都不舒服。

原则四：和对方越熟悉，眼神交流的必要性越弱。

因为你们很熟悉彼此，不需要靠眼神来袒露内心了。比如对话时，一个盯着面前的饮料瓶，另一个看着窗外都没关系。

（二）面部表情

面部表情是指主要通过面部的脸、嘴和眉目所表达出来的感情。仅就眉毛而言：挤眉表示戏谑，横眉表示鄙视，竖眉表示愤怒，低眉表示顺从，皱眉表示不愉快或疑惑，还有愁眉苦脸、扬眉吐气等。

面部表情可以传达出丰富的情意。一般沟通场景中，应该表情平和，经常面带微笑，不要轻易展示哭脸、冷脸、怒脸、媚脸。面部表情一般可以表现一个人的真正情绪，但有时候可能和真正的情绪相矛盾，有时也可能掩饰某种真正的情绪，正所谓"知人知面不知心"，就是这个意思。在沟通过程中，通过观察一个人的面部表情可以帮助沟通者了解一个人所要真正发出的信息。

（三）身体姿势

身体姿势包括手势及其他的身体姿势，它体现了一个人沟通时特定的态度及当时

职场礼仪与沟通实用教程

所包含的特定意义。手势可以用来强调或澄清语言信息。手势和其他的非语言行为结合起来可以代替语言信息。

身体的姿势可以反映一个人的自我感觉、情绪状态及身体健康等状况。如身体直立、昂首挺胸表示一个人有自信，身体健康状况良好；胳膊交叉，表示一个人心里紧张，且有防御心理。

三、有效解读说话语气和音调

（一）说话语速和音调

语速和音调是最容易引起人们注意的两个特征。语速快的人通常充满活力和热情，富于创造性和自信，思维敏捷，但可能会显得冲动和浮躁。语速慢的人则通常细心、谨慎，更容易保持冷静，但可能会显得迟钝和缺乏激情。音调高的人通常比较开朗、积极，乐观向上，但有时也可能显得过于浮躁；音调低的人通常比较内向、沉稳，不易受到外界干扰，但有时也可能显得过于消极。

（二）语言表达和措辞

语言表达和措辞是另一个反映人性格的重要因素。善于表达的人通常思维敏捷、头脑清晰、富有逻辑性，但有时也可能显得过于情绪化和以自我中心。反之，表达能力弱的人通常思维缓慢、不够灵活，比较容易陷入困惑，但也可能是在进行较为深刻的思考和理解的表现。措辞得当的人通常言辞优美、婉转动人，容易获得别人的认可和喜爱，但有时也可能显得过于虚伪；反之，措辞直白的人通常比较真诚坦率，但有时也可能显得过于冷酷和直接。

（三）声音音量和节奏

声音音量和节奏也是反映人性格的因素之一。音量大的人通常比较自信、有决心和毅力，但有时也可能显得咄咄逼人；反之，音量小的人通常比较温和、谦虚和细心，但有时也可能显得优柔寡断。节奏明显的人通常比较有节奏感、自我节制，但有时也可能显得过于刻板；反之，节奏不明显的人通常比较自由随性。

四、非语言沟通和语言沟通的联系

语言沟通是指以语词符号为载体实现的沟通，主要包括口头沟通、书面沟通和电子沟通等方式。语言沟通是人们日常生活中的一个重要组成部分，它涉及生活的各个方面，是人们交流、交换和学习的最有效途径。非语言沟通和语言沟通具有重复、补充、替代和强调等关系。

（一）重复

人们会通过非语言沟通方式来重复语言沟通的内容，比如人们在给别人指路时，不会只说"从这里往南走，第一个街道右拐"，也会用手势给问路者提供指示和说明。

（二）补充

非语言沟通会补充说明人们的想法和感受，当人们受到别人的训斥时，可能在语言上会承认自己的错误并且接受批评，在非语言之上也会表现出悲伤、痛苦等情绪，成为对个人信息的补充，从而使对方感受到更为丰富的信息。

（三）替代

非语言沟通还有替代功能，当朋友问"怎么了"的时候，人们可能会直接说出自己的感受，也可能会"耸耸肩"或者"高兴得跳起来"来替代语言表达。

（四）强调

非语言的方式也可以被用来加强语言的信息，比如在指责他人的时候，人们会有意提升语音语调，或者摆出指责的姿势。除了上述联系外，非语言沟通对于语言沟通还具有调整、欺骗等功能。

本章小结

非语言沟通在职场交流中起着至关重要的作用，非语言沟通指的是以表情、手势、眼神、触摸、空间、时间等非自然语言为载体所进行的信息传递，通过肢体动作、面部表情、衣着和随身物品等方式交流信息、进行沟通的过程。

非语言沟通包括：体态语言、面部表情、目光接触、人际距离、时间控制、仪表和环境、身体接触和辅助语言等内容。非语言沟通包括普遍性、社会性、差异性、无意识性、规范性和情景性等特点。

把握好非语言沟通需要有效解读肢体语言的意义、有效解读诸如眼神、表情、身姿等无声沟通方式以及有效解读说话语气和音调。

非语言沟通和语言沟通具有重复、补充、替代和强调等关系。只有掌握好二者的关系并熟练运用其技巧，才能使职场沟通高效顺畅。

小测试

一、思考题

1. 解释非语言沟通的含义，列举其包含的形式并举例说明。
2. 分别列举出五个积极的和消极的肢体语言。
3. 倾听别人说话，要表示尊重和重视对方，应该注意些什么？

二、单选题

1. 非语言沟通和语言沟通的，下列哪种说法不正确（   ）。
    A. 二者相辅相成
    B. 非语言沟通可以强化语言沟通的信号传递
    C. 非语言沟通可以改变语言沟通的字面意义
    D. 语言沟通比非语言沟通更让人信服

三、拓展训练

常言道："手之所至，腿随之；感情所至，心随之；心之所至，感情随之；感情所至，味随之。"在训练中要注意结合感情表现，进行眼睛训练。

1. 对视法

找一位与自己身高一样的同学进行互视，尽量不眨眼。训练时若感到眼睛疲劳，可将目光转移或闭目休息片刻。坚持练习便会收到目光敏锐、炯炯有神的效果。

（1）定眼。

眼睛盯着一个目标，分正定法和斜定法两种。

正定法：在前方 2~3 米远的明亮处，选一个点。点的高度与眼睛或眉基本相平，最好找一个不太显眼的标记。进行定眼训练，眼睛要自然睁大，但眼轮匝肌不宜收得太紧。双眼正视前方目标上的标记，目光要集中，不然就会散神。注视一定时间后可以双眼微闭休息，再猛然睁开眼，立刻盯住目标，进行反复练习。

斜定法：要求与正定法相同。只是所视目标与视者的眼睛成二十五度斜角，训练要领同正定法。

（2）转眼。

眼珠在眼眶里上、下、左、右来回转动。包括定向转、慢转、快转、左转、右转等。

定向转眼的训练有以下各项：

①眼球由正前方开始，移到左眼角，再回到正前方，然后再移到右眼角。如此反复练习。

②眼球由正前方开始，眼球由左移到右，由右移到左。反复练习。

③眼球由正前方开始，眼球移到上（不许抬眉），回到前；移到右，回到前；移到下，回到前；移到左，回到前。再反复练习。

④眼球由正前方开始，按上、右、下、左各做顺时针转动，每个角度都要定住。眼球转的路线要到位。然后再做逆时针转动，反复练习。

左转：眼球由正前方开始，由上向左按顺序快速转一圈后，眼球立即定在正前方。

右转：同左转，方向相反。

以上训练开始时，一拍一次，一拍二次，逐渐加快。但不要操之过急，正反都要练。

（3）扫眼。

眼睛像扫把一样，视线经过路线上的东西都要全部扫一遍且看清。

①慢扫眼：在离眼睛 2~3 米处，放一幅画或其他物品。头不动眼睑抬起，由左向右，做放射状缓缓横扫，再由右向左，四拍一次，进行练习。视线扫过所有东西时尽量一次性全部看清。眼球转到两边位置时，眼睛一定要定住。逐渐扩大扫视长度，两边可增视斜 25°，头可随眼转动，但要平视。

②快扫眼：要求同慢扫眼但速度加快。由两拍到位，加快至一拍到位。两边定眼。

还可结合上述眼神练习进行表演及小品练习。

初练时，眼睛稍有酸痛感。这些都是练习过程中的正常现象，其间可闭目休息两三分钟。眼睛肌肉适应了，这些现象也就消失了。

2. 选择班上不太熟悉的同学，就课堂所授知识作为话题，做 15~20 分钟的语言沟通，同时观察对方的肢体语言，判断对方在沟通时的感受。

本章参考答案

第四章

职场形象礼仪

■**知识要求与目标**

1. 培养学生认识及管理自我形象的能力，通过管理自己的微笑、眼神、举止仪态等非语言沟通来表现对交往对象的尊重。

2. 通过站、坐、行、蹲姿的练习养成良好的体态，增强人格魅力。

■**素质培养目标**

1. 了解自身的外形条件，找到自己外在条件的优点与缺点，据此进行化妆，具备化工作妆容的基本技巧。

2. 学习控制自己的表情，学会恰当使用热情的微笑和尊重的眼神与人交流。

3. 初步掌握职业形象色彩的选择及服装搭配，学会职业性、规划性着装。

案例导入

2009 年，美国总统奥巴马首次访华，在上海科技馆与数百名中国学生对话。奥巴马访华留下了什么？国人或许不太记得，但有一位"奥巴马女郎"从此走红。坐在奥巴马身旁的黑衣女士究竟有何与众不同之处呢？

盘起的发髻端庄高贵，黑色圆弧形领子的上衣典雅别致，气定神闲的表情沉稳自信。尤其是最后奥巴马与学生握手的时候，有些学生急着上前，有些学生则害羞腼腆，唯有这个女孩走上前去，面带微笑，身体略倾，大方伸出双手，目光直接与奥巴马对视。其仪态优雅又不卑不亢的形象迷倒无数网友，网友送她"奥巴马女郎"的美誉。

形象可以反映一个人的修养、心态、知识等，是个人与社会沟通并让社会接受的自然途径，人们总是通过仪容、仪表、仪态树立其公众形象。仪容、仪表虽是个人行为，但良好的仪容、仪表不仅是自尊自爱的表现，也是对别人的尊重。

第一节　职场形象塑造

个人形象对于职场人员而言之所以如此重要，主要是因为它体现着人的精神风貌与工作态度。职场以严谨、正规、保守而著称，假如一名职场人员在商务交往中不注重个人形象，可能会直接有损其所在单位的整体形象。职场形象不仅真实地反映了每一名职场人员本人的教养、阅历以及是否训练有素，而且准确地体现着他所在的单位的管理水平与服务质量。

职场人员要塑造好、维护好自身形象，往往涉及多重因素。诸如本人受教育的程度、职业经历、审美能力、个人的品位志趣，以及是否受过专业训练、能否严格要求自己等。在塑造、维护自身形象方面，不同的行业所要求的侧重点往往有所不同。总体来说，职场形象包括仪容形象、仪态形象。

一、仪容礼仪

仪容是指个人的容貌，它是由面容、发式以及所有未被服饰遮掩、暴露在外的肌肤构成，通常是指人的外观、外貌。《礼记》曰："礼义之始，在于正容体，齐颜色，顺辞令。"可见仪容礼仪的重要性。《礼记·玉藻》曰："足容重，手容恭，目容端，口容止，声容静，头容直，气容肃，立容德，色容庄。"此为君子容貌之常态，称为君子"九容"。

仪容是一个人的精神面貌和内在气质的外在体现，是一个人的门面和招牌，也是一个人内心素质、内在修养的显露。仪容美包括三个层次的含义：一是指人的容貌、形体、体态等协调优美，是人的自然美；二是指经过修饰打扮及后天环境的影响而形成的美，是人的修饰美；三是指一个人纯朴高尚的内心世界和蓬勃向上的生命活力的外在体现，是人的内在美。

干净、整洁是个人礼仪最基本的要求，包括头发、脸部、手部等方面的整洁，需要努力做到无异味、无异物，做好仪容仪表细节的修饰工作。

（一）头发

保持头发的干净、整洁，头发松软亮泽，加上整齐的发型梳理，衬出光洁的面容，这样才能展现出良好的素养和气质。上衣和肩背上不要落有头皮屑和散落的头发。头发长短要适度，商务活动中，女士头发不宜长过肩部，必要时应以盘发、束发作为变通；男士不宜留鬓角、发帘，头发的长度最好不要超过7厘米，即大致不触及衬衫领口，做到前不遮眉、侧不掩耳、后不触领。而剃光头对于男女都不合适。

（二）脸部

脸部皮肤看上去应当干净、光洁，耳朵、脖子干净，眼睛无分泌物、无睡意。眼镜端正、洁净明亮，不戴墨镜或其他有色眼镜。女性不画夸张眼影、不戴夸张的人造睫毛。

（三）手部

在人的仪表中，手占有重要的位置。男性不宜留长指甲，女性可自由些，但一定要修剪整齐，并保持洁净。职场工作人员的指甲油可以选择透明色或者粉色，不适合用鲜艳的颜色。

二、面部表情

在人际交往中，表情真实可信地反映着人们的思想、情感及心理活动与变化。而且表情传达的感情信息要比语言巧妙得多。在商务活动中，表情的作用更是不容小觑。要准确把握表情不是一件容易的事。大体上说，人的眼神、微笑是表达感情最主要的两个方面。

（一）眼神注视

孟子说："存乎人者，莫良于眸子。眸子不能掩其恶。胸中正，则眸子瞭焉；胸中不正，则眸子眊焉。听其言也，观其眸子，人焉廋哉?"在人类的五种感觉器官眼、耳、鼻、舌、身中，眼睛最为敏感。

【小情景】

清朝时有一句流传很广的话，"李鸿章会打仗，曾国藩会识人"。

有则故事叫"曾国藩三千步识人"。李鸿章曾经向老师曾国潘推荐三人，曾国藩饭后散步三千步，没有和这三人说一句话，只通过观察这三人的眼神和形态，就辨别出谁可以委以重任。曾国藩对李鸿章说："第一人与我对视时，一直低着头，不敢和我对视，估计是个忠厚老实的人，可以给他一份保守的工作；第二人在我面前很恭敬，我一转身，他便左顾右盼，将来必定阳奉阴违，所以不能任用；第三人和我对视时，始终和我双目对视，不卑不亢，眉宇间有股正气，所以此人日后必定是个帅才，可委以重任。"果不其然，第三人刘铭传后来成为台湾首任巡抚、晚清名臣、洋务派骨干之一。

曾国藩一生阅人无数，也用人无数，对于识人和用人有自己独到的见解。《曾国潘的九九方略全鉴》的书中有记录曾国藩通过眼神识人的办法：目光摇曳不定，精气不足，神情散乱，远远望去姿态不佳，靠近看来又没有风度的，是身处下位的小人。

思考：许多人认为如果一个人目光清朗，让人觉得坦诚、正直；而目光闪烁，让人觉得心虚、没有自信。你觉得有道理吗？

在社交活动中使用频率最高的表情是眼神。都说"眼睛是心灵的窗户"，在很多时候，眼神能够最明显、最自然、最准确地显示一个人的心理活动。人们在日常生活之中借助于眼神所传递出的信息，可被称为眼语。眼语的构成一般涉及注视的时间、角度、部位、方式四个方面。

1. 注视时间

注视时间的不同，往往能体现出沟通双方不同的态度。

（1）表示友好。若向对方表示友好，则注视对方的时间应占全部相处时间的1/3左右。

（2）表示重视。若向对方表示重视，比如听报告、请教问题时，则注视对方的时间应占全部相处时间的2/3左右。

（3）表示轻视。若注视对方的时间不到全部相处时间的1/3，往往意味着对其瞧不起或没有兴趣。

（4）表示敌意。若注视对方的时间超过全部相处时间的2/3，往往表示对对方抱有敌意，或是为了挑事。

（5）表示兴趣。若注视对方的时间超过全部相处时间的2/3，还有另一种情况，即对对方产生了兴趣。

此外，不同地位的人之间注视时间相差较大。一般来说，普通朋友之间，讲话者约有40%的时间会注视着倾听者，倾听者则有60%的时间注视讲话者。这种注视时间的区别，通常使用视觉支配性比率（Visual Dominance Ration，VDR）来描述，公式是：

$$VDR = 讲话者注视时间/倾听者注视时间$$

当上下级之间谈话时，这种比率就颠倒过来，上级的VDR就变成了60：40。上级在倾听时，往往很少将目光一直停留在下级身上。而下级倾听时，则需要对上级进行持续的注视以表示"我在认真听"，这种不同的VDR占比传递出明显的支配地位信息。反过来，如果表示对对方的重视，则要加大这个比率，也就是倾听别人讲话时眼睛注视对方的时间要长。

2. 注视角度

在注视他人时，目光的角度即其发出的方向，是反映与交往对象亲疏远近的一大学问。注视他人的常规角度包括：

（1）平视，即视线呈水平状态。一般适用于在普通场合与身份、地位平等之人进行交往。

（2）侧视，是一种平视的特殊情况，即位于交往对象的一侧，面向并平视着对方。侧视的关键在于面向对方，若为斜视对方，即为失礼之举。

（3）仰视，即主动居于低处，抬眼向上注视他人。表示尊重、敬畏之意，适用于面对尊长之时。

（4）俯视，即抬眼向下注视他人，一般用于身居高处之时。它可用来对晚辈表示宽容、怜爱，也可表示对他人的轻视、歧视。

3. 注视部位

在人际交往中，目光所及之处，就是注视的部位。注视他人的部位不同，不仅说明自己的态度不同，也说明双方关系不同。

在一般情况下，与他人相处时，不宜注视其头顶、大腿、脚部与手部或是"目中无人"。面对异性时，通常不应注视其肩部以下，尤其不应注视其胸部、裆部、腿部。允许注视的常规部位有：

（1）注视双眼。注视对方双眼，表示自己聚精会神、一心一意、重视对方，但时间不宜过久，也叫关注型注视。

（2）公务型注视。注视眉毛以上额头部位。注视对方额头，表示严肃、认真、公事公办，适用于极为正规的公务活动。

（3）社交型注视。注视眼部至鼻尖。注视这一区域，是在社交场合面对交往对象时所用的常规方法。

（4）亲密型注视。注视唇部至胸部这一区域。注视这一区域，表示亲近、友善，多用于关系密切的男女之间。

（5）任意部位。对他人上上下下地扫视表示对他人的不客气，具有一种居高临下的审查意味。若是对他人身体某一部位随意一瞥，可表示注意，也可表示敌意。它叫作随意型注视，也叫瞥视。这样的眼神最好慎用，很容易引起对方的敌意，给沟通带来障碍。

4. 注视方式

注视他人时有多种方式的选择，在商务场合中应当合理使用，切不可因为注视方式的不妥而影响工作或交流。商务职场中比较常用的注视方式有直视、凝视、环视、盯视等。

（1）直视，即直接地注视交往对象，没有躲闪、没有犹豫，大方自然地看向对方的社交凝视区，它表示认真、尊重，适用于大多数工作往来的情况。力量适中，较为柔和，与微笑配合，显示自己大方、坦诚、友好、重视。

（2）凝视，是直视的一种特殊情况，即全神贯注地注视。它多用于表示专注、恭敬。凝视时眼神的力量大于直视，时间也比直视的时间长，在聆听长辈教诲时，或者在特别感兴趣的人物出现时，往往会采用这种方式。当然，有时候在表达警告和提醒时，也会用凝视的目光，让对方感受到后自省。

（3）环视，即有节奏地注视身边不同的人或事物。它表示认真、重视，适用于同时与多人打交道，表示自己"一视同仁"。环视是我们在进行宣讲、汇报、演说时运用最广泛的一种目光。

（4）盯视，即目不转睛地、长时间地看某人的某一部位或者某一事物，表明有特别的兴趣。在商务交谈中，应注视对方的眼睛或脸部，以示尊重。但是，当双方缄默无语时，就不要再一直看着对方的脸了，因为双方无话题时，本来就有一种踌躇不安的感觉，如果此时一直盯视对方，势必使对方更手足无措。

另外，还有一些眼神注视的方式，职场应尽量少用。如扫视表示好奇、吃惊，不可多用；睨视即斜着眼睛注视，多表示怀疑、轻视，一般要忌用；上上下下地审视表明质疑、评价；虚视是相对于凝视而言的一种直视，其特点是目光不聚焦于某处，眼神不集中，多表示胆怯、走神、疑虑、疲乏，或者失意、无聊、心不在焉，也是在职场中不宜采用的一种眼神。

（二）微笑

1. 微笑的作用

除了眼神，面部微笑在社交活动中也相当重要。微笑可以消除彼此间的陌生感，拉近彼此的距离，为更好地沟通与交往创造有利的氛围。微笑是人际交往的润滑剂，是广交朋友、化解矛盾的有效手段。

2. 微笑的忌讳

（1）假笑——"皮笑肉不笑"，一般来说就是嘴角往两边咧开，眼里没有产生笑意，眼神是比较冷的，容易让人觉得不是真心实意的微笑。

（2）冷笑——含有怒意、讽刺、不满、无可奈何、不屑一顾、不以为意等容易使人产生敌意的笑。

（3）怪笑——阴阳怪气、令人心里发麻，多含有恐吓、嘲讽之意，容易让人疑惑不解。

（4）媚笑——有意讨好，非发自内心，具有一定功利性的笑，容易让人觉得不怀好意或者有所图谋。

（5）怯笑——害羞、怯场，不敢与他人视线交流，往往用手挡住嘴部，让人感觉很不自信。

（6）狞笑——面容凶恶，让人害怕。

3. 微笑的分类

（1）一度微笑。

一度微笑是指嘴角微微翘起，上下唇不分开，自然轻度的微笑，表示友好情绪，适宜社交场合初次见面。

（2）二度微笑。

二度微笑是指嘴角明显上弯，肌肉较明显舒展，上下唇微微分开，表示亲切、温馨，适宜社交场合与熟人亲友间的友谊性微笑。

（3）三度微笑。

三度微笑是指嘴角大幅上扬，上下唇分开，露出上齿的 6~8 颗牙齿。两颊肌肉明显向两侧向上伸展。

以上三种微笑分别见图 4-1~图 4-3。

图 4-1　一度微笑　　　　　图 4-2　二度微笑　　　　　图 4-3　三度微笑

4. 微笑的训练

（1）练习微笑时，先要放松面部肌肉，然后嘴角微微向上提起，双颊肌肉用力向上抬，嘴里念"茄"音，用力抬高嘴角两端，舌头抵住上齿龈，注意下唇不要过分用力。

（2）对着镜子，做自己满意的微笑表情，到离开镜子时也不要改变它。

微笑的时候，眼睛也要"微笑"，否则给人的感觉就是"皮笑肉不笑"。眼睛的笑容有两种：一种是"眼神笑"，另一种是"眼形笑"，前者是发自内心的笑，眼神真诚而坚定。

取一张厚纸遮住眼睛下边部位，对着镜子，心里想着最使你高兴的情景，这样，整个面部就会露出自然的微笑。这时，眼睛周围的肌肉也呈微笑状态，这是"眼形笑"；然后放松面部肌肉，嘴唇也恢复原样，可目光中仍然含有笑意，这就是"眼神笑"的境界。学会用眼神与客人交流，这样的微笑才会更传神、更亲切。

案例导入

中国铁路在社交平台上发布的一条反映不文明行为的视频引起争议。

网传片段中，一位号称拥有百万粉丝的美妆博主在高铁上化妆时，将保湿乳液（片中称保湿乳液，道具为防晒霜）滴在旁边座位旅客胳膊上，用刷子沾取粉饼时飞粉严重，飞到了旁边乘客身上。

视频中配文："如果能替他人考虑，你会更美丽。"视频最后显示小贴士：尊重他人，爱护公共环境，别让不文明行为影响列车应有的美感。

对于这一集视频，有网友质疑在高铁上脱鞋、脚放在桌板上、大声喧哗、踩椅子、声音外放等行为更加不文明，不明白为何会选用女性高铁上化妆作为不文明行为的素材。

同时，短片的拍摄手法也遭到质疑，被指出过于夸张。另有眼尖的网友评论，视频中出现的粉饼和防晒霜价格并不便宜，他们称"我可舍不得洒在别人身上"。

案例思考：你认为高铁上化妆是否属于不文明行为？

妆容，能够提升个人精气神，体现自己的敬业精神，维护自己企业形象。一方面，化妆可以使人自尊、自信、自爱；另一方面，化妆上岗，可以向交际对象表示尊重之意。也就是说，在职场交往中化妆与否，不仅是个人私事，还是被交际对象用来判定职场人员对其尊重程度的标准之一。在对外商务交往中，这一点表现得更为明显。

（一）发型

头发的造型，通常称为发型，有时亦称发式。一个人在美发的时候，首先要面对的问题就是如何塑造自己的发型。将发型视为美发的关键环节，其实一点也不过分。发型不仅反映自己的个人修养与艺术品位，而且是自己个人形象的核心组成部分之一。职场人员在为自己选定发型时，除了受到个人品位和流行时尚的影响之外，往往还必须符合本人的性别、年龄、发质、脸形、身材、职业等特质。

在一般情况下，不宜使用彩色发胶、发膏。男士不宜使用任何发饰。女士在有必要使用发卡、发绳、发带或发箍时，其色彩宜为蓝、灰、棕、黑，并且不带任何花饰。若非与制服配套，也不宜戴帽子，比如各种意在装饰的帽子，如贝雷帽、公主帽、学士帽、棒球帽，或是用以装饰的头巾等。

【知识拓展】

脸形与发型

人的头发生在头顶，下垂到脸旁，因而发型与脸形是相辅相成的。选择恰当的发型，既可以为自己的脸形扬长避短，更可以体现发型与脸形的和谐之美。具体来讲，不同脸形的人在为自己选定发型时，往往会有一些不同的要求。

圆脸形的人，五官集中，额头与下巴偏短，双颊饱满，可选择垂直向下的发型。

职场礼仪
与沟通实用教程

顶发若适当丰隆可使脸形显长。宜侧分发缝，以不对称的发量与形状来弱化脸形扁平的特征。面颊两侧不宜隆发，不宜留头帘。

方脸形的人，面部短阔，两腮突出，轮廓较为平直。在设计其发型时，应重点侧重于以圆破方，以发型来圆润其脸形。可采用不对称的发缝、翻翘的发帘来增加发式变化，并尽量增多顶发。但勿理寸头，耳旁头发不宜变化过大，额头不宜暴露，不宜采用整齐平整的发廊线。

长脸形的人，往往会给人以古典感，脸形较美。为其设计发型时，应重在抑"长"。可适当地保留发帘，在两侧增多发容量，体现发式的层次感，顶发不可高隆，垂发不宜笔直。

"由"字形脸的人，额窄而腮宽，俗称三角形脸。在设计其发型时应力求上厚下薄、顶发丰隆。双耳之上的头发可令其宽厚；双耳之下的头发，则可减少其发量；前额亦不宜显露在外。

"甲"字形脸的人，额宽而颚窄，俗称倒三角形脸。宜选短发型，并露出前额。双耳以下发容量宜适当增多，但头发切勿过于丰隆或垂直。选择不对称式的发型，效果通常不错。

菱形脸的人，主要特征是颧骨突出。宜避免直发型，并遮掩颧骨。在做短发时，要强化头发的柔美，并挡住太阳穴；做长发时，则应以"波浪式"为主，令发型蓬松丰满。

（二）妆容

化妆是女性塑造自己形象的重要手段，是参加各种商务活动时修饰仪表不可或缺的方法。一般来说，面部施妆主要是指脸部的涂脂抹粉、画眼、描眉、涂口红。

1. 妆容基本原则

（1）自然原则。美在含蓄，美在自然。妆成之后，自然贴切，没有过度雕琢的痕迹，让人感觉本来就长得如此美丽。要符合常规的审美规则，不要过于标新立异。

（2）和谐原则。俗话说"三分长相，七分打扮"。随着人们生活水平的提高，化妆日益被人们重视。男士一般不化妆，打扮以整理发型与修面为主。女性化妆的浓淡程度应根据场合而定。工作场合只宜化淡妆，参加晚宴或晚上的娱乐活动可以化浓妆。

（3）适量原则。应当避免过量使用芳香型化妆品，不过量使用香水。

（4）避人原则。应当避免当众化妆或补妆。

（5）完整性原则。在工作岗位上，假如自己化了妆，那么就要有始有终，努力维护其妆面的完整性。对于用唇膏、眼影、腮红、指甲油等化妆品所修饰过的地方，要时常检查，尤其是用餐之后、饮水之后、休息之后、运动之后、沐浴之后，一定要及时地为自己补妆。发现妆面出现残缺后，需要及时采用必要的措施，重新进行化妆，或者对妆面进行修补。

（6）因时因地制宜原则。职场人员化妆想要做到"浓妆淡抹总相宜"，就要注意在不同的时间和场合，使自己的形象能充分与场景协调地融合。日常工作中，以淡雅的工作妆为宜，略施粉黛，显得清新自然。如参加晚宴、出席晚会等，妆容可适当浓艳，但是也不能太出格，还是以大方雅致为宜。在国外，正式场合不化妆会被认为是对对方的不尊重，是不礼貌的行为。

此外，还需要注意以下事项：

第一，不随意借用化妆品。

化妆品是私人物品，不宜随意借用。化妆品中有些物件会直接影响到个人卫生，如唇膏、化妆刷等。因此，最好人手一套，不乱借乱用别人的化妆品，以免别人心生不快。

第二，不随意评论他人妆容。

化妆是私事，它牵涉个人的审美观、化妆技巧等问题。不是每一位女性都是化妆师，大多数女性都没有机会接受专业的化妆训练，对化妆一事要做到得心应手必须要有一个摸索的过程。因此，要宽容对待别人的妆容，这是对他人的尊重。

2. 化妆的技巧

工作时，有一个好的妆容，既能表现出对他人的尊重又能给自己带来一天好的心情，增添自信。一般来说，化工作妆有以下几个步骤：

（1）打底：打底时最好把海绵扑浸湿，然后用与肤色接近的粉底轻轻点拍。

（2）定妆：用粉扑将粉轻轻揉开，主要在面部的"T"字区定妆，余粉定在外轮廓。

（3）画眼影：职业女性的眼部妆容应干净、自然、柔和，重点放在外眼角的睫毛根部，然后向上、向外逐渐染。

（4）画眼线：眼线的画法应紧贴睫毛根部，细细地勾画。

（5）刷睫毛：在刷之前可先卷睫毛，用睫毛夹紧贴睫毛根部，使之卷曲上翘，然后顺着睫毛生长的方向刷上睫毛膏。睫毛膏刷好后应先不用力眨眼，最好不眨眼，以免睫毛膏沾染到脸上，睫毛膏快干时可用睫毛梳将多余部分清除，同时起到定型的作用。

（6）描眉毛：首先整理好眉形，然后用眉笔轻轻描画。

（7）涂唇彩与腮红：唇彩应选用与服装相配，亮丽、自然的颜色。接下来还可以再来一点点腮红，不仅能使气色更好，还可以修饰脸形。不同的脸形可选择不同的手法：小脸、长脸、尖脸，用横扫手法；圆脸、大脸、方脸用斜向上的手法。腮红打造的位置是不高于太阳穴，不低于鼻翼的区域，颜色以淡色腮红为宜。

（8）检查：整个妆容完成后，记得做最后的妆容检查。检查左右是否对称，检查眼、眉、腮、唇、鼻侧等左右两边形状、长短、大小、弧度是否对称，色彩浓淡是否一致。检查过渡是否自然，检查脸与脖子、鼻梁与鼻侧、腮红与脸色、眼影、阴影层次等过渡是否自然。检查整体与局部是否协调，检查各部位是否缺漏、有瑕疵，局部要符合整体要求，该浓或该淡的部位是否达到应有效果，整个妆面是否协调统一。化妆要忌"手镜效果"，即把镜子贴近脸部检查，虽然这样会看清细节的部分，但一般人是在一米之外的距离与你面谈或招呼，所以要在镜前50厘米处审视自己，对脸部整体的妆容做出正确的判断。

【知识拓展】

亚洲人的脸形一般有圆形、方形、菱形、三角形、长方形。不同脸形适合的妆容也有所差异。

1. 圆形脸

这种脸形基本以鼻子为圆心，没有棱角。圆脸形的人要力求将脸形修正为椭圆形。

①腮红：可从颧骨起始处涂至下颌部，注意不能简单地在颧骨凸出部位涂成圆形。②唇膏：可在上嘴唇涂成浅浅的弓形，不能涂成圆形的小嘴状，以免有圆上加圆之感。③粉底：用比肤色略深的粉底在两颊打造阴影，可使圆脸显得瘦一点，沿额头靠近发际线处起向下窄窄地涂抹，至颧骨下可加宽涂抹的面积，将脸部亮度自颧骨以下逐步集中于鼻子、嘴唇、下巴附近部位。④眉毛：修成自然的弧形，可做轻微弯曲，不可太平直或太有棱角，也不可过于弯曲。

2. 方形脸

这种脸形有棱有角，呈"田"字形或"国"字形。方形脸以双颊骨突出为特点，因而在化妆时要设法加以弱化，增加柔和感。①腮红：宜涂抹得与眼部平行，切忌涂在颧骨最突出处，可抹在颧骨稍下处并往外揉开。②粉底：可用暗色调的粉底在颧骨最宽处造成阴影，令其方正感减弱。下颌部宜用大面积的暗色调粉底造阴影，以改变面部轮廓。③唇膏：可涂丰满一些，强调柔和感。④眉毛：修眉毛时应修得稍宽一些，眉形可稍带弯曲，不宜有角。

3. 菱形脸

菱形脸的额头与下巴都较窄，呈"申"字形。菱形脸的颧骨是全脸最宽的地方，太阳穴略窄于颧骨，下巴偏窄。菱形脸的女生额头比较窄，可以选择稍微上挑的眉形来从视觉上增加额头宽度，眉形不要太纤细。同时，将眉峰适当向外移、稍稍加长一下眉尾，也会在视觉上加长额宽，从而弱化颧宽。菱形脸的女生修容一定要重点修饰颧骨，让有棱角的轮廓变得柔和，再配合高光提亮，脸型就会流畅很多。菱形脸脸部线条感比较明显，画唇形的时候，可以将唇峰画得明显一点，下唇线则需要线条圆滑，这样的唇型更能撑起骨相的大气感。

4. 正三角脸形

正三角脸形的特点是额部较窄而两腮较宽，整个脸部呈上窄下宽状。化妆时应将下部宽角"削"去，把脸形变为椭圆形状。①腮红：可由外眼角处起向下涂抹，将脸部上半部分拉宽一些。②修容：正三角形脸下颌角处明显变宽，呈现上窄下宽的局面。因此，下颌角要重点修容，阴影从两边嘴角下方延伸到耳朵。③眉毛：宜保持自然状态，不可太平直或太弯曲。

5. 倒三角脸形

倒三角脸形的特点是额部较宽大而两腮较窄小，呈上宽下窄状。人们常说的"瓜子脸""心形脸"，即指这种脸形。其化妆的诀窍与三角脸形相似，需要修饰部分则正好相反。①腮红：应涂在颧骨最突出处，而后向上、向外揉开。②粉底：可用较深色调的粉底涂在过宽的额头两侧，而用较浅的粉底涂抹在两腮及下巴处，造成掩饰上部、突出下部的效果。③唇膏：宜用色调稍亮些的唇膏加强柔和感，唇形宜稍宽厚些。④眉毛：应顺着眼部轮廓修成自然的眉形，眉尾不可上翘，描画时从眉心到眉尾宜由深渐浅。

6. 长形脸

长形脸脸长与脸宽的比例基本为2∶1。长脸的人在化妆时力求达到的效果应是增加面部的宽度。①腮红：应注意离鼻子稍远些，在视觉上起拉宽面部的效果。涂抹时，可从颜骨的最高处向太阳穴下方向外、向上抹。②粉底：若双颊下陷或者额部窄小，应在双颊和额部涂以浅色调的粉底，造成光影，使之显得丰满一些。③眉毛：修眉毛时应令其成弧形，切不可有棱角。眉毛的位置不宜太高，眉毛尾部切忌高翘。

四、服饰礼仪

服饰是一门艺术，服饰所能传达的情感与意蕴不是语言能替代的。在不同场合，穿着得体、适度会给人留下良好的印象；而穿着不当，则会降低人的身份，损害自身的形象。虽然不提倡"以貌取人"，但无法否认，职场中着装整洁、得体大方，的确更容易给人留下好印象，会使我们与人沟通顺畅很多，从而获得良好的职场人际关系。

服饰应与自身条件相符合，首先要了解自己，包括身份、肤色、体形、年龄等。

身份：如着制服应严谨规范，着便装则大方合体。

肤色：亚洲人外貌特点是黑眼睛、黑头发、黄皮肤。一般而言，深蓝和藏青应是黄皮肤最合适的颜色。

体形：人的体形有 A 形、H 形、X 形、V 形等多种体形，还有高、矮、胖、瘦之别，着装应扬长避短，以达到匀称舒展的效果。

年龄：塑造典雅而不幼稚、成熟但不老成的风格，切忌与自己的年龄反差太大。

【小情景】

一衣不整，何以拯天下？

我们中国素来被誉为衣冠上国、礼仪之邦。但是到了晚清，国家危难，国民大多精神萎靡、衣冠不整。一个国家的国民蓬头垢面，精神涣散，这样的精神面貌又怎么能谈得上救国强国呢？为了培养学生的文明行为，这时，著名教育家、南开教育体系创建人张伯苓先生特意在南开中学校门入口处立了一面一人高的大镜子，上面镌刻着严范孙书的四十字箴言"面必净，发必理，衣必整，纽必结。头容正，肩容平，胸容宽，背容直。气象：勿傲、勿暴、勿怠。颜色：宜和、宜静、宜庄。"希望青年一代从最基本的日常生活起居做起，焕发精神，进而为中华民族的振兴贡献力量。一衣不整，何以拯天下？之后，南开师生进出校门，都常在镜子前理理头发，整整衣扣，逐渐形成了良好的风气。南开培养出来的莘莘学子中，有一位注重自身形象，内外兼修的著名人物，他就是深受人民敬爱的中华人民共和国第一任总理周恩来同志。后来这四十个字得名"镜箴"，一直流传至今。"镜箴"即以镜子为鉴正衣冠，以箴言为鉴修德行。

请问，"镜箴"对今天的职场人士们是否依然适用呢？

（一）着装的原则

1. TPOR 原则

着装一般要遵循 TPOR 原则。TPOR 分别代表：时间（time）、场合（place）、目标（object）和角色（role）。"T"指时间，泛指早晚、季节、时代等；"P"代表场合、地方、场所、位置、职位；"O"代表目的、目标、对象；"R"代表角色。TPOR 原则是目前国际上公认的衣着标准。着装遵循这个原则，就是合乎礼仪的。

（1）时间原则（T）：不同时段的着装规则不同。这对女士着装尤其重要，男士有一套质地上乘的深色西装或中山装足以应对大多数场合，而女士的着装则要随时间而变换。白天工作时，女士应穿着正式套装，以体现专业性；晚上出席鸡尾酒会就需多加一些修饰，如换一双高跟鞋，戴上有光泽的配饰，围一条漂亮的丝巾；服装的选择还要适合季节气候特点，保持与潮流大势同步。

（2）场合原则（P）：衣着要与场合协调。与顾客会谈、参加正式会议等，衣着应庄重考究；听音乐会或看芭蕾舞，则应按惯例着正装；出席正式宴会时，则应穿中国的传统旗袍或西方的长裙晚礼服；而在朋友聚会、郊游等场合，着装应轻便舒适。

（3）目标原则（O）：在自己家里接待客人，可以穿着舒适但整洁的休闲服；如果是去公司或单位拜访，穿职业套装会显得专业。外出时要顾及当地的传统和风俗习惯，如去教堂或寺庙等场所，不能穿过露或过短的服装。

（4）角色原则（R）：这也是着装的个性化原则，主要指依个人的性格、年龄、身材、爱好、职业、职位等要素着装，力求反映一个人的个性特征。选择服装因人而异，重点在于展示所长、遮掩所短，显现独特的个性魅力和最佳风貌。现代人的服饰呈现出越来越强的展现个性的趋势。

2. 整齐、整洁原则

服装并非一定要追求高档华贵，但必须保持清洁，并熨烫平整，穿起来就能大方得体。衣服勤换、勤洗，不能沾有污渍，衣领和袖口处尤其要注意整洁。不能有开线的地方，更不能有破洞，扣子等配件应齐全。

3. 三色原则

在正式职场中，穿职业装的时候，全身的颜色最好不要多于三种，包括西装、衬衫、领带、鞋子和袜子在内，全身颜色应该保持在三种之内。

（二）女士服饰礼仪

女士服装比起男士服装更加丰富多彩、新颖别致。女士不仅以服饰来显示自己美好的体态，而且以此来表现自己的修养和风格。职业女装有三种基本类型，即套裙、连衣裙和旗袍。

1. 套裙

一般来说，女性在工作时套裙是首选。套裙是西装套裙的简称，上身为女式西装，下身是一步短裙。有时候，也可以穿三件套的套裙，即女式西装上衣、短裙、马甲。通常而言，女式西装上衣和同一面料的裙子是成套设计、制作而成的"成套型"或"标准型"套裙。

（1）职场套裙的选择。

①面料。一套在正式场合穿的套裙，应该由高档面料缝制，上衣和裙子要采用同一质地、同色彩的素色面料，匀称、平整、光洁、柔软、悬垂、挺括。面料不仅要有弹性、手感好，而且要不起皱、不起球。在造型上讲究为着装者扬长避短，所以提倡量体裁衣、做工讲究。真皮或仿皮的西装套裙均不宜在正式场合穿着。

②色彩。在色彩方面传统习惯以冷色调为主，新时代鲜艳的颜色也开始流行。无论何种颜色都应当清新、雅气且凝重，以体现出职场女性的典雅、端庄和稳重。可以选择炭黑、藏青、雪青、茶褐等冷色调。穿着同色的套裙，可以配不同色的衬衫、领花、丝巾、胸针、围巾等衣饰来加以点缀，显得生动、活跃。一套套裙的全部色彩不应超过两种。

③搭配。职场女性工作中穿的套裙讲究朴素而简洁。套裙颜色基本是一致的，黄黑皮的话适合尝试深色，而冷白皮适合尝试浅色，套裙上不要添加过多的点缀，否则会显得杂乱而小气。如果喜欢可以选择少且制作精美、简单的点缀，如胸针或丝巾等。

鞋子的选择上，首先选舒适度高的鞋子，长时间工作，需要一双舒服的好鞋相伴。鞋子颜色以黑色为首选，鞋子切忌成为全身颜色最鲜艳之处，黑色可与大多数颜色的服装相配，是职场女性的最佳拍档。鞋跟高度在3~5厘米的前后包头皮鞋，是职业女性的最佳选择。鞋子的颜色还可以和裙子一致，职场女性可以借助这种同色搭配延伸比例，让身材看上去更为高挑。

袜子的选择上应选择过膝的长筒袜或连裤袜，最合适的颜色是肤色，要接近肤色或稍深一些。白色、花色、带网眼和其他鲜艳色彩的丝袜不适合在职场穿着。

（2）穿职场套裙的注意事项。

①长短适度。一般说来，在套裙之中，上衣与裙子的长短是没有明确和具体的规定的。总体上，上衣不宜过长，下裙不宜过短。比较而言，人们对于裙子的长度似乎关注得更多一些。传统的观点是：裙短则不雅，裙长则无神。裙子的下摆恰好在着装者小腿肚以上膝盖以下是最为标准、最为理想的裙长。所以大多数人在选套裙时会考虑长度在膝盖或者是膝盖下方的裙装，这样会显得更沉稳，如果太短的话，容易拉低自身气质。同时要注意一下长度也不可太长，要避免那种容易遮住脚踝的长裙，这样的裙子只会带来拖沓感，搭配上西装或者是外套反而会显得沉闷。

套裙之中的上衣最短可以齐腰或在裙腰之下，袖长要盖住手腕。但是，在一般情况下，上衣不可以再短，裙子也不可以再长。否则，便会给人以勉强或者散漫的感觉。

②穿着到位。上衣的领子要完全翻好，衣袋的盖子要拉出来盖住衣袋，衣扣一律全部系上。不允许部分或全部解开，更不允许当着别人的面随便脱下上衣。裙子要穿得端正，上下对齐的地方要对齐整。

③兼顾举止。套裙最能够体现女性的柔美曲线，这就要求职场女性举止优雅，注意个人的仪态。穿上套裙后，站要挺拔端正，不可以双腿叉开、东倒西歪地站着。就座以后，务必注意姿态，不要双腿分开，或是跷起一条腿，抖动脚尖，更不可以脚尖挑鞋摇晃。

2. 连衣裙

连衣裙可以单独穿或者和上衣搭配在一起穿。尽管连衣裙较适宜某些场合，但它们看上去不如西装套裙显得有力度。关于颜色，选择灰色、藏青色、暗红色、米色、驼色、黄褐色、红色和玫瑰红颜色的连衣裙较为适宜，还可以选择有简洁的印花或图案的连衣裙，但过于前卫的图案则不适于商务场合。面料的选择上，丝绸最佳，100%的人造丝，以及含有人造纤维的亚麻制品也宜选用；纯亚麻制品因容易起褶而不适宜商务场合，棉布则显得过于随便了，不宜选用。

3. 旗袍

旗袍是我国独有的、富有浓郁民族特色的传统礼服。旗袍以流畅的曲线造型十分贴切地自然勾勒出东方女性的婉约柔美，体现出含蓄凝重的东方神韵。作为礼服的旗袍最好是单一的颜色，一般常在绸缎面料上刺绣或添加饰物。面料以典雅华丽、柔美挺括为佳，夏季旗袍宜选用棉布、绸缎、亚麻等面料，秋冬季节可选用金丝绒、五彩缎等面料。

为了体现女性的端庄，旗袍的长度最好是长至脚面，开衩的高度应在膝盖以上、大腿中部以下。旗袍的款式主要体现在旗袍的领口、袖子、开衩等处。现代旗袍的款式也有很多，如从袖子来说有长袖的、短袖的和无袖的；从领口来说有立领的、立领胸前镂空的、还有 V 领的。开衩的位置也有高有低。正式场合如果需要穿旗袍，应选择相当保守的款式，尽量避免无袖的、镂空面积比较大的、开衩较高的旗袍。冬天可配以披肩，但不适合戴手套。着旗袍可配穿高跟鞋和半高跟鞋，亦可搭配面料高级、制作考究的布鞋。

（三）男士服饰礼仪

西装，又称西服、洋服，它起源于欧洲，目前是全世界最流行、最正式的一种男装，也是职场男士在正式场合着装的优先选择。西装的造型典雅高贵，拥有开放适度的领部、宽阔舒展的肩部和略加收缩的腰部，穿在男士的身上，会使之显得英武矫健、风度翩翩。俗语言，"西装一半在做，一半在穿"。职场男士要想使自己所穿着的西装称心合意，就必须在西装选择、穿法、搭配上遵守相关礼仪。

1. 西装的选择

一般而言，要挑选一身品位高雅、适用于商务交往时穿着的西装，需要关注面料、色彩、图案、款式、版型、尺寸、做工等方面。

（1）面料。西装在商务活动中往往充当正装或礼服，故其面料的选择应力求高档。西装面料有人造面料（聚酯纤维等）、天然面料（羊绒、羊毛、海马毛、真丝、亚麻、纯棉等）两大类。一套有质感西装首选天然面料，羊毛因为具有透气、抗皱、柔软舒适等特性，是最常见的商务正装面料，通常高端西装都是含羊毛量95%以上。但也有不少中端商务正装会选择羊毛和聚酯纤维混纺，兼具了羊毛的透气、抗皱和化纤的光感、耐磨、易打理的优点。

（2）色彩。职场男士在穿西装时，往往将其视作自己在商务活动中所穿的制服。适合男士在商务交往中所穿的西装的色彩理当首推藏蓝色。在世界各地，藏蓝色的西装往往是每一位职场男士首先必备的。除此之外，还可以选择灰色或棕色的西装，黑色的西装也是很多人的选择，不过它更适合在庄严肃穆的礼仪性活动之中穿着。职场男士在正式场合不宜穿色彩过于鲜艳或发光、发亮的西装，朦胧色、过渡色的西装通常也不宜选择。越是正规的场合，越讲究穿单色的西装。

（3）图案。正式场合男士西装一般选择无图案的，不要选择绘有花、鸟、虫、鱼、人等图案的西装，更不要自行在西装上绘制或刺绣图案、标志、字母、符号等。

（4）款式。与其他任何服装一样，西装也有不同款式。

按照西装的件数来划分，西装有单件与套装之分。依照惯例，单件西装，即一件与裤子不配套的西装上衣，仅适用于非正式场合。男士在正式的商务交往中所穿的西装必须是西装套装，上衣与裤子成套，其面料、色彩、款式一致，风格上相互呼应。通常，西装套装有两件套与三件套之分。两件套西装套装包括一衣和一裤。三件套西装套装则包括一衣、一裤和一件背心。按照人们的传统看法，三件套西装比两件套西装要显得更加正规一些。

按照前领领形分，西装基础领型以平驳领、戗驳领和青果领最为常见（如图 4-4 所示），此外还有各种演变领型。驳领在服装术语中也称为驳头川或翻领的英文名为"lapel"。常见的西服领一般是平驳领，平驳领较适合性格平稳的男士，而戗驳领比较适合性格张扬较有个性的男士，青果领和其他领型多用于礼服。

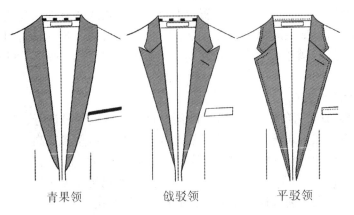

| 青果领 | 戗驳领 | 平驳领 |

图 4-4　不同的西装领形

按照西装上衣的纽扣数量来划分，有单排扣与双排扣之分。单排扣的西装上衣，最常见的有一粒纽扣、两粒纽扣、三粒纽扣三种（如图 4-5 所示）。一粒纽扣、三粒纽扣的单排扣西装上衣穿起来较时髦，两粒纽扣的单排扣西装上衣则显得更为正规一些。

双排扣的西装上衣，最常见的有两粒纽扣、四粒纽扣、六粒纽扣三种（如图 4-6所示）。两粒纽扣、六粒纽扣这两种款式的双排扣西装上衣属于流行的款式，而四粒纽扣的双排扣西装上衣则具有传统风格。

| 一粒扣 | 两粒扣 | 三粒扣 |

图 4-5　单排扣西装

| 双排两扣 | 双排四扣 | 双排六扣 |

图 4-6　双排扣西装

（5）造型。西装的造型又称西装的版型，指的是西装的外观形状。目前，西装主要有欧式、英式、美式、日式等几种造型。其中，欧式西装洒脱大气，英式西装剪裁得体，美式西装宽大飘逸，日式西装则贴身凝重。一般来说，欧式西装要求穿着者高大魁梧，美式西装穿起来稍显散漫。相对而言，英式西装与日式西装更适合中国人穿着。

（6）尺寸。穿着西装，务必要大小合身，宽松适度。确定合适的西装尺寸，可以从这几个要点入手：一看肩膀——肩线落在肩膀自然转折处，基本就合体；二看袖长——袖长只要盖过手腕处凸出的骨头，就能保证内搭衬衫时露出衬衫袖口边；三看下摆——长度最好可以遮住臀部，如果喜欢短一点的话，遮住臀部的80%也是可以的；四看平整度——无论正面或侧面，扣上扣子以后都要线条自然，不能有褶皱；五看西裤长度——最好盖住皮鞋鞋面，产生一个小的褶皱为佳。

（7）做工。一套名牌西装与一套普通西装的显著区别往往在于前者的做工无可挑剔，而后者的做工则较为一般。在选择西装时，其做工精良与否的问题是万万不可以忽略的。

2. 男士西装穿着注意事项

（1）拆除衣袖上的商标。在西装上衣左边袖子上的袖口处，通常会缝有一块商标。有时，那里还同时缝有一块纯羊毛标志。在正式穿西装之前，切勿忘记将它们先行拆除。

（2）熨烫平整。欲使一套穿在自己身上的西装看上去美观大方，首先就要使其显得平整挺括，线条笔直。要做到此点，除了要定期对西装进行干洗外，还要在每次正式穿着之前，对其进行认真的熨烫。

（3）扣好纽扣。穿西装时，上衣、背心与裤子的纽扣都有一定的扣法。在三者之中，又以上衣纽扣的扣法讲究最多。单排扣的三粒扣的西装扣上面两粒或只扣中间一粒或都不扣。两粒扣的扣上面第一粒或都不扣。一粒扣的可扣可不扣。双排纽扣西装，不论几排扣一般都扣上，现在也流行最下一排的开口一侧的那颗不扣，显得时尚个性。

一般而言，站立之时，特别是在大庭广众之下起身而立之后，西装上衣的纽扣应当系上，以示郑重其事。就座之后，西装上衣的纽扣则大都要解开，以防西装扭曲走样。唯独在内穿背心或羊毛衫，外穿单排扣上衣时，才允许站立之际不系上衣的纽扣。

（4）不披、不卷、不挽。穿西装时，一定要悉心呵护其原状。在公共场所，千万不要当众随心所欲地脱下西装上衣，更不能把它当作披风一样披在肩上。需要特别强调的是，无论如何，都不可以将西装上衣的衣袖挽上去。在一般情况下，随意卷起西裤的裤脚也是一种不符合礼仪的表现。

（5）慎穿毛衫。职场人士要将一套西装穿得有"型"有"味"，那么除了衬衫与背心之外，在西装上衣之内，最好不要再穿其他衣物。在冬季寒冷难忍时，只宜稍作变通，穿上一件薄型"V"领的单色羊毛衫或羊绒衫。这样既不会显得过于花哨，也不会妨碍打领带。不要穿色彩、图案十分繁杂的羊毛衫或羊绒衫，也不要穿扣式的开领羊毛衫或羊绒衫，也不宜同时穿上多件毛衫、背心，会使领口处层次过多，还会致使西装鼓胀、变形。

（6）少装东西。为保证西装在外观上不走样，就应当在西装的口袋里少装东西或不装东西。上衣、背心和裤子均应如此。

3. 西装的搭配

西装的韵味，不是单靠西装本身穿出来的，而是用西装与其他衣饰组合和搭配出来的。以下就来分别介绍职场男士穿着西装时，衬衫、领带、鞋袜和公文包与之进行组合搭配的基本常识和技巧。

（1）衬衫。

对职场男士而言，与西装搭配的衬衫，应当是正装衬衫。同时还需注意以下事项。

①扣上纽扣。穿西装的时候，衬衫的所有纽扣都要一一扣好，不论衣扣、领扣还是袖扣均是如此。只有在穿西装而不打领带时，才必须解开衬衫的领扣。

②袖长适度。穿西装时，衬衫的袖长需长短适度。最美观的做法是令衬衫的袖口恰好露出来2厘米左右。要是衬衫的袖口外露得过长，甚至需要被一卷再卷，直至翻卷到西装上衣的衣袖之上，则不够美观。不过若衬衫袖口一点也不露出来也是不符合礼仪的。必要的话，可使用袖子吊带。

③掖好下摆。穿长袖衬衫时，不论是否穿外衣，均须将其下摆均匀而认真地掖进裤腰之内，不要让它在与裤腰的交界之处皱皱巴巴，或者上下错位、左右扭曲，尤其是不应使之部分或全部露在裤腰之外。

④松紧合适。除休闲衬衫之外，衬衫既不宜过于短小紧身，也不应当过分宽松肥大、松松垮垮。选择正装衬衫时，要使之大小合身，特别要注意其衣领与胸围要松紧适度，其下摆不宜过短。

（2）领带。

一般来说，深色西服宜配深色领带，浅色西服宜配浅色领带，领带颜色同西服颜色相近，也可略深于西服。但是穿西服时，如果穿白色衬衣，领带颜色只要同西服相配即可，不必考虑同衬衣相配；如穿深色衬衣，则宜佩戴浅色领带；如只穿衬衣，不穿西服，领带颜色的选择可更自由些。职场中如遇喜庆场合如参加庆典等，可以佩戴偏红色的领带；其他庄重的场合如参加学术会议、签约等宜佩戴蓝色领带更正式。系好领带后，其大箭头应在皮带扣的地方。若穿毛衣或者毛背心时．领带必须置于毛衣或背心里面。领带夹是用来固定领带的，其位置不能太靠上，在衬衫的第4粒纽扣处为宜。常用的领带系法包括平结、温莎结、双环结等。

（3）鞋袜。

穿西装时，只能选择皮鞋与之搭配。一般来说，圆形鞋头的无任何装饰花纹的牛皮鞋与西装最搭配，羊皮鞋、猪皮鞋则不是很合适。至于以鳄鱼皮、鸵鸟皮、蟒蛇皮等稀有皮类制作的皮鞋，穿出去多有炫耀之嫌，一般也不宜选择。磨砂皮鞋、翻毛皮鞋大多属于休闲皮鞋，也不太适合与西装相配套。

与西装配套的皮鞋，按照惯例应为深色、单色，应当没有任何的图案、装饰。浅色皮鞋、艳色皮鞋、亮色皮鞋或多色皮鞋都不宜在穿西装时选择。人们通常认为，最适合用于与西装套装搭配的皮鞋颜色只有黑色一种。

在正式场合着装时，职场男士应自觉遵守"三一定律"，即应使自己皮鞋的颜色与腰带、公文包的颜色一致，并使这三者皆为黑色。

穿西装、皮鞋时所穿的袜子，最好是纯棉、纯毛材质。有些质量较好的以棉、毛为主要成分的混纺袜子，也可以选用，但是，最好不要选择尼龙袜、丝袜。与西装、皮鞋相配的袜子，以深色、单色为宜，并且最好是黑色的。忌穿与西装、皮鞋的色彩对比鲜明的白色袜子，也不要穿过分"扎眼"的彩袜、花袜或其他浅色的袜子，至于发光、发亮的袜子，则绝对不要穿。在袜子图案选择上，允许出现以几何图案为主的庄重风格的图案，穿没有任何图案的袜子，则更为合适。另外还须强调，忌赤脚穿皮鞋。

（4）公文包。

公文包，被称为"移动式办公桌"，是职场人士外出时须臾不可离身之物。公文包的面料以真皮为宜，并以牛皮、羊皮为最佳，色彩以深色、单色为好。在常规情况下，黑色、棕色的公文包，是最正统的选择。若是从色彩搭配的角度来说，公文包的色彩若与皮鞋的色彩一致，则看上去十分和谐。除商标之外，职场男士所用的公文包在外观上不宜再带有任何图案、符号、文字。最标准的公文包，是手提式的长方形公文包，箱式、夹式、挎式、背式、双肩式等其他类型的皮包，均不可充当正式的公文包使用。

4. 中山装

中山装是中国男士的传统礼服，起源于辛亥革命时期孙中山先生的着装，故俗称中山服。清朝政府强迫汉人穿满清服装，男子穿长衫马褂，还要蓄发。辛亥革命后，归国的留学生与革命党人剪掉辫子，穿起中山装，并发起"剪发易服"运动，中山装很快流行起来。中华人民共和国成立后，国家领导人在正式场合多以着中山装为主，中山装成为我国具有代表性的服装，西方世界更是直接将中山装翻译为"毛装"。

传统中山装（见图 4-7）式样为封闭领口，领口有风纪扣，前门襟有五粒纽扣，上下左右各一个贴袋，上兜贴袋盖为倒山字形笔架式，称为笔架盖，袖口三粒纽扣，前门襟的五粒纽扣、上兜贴袋盖和袖口三粒纽扣都具有象征意义。

图 4-7　传统中山装

其一，最初中山装的四个口袋表示国之四维（礼、义、廉、耻），贴袋盖为倒山字形笔架式，寓意为以文治国。

其二，前门襟五粒纽扣区别于西方的三权分立，象征五权分立（行政、立法、司法、考试、监察）。

其三，袖口三粒扣表示三民主义（民族、民权、民生）。

其四，后背不开缝，表示国家和平统一之大义。

其五，衣领定为翻领封闭式，表示严谨治国的理念。

中山装一度成为大众服装，20 世纪 80 年代以后，随着改革开放的深入，西装和其他时装逐渐开始流行，中山装也因此变得小众，但值得一提的是中国国家领导人在出席国内重大活动时，依旧习惯穿着中山装。当前的中山装在领型、口袋位置、扣型等方面已有较大变化。最明显的变化就是领子由翻领变为立领，领口为"八"字形；四个贴袋变为三个贴袋；左前襟的贴袋还是西服的暗扣样式，而不是倒山字形带袋盖的样式；上装是暗门襟。而不是通常的明门襟。人们把这套服装称为改良版中山装（见图4-8）。

图 4-8　改良版中山装

【知识拓展】

饰品选择和佩戴

佩戴饰品的具体要求是：①佩戴首饰要注意场合。只有在交际应酬时，佩戴首饰才最合适，上班时间以不戴或少戴首饰为好。进行劳动、体育活动和出席会议时也不宜戴首饰。②佩戴饰品要与服装及本人的外表相和谐。一般穿较考究的服装时，才佩戴昂贵的首饰，穿运动装、工作服时不宜戴首饰。胖脸型的女士不宜戴耳环，圆脸型的女士戴项链应加个挂件。③佩戴首饰要考虑性别因素。女士可以戴各种首饰，男士只宜戴结婚戒指。④佩戴首饰要注意寓意和习惯。应根据身材和个性特点，选择适当的款式和色彩。戒指是首饰中最明确的爱情信物，佩戴戒指可表明婚姻状况。

（一）项链的佩戴法则

（1）一般所戴的项链不应多于一条，但可将一条长项链折成数圈佩戴。

（2）男士所戴的项链一般不应外露。

（3）短项链，约长40厘米，适合搭配低领上装；中长项链，约长50厘米，可广泛使用；长项链，约长60厘米，适合女士在一般社交场合佩戴；特长项链，约长70厘米及以上，适合女士在隆重的社交场合佩戴。

（二）"手饰"的佩戴法则

（1）佩戴手镯，强调的是手腕与手臂的美丽，故二者不美者应慎戴。

（2）男士一般不戴手镯。

（3）手镯可以只戴一只，也可以同时戴上两只。戴一只时，通常应戴于左手。戴两只时，可一只手戴一个，也可以都戴在左手上。

（4）男女均可佩戴手链，一般情况下，一只手上仅限戴一条手链，并应戴在左手上。

（5）通常，最好不要在一只手上戴多条手链，也不要双手同时戴手链，手链与手镯同时佩戴。

（6）在一些国家，所戴手镯、手链的数量和位置，可用以表示婚否。

（7）一般手链与手镯均不应与手表戴于同一只手上。

（三）戒指的佩戴法则

（1）一般讲究戴在左手之上，而且最好仅戴一枚，至多可戴两枚。

（2）戴两枚戒指时，可戴在一只手的两个相邻的手指上，也可以戴在两只手对应的手指上。

（3）拇指通常不戴戒指，一个指头上一般不应戴多枚戒指。

（4）戴薄纱手套时戴戒指，应戴于其内，只有新娘不受此限制。

（5）国际上比较流行的戴法是：食指——表示想结婚，未婚；中指——已经在恋爱中；无名指——表示已经订婚或结婚；小指——表示独身。

（四）吊坠的佩戴法则

（1）吊坠也叫挂件，多与项链配套使用。

（2）选择吊坠，一般要优先考虑它是否与项链搭配，力求二者在整体上协调一致。

（3）在正式场合不要选用有过分怪异或令人误解的图形、文字的吊坠，一般也不要同时使用两个或两个以上的吊坠。

（五）耳饰的佩戴法则

（1）耳饰一般指耳环。一般情况下，它仅为女性所用，并且讲究成对使用，即每只耳朵佩戴一只。

（2）一般不宜在一只耳朵上同时戴多只耳环。

（3）在国外，男子也有戴耳环的，但习惯做法是左耳上戴一只，右耳不戴。

（4）佩戴耳环应兼顾脸形。总的来说，不要选择与脸形相似形状的耳环。

（5）若无特殊要求，不要同时戴链形耳环、项链与胸针。三者皆集中于齐胸的位置，容易显得过分张扬，且繁杂凌乱。

第二节　职场仪态

案例导入

某公司总经理办公室文员岗位空缺，公司领导看中了性格外向的小陈。在对小陈进行考核面试时，小陈坐在那里一边回答问题，一边不停地变换双腿的姿势，甚至不停地抖腿，眼睛一会儿看这儿一会儿看那儿，整个人的仪态令领导皱眉，他们对小陈的印象也大打折扣。

仪态是指人在行为中表现出来的姿势，主要包括站姿、坐姿、步态、手势等。"站如松，坐如钟，走如风，卧如弓"，是中国传统礼仪的要求。

一、职场站姿

站立是人的最基本的姿势，也是其他姿势的基础。"站如松"是说人的站立姿势要像青松一般端正挺拔。这是一种静态美，是培养优美典雅仪态的起点，也是动态美的基础。良好的站姿能衬托出美好的气质和风度。

（一）站姿规范标准

（1）站姿十四字诀："头正，肩平，挺胸，收腹，立腰，提臀，腿直。"

（2）头部端正，脖颈挺直，头顶上悬。

（3）下颌微收，嘴唇微闭，双目正视前方，面容自然平和。

（4）两肩放松平展，气下沉，自然呼吸。

（5）脊椎、后背挺直，胸略向前上方挺起。

（6）两手臂放松，自然下垂于体侧，虎口向前，手指自然弯曲。

（7）腹部、臀大肌微收缩并上提，臀、腹部前后相夹，髋部两侧略向中间用力。

（8）两腿并拢立直，髋部上提。

（9）两脚跟相靠，脚尖打开45°至60°，身体重心主要放在脚掌、脚弓上。

（二）女士站姿

女士站姿按姿态用途可以分为：基本站姿、服务式站姿、交流式站姿（见图4-9~图4-11）。

图4-9　女士基本站姿　　　图4-10　女士服务式站姿　　　图4-11　女士交流式站姿

1. 基本站姿

脚掌分开呈"V"字形，吸腹收臀；双手自然并拢，大拇指交叉，右手搭在左手上，自然垂于身体前侧，身体重心可放在两脚上，也可放在一脚上，通过重心的移动减轻疲劳。

2. 服务式站姿

双脚以"V"字步或丁字步站立，右手在上，双手虎口相交叠放于腹部。拇指可以放到肚脐处，手指伸直但不要外翘。如果长时间站立，可以在小范围内活动，把前后脚的位置微调。

3. 交流式站姿

双脚以"V"字步或丁字步站立。右手在上，左手在下，左手大拇指放于右手四指上，右手大拇指贴住左手掌背，双手掌心相对，轻握放在腹部，手指可自然弯曲。与客户或同事交流时可采用这种站姿。

（三）男士站姿

男士的站姿要显示男性的气度，表现刚健、潇洒、强壮、威风之貌，给人一种壮美感。按姿态用途也可以分为：基本站姿、服务式站姿、交流式站姿（见图4-12~图4-14）。

图4-12　男士基本站姿　　　图4-13　男士服务式站姿　　　图4-14　男士交流式站姿

1. 基本站姿

抬头挺胸，下颌微收，双目平视，嘴角微闭。身体直立，双手自然垂直于身体两侧；两腿绷直，双脚平行，两脚分开比肩宽稍窄，以20厘米为宜。在庄重、严肃的场合，如举行升旗仪式时，可采用基本站姿。

2. 服务式站姿

双脚平行站立，两脚分开比肩宽稍窄。右手握拳，左手五指并拢，左手掌放于右手手背上，双手自然垂于体前。这个姿势适合用作迎接宾客时的准备姿态或在其他正式场合的服务工作中使用。

3. 交流式站姿

双脚平行站立，两脚分开比肩宽稍窄。左手在上，右手在下，双手掌心相对，轻握放在腹部，手指可自然弯曲。与客户或同事交流时可采用这种站姿。如图4-15所示，男女士的交流式站姿的区别就是男士左手在上，这是遵循了中国传统礼仪习俗：男为左，女为右，左手在上表示友好尊重。

图4-15　男女士交流式站姿手部放置

（四）纠正不雅站姿

平日里每个人都有自己独特的形态特征，如果不注意培养标准的形体姿态，久而久之就会形成不标准的姿态，如探脖、斜肩、弓背、挺肚、撅臀、塌腿站立、腿脚抖动等。这些不标准的姿态不仅影响美观，还表现出行为人消极的精神状态，同时也会影响人的身体健康。在正式场合站立时，切忌：

1. 身体歪斜

站立时，不可驼背，弓腰，眼睛不断向左右斜，一肩高一肩低，双臂左右乱摆等。

2. 前伏后靠

站立时，不应倚墙靠柜，不然会显得懒散和无精打采。

3. 动作过多

站立时，不要下意识地做小动作，如摆弄衣服和发辫，玩弄小玩意，双脚不停轮换站立，腿脚抖动等。这不但显得拘谨，还给人以缺乏自信和经验的感觉，有失庄重。

4. 手位、脚位不当

站立时，将手插在裤袋里，双手抱在胸前，叉腰，插袋，双脚叉开距离过大，歪脚站立等，都是不可取的站姿。

拓展训练

体验标准站姿时三组对抗的肌肉力量，站立时要达到身体挺拔，肌肉应形成三种对抗力量：

（1）髋部向上提，脚趾抓地；

（2）腹肌、臀肌保持一定的肌肉紧张，收腹提臀，前后形成夹力；

（3）头顶上悬，肩向下沉。

这三种肌肉力量相互制约，上下拉伸，才能保证站姿标准挺拔。如果没有悬顶感站姿就会缺乏精神；如果没有腹臀相抗，站姿就会缺少力度；如果没有髋部和脚的对抗，膝部就容易弯曲。因此，站立时身体的这三种对抗力缺一不可。

每天在实践训练时做15分钟肌肉收紧练习，然后放松几分钟再重复，可以配合音乐减轻训练的疲劳感。

二、职场坐姿

坐姿是一种静态造型，端庄优雅的坐姿会给人文雅、稳重、自然大方的美感。

（一）坐姿规范标准

一般情况下，选择从椅子的左侧入座，左侧离座。主要原因是与客人一起入座时，我们一般邀请客人坐在右侧，从自己座位的左侧入座，把右侧的空间全部让给客人，使他有更多的空间入座。

（1）入座时要轻而稳，走到座位前，转身以后轻稳地坐下。

（2）面带笑容，双目平视，嘴唇微闭，微收下颌。

（3）双肩平正放松，两臂自然弯曲放在膝上，亦可放在椅子或沙发扶手上，手心向下坐在椅子上，应立腰、挺胸，上身自然挺直，身体重心垂直向下。

（4）双膝自然收拢，双腿正放或侧放，双脚并拢或交叠（男士坐时可双脚略分开）。

（5）坐在椅子上，约坐满椅面的三分之一至三分之二，标准坐姿时小腿与地面成直角、小腿与大腿成直角、大腿与身体成直角。

（6）起立时，右脚向后收半步、脚掌用力，而后站起。

（二）女士坐姿

1. 标准式坐姿

如图4-16所示，女士标准坐姿要求上体挺直，下颌微收，双目平视，两腿并拢，两脚尖并拢略向前伸，两臂自然弯曲，两手叠放在双腿上，略靠近大腿根部。小腿垂直于地面，两脚尖朝正前方。着裙装的女士在入座时要用双手将裙摆内拢，以防坐出褶皱或防止裙子因被折起而使腿部裸露过多。

2. 侧点式坐姿

如图4-17所示，女士侧点式坐姿的两小腿向左斜出，两膝并拢，两脚尖着地，头和身躯保持正直。

图4-16 女士标准式坐姿

图4-17 女士侧点式坐姿

3. 叠放式坐姿

叠放式坐姿一般是坐座椅面较高的椅子时采用的坐姿。双膝并拢，小腿前后交叉叠放在一起，自上而下不分开，脚尖不宜跷起，脚背要绷直。双脚的置放视座椅高矮而定，可以垂放，亦可与地面呈45度角斜放（如图4-18和图4-19所示）。采用此种坐姿，切勿双手抱膝，穿超短裙者慎用。长期用此坐姿容易给腰椎与胸椎造成压力，引起腰痛，所以此坐姿建议少用。

图4-18　女士叠放式坐姿45度角斜放

图4-19　女士叠放式坐姿垂放

4. 前后点式坐姿

前后点式坐姿又叫半交叉式坐姿。这一坐姿的左右脚前后摆放，后脚的脚掌点在前脚的脚跟正后方，膝盖处要并拢（如图4-20所示）。其他要求与标准坐姿一致。

5. 内收式坐姿

内收式坐姿的两小腿并拢向后侧曲回，双脚尖着地，脚尖不能翘起（如图4-21所示）。这一坐姿适用于各种场合，通常表达谦卑内敛之意。

图4-20　女士前后点式坐姿

图4-21　女士内收式坐姿

（三）男士坐姿

1. 标准式

男士标准式坐姿见图4-22。男性商务人员入座后，立腰、收腹、挺胸、双肩舒展并略下沉，颈直、头正、双目平视、下颌微收。大腿与小腿基本成直角，两膝并拢或微微分开，两脚平放于地面，双脚分开与肩同宽，双手自然放在双膝上。标准式坐姿最为常见也最为实用。

2. 前伸式

如图4-23所示，男士前伸式坐姿在标准式的基础上，右脚前伸一脚的长度，左脚向前半脚，脚尖不要翘起。

3. 后点式。如图4-24所示，男士后点式坐姿在标准式的基础上，左脚在前，右脚尖抵在左脚跟处抬起，双手自然放至两腿上，眼睛目视前方。

4. 开关式

如图4-25所式，男士开关式坐姿的身体右转或左转45°，两腿与地面成90°，双手自然放至两腿上，眼睛目视前方。

5. 重叠式

如图4-26所示，男士重叠式坐姿的左腿与地面成90°，右腿搭在左腿上，右脚尖往下压，双手自然放至双腿上，眼睛目视前方。注意在正式的商务或政务场合，不要首先使用这一姿势，会给人在显示自己的地位和优势的不好的感觉。

图4-22 男士标准式坐姿　　图4-23 男士前伸式坐姿　　图4-24 男士后点式坐姿

图4-25 男士开关式坐姿　　　　图4-26 男士重叠式坐姿

（四）纠正不雅坐姿

就座时不能完全放松地瘫在椅子上；两腿不应任意叉开或长长地伸出去；不要把脚跨在椅子、沙发扶手上或架在茶几上；不要弓腰驼背，全身挤作一团，或只坐椅子边缘；不可将大腿并拢，却把小腿分开，或双手放在臀下，腿脚不停地抖动。

女士入座时，若穿裙装，应用手将裙子下摆稍稍拢一下，不要坐定后再起来整理衣服；女士也不可翘二郎腿；坐在椅子上时，若想和左右客人交流应侧身坐，不要只扭头。谈话时应根据交谈者方位，将上身双膝侧转向交谈者，上身仍保持挺直，不能只扭头，也不要出现自卑、恭维、讨好的姿态。讲究礼仪要尊重别人但不能失去自尊。

（五）其他应注意的事项

第一，入座时，要轻而稳，轻盈舒缓，从容自如。注意落座的声音要轻，不要猛地蹲坐，如与别人抢座位，特别是忽地坐下，腾地站起，如同赌气，容易造成紧张气氛。如果椅子位置不合适，需要挪动椅子的位置，应当先把椅子移至欲就座处，然后入座。

第二，落座时要保持头部端正、上身平直，双目自然平视，双腿自然弯曲。不要耷拉肩膀、含胸驼背、前俯后仰，给人以萎靡不振的印象。

第三，注意腿的摆法。避免两膝分得太开、抖动腿脚、两腿并拢而两膝外展呈"八"字形或两脚放到座椅下面等。

第四，在人际交往中，坐姿的选择要与不同的场合相适应。如坐宽大的椅子（沙发）时，要注意不要坐得太靠里面，应坐椅子的1/3到2/3处，不要靠背，休息时则可轻微靠背。若因谈话等需要侧转身，上身与腿应同时转动，幅度不宜过大。

第五，女士入座时，注意两膝不能分开，两脚要并拢，可以交叉小腿。如果跷腿坐，注意不要跷得过高，不要把衬裙露出来，还应注意将上面的小腿向后收，脚尖向下。起立时，双腿先向后收半步或右脚先向后收半步，然后站起。

第六，男士如有需要，可交叠双腿，一般是右腿架在左腿上，但不宜过高。在正式场合，不要首先使用这一姿势。"4"字形的叠腿方式是绝对禁止的。

三、职场走姿

（一）走姿标准

（1）上身挺直，双肩平稳，目光平视，面带微笑。

（2）手臂伸直放松，手指自然弯曲，摆动时，以肩关节为轴，上臂带动前臂自然摆动。前摆约35°，后摆约15°，手掌朝向体内。

（3）起步时身体稍向前倾，提髋，屈大腿带动小腿向前迈。脚尖略抬，脚跟先着地，重心落前脚掌，膝盖伸直。行走线路要成为一条直线。

（4）步幅适当，前脚的脚跟与后脚的脚尖大约相距一脚长。

（5）停步、拐弯、侧行、转身、上下楼梯时，应从容不迫，采取合理的途径，保持步态美。

（6）行走速度，一般男士每分钟为108~110步，女士每分钟为118~120步。

（7）正确地行走，使上身的稳定与下肢的频繁规律运动形成和谐感，使干净利落的脚步形成节奏感。前后左右行走动作的平衡对称才会呈现行走时的步态美。

图4-27和图4-28从不同角度展示了女式标准走姿。

图 4-27　女士标准走姿（正面）

图 4-28　女士标准走姿（侧面）

（二）纠正不雅走姿

1. 忌踮脚走路（前脚掌走路）

踮脚走路时，前脚掌要支撑整个身体的，容易造成脚踝以及脚趾关节的慢性损伤。另外，这种姿势也会增加膝关节的压力，造成膝关节骨与软组织损伤。踮脚走路时小腿肌肉发力更多，参与时间更长，容易导致小腿增粗。

2. 拖着走路

拖着走路时，是脚掌全部着地"拖沓"着的，没有从脚后跟到前脚掌的过渡过程，给人没精神的印象。同时，这种姿势不能发挥足部的缓冲作用，长时间会造成膝关节、踝关节以及周围韧带和肌肉的慢性损伤。

3. 内、外八字

如果刻意使用内、外八字走路，会改变正确的肌肉发力，长此以往还有造成膝关节内、外翻（也就是罗圈腿、X 型腿）的风险，不但不美观，还增加了关节炎的患病率。

4. 上身姿势不正确

走路时含胸驼背，左倒右歪，双手插兜等不良习惯，都会影响正常的步态，从而影响下肢的关节及肌肉健康，应该禁止这些不良姿势动作。

四、职场蹲姿

【小情景】

2017 年 9 月在央视公益节目《开学第一课》中，主持人董卿采访了著名翻译家许渊冲老先生。采访过程中，董卿 3 分钟跪地 3 次，被网友们称赞为"跪出了最美的中华骄傲"。董卿单腿跪着采访翻译大师就是对尊敬师长这一中华传统美德最生动鲜活的言传身教。有网友评论："这一跪不仅是对大师的尊敬，还是对文化的尊重，更是自我修养的体现啊！"我们在与人交流中，除了对坐轮椅的尊长、英雄用蹲姿表示尊重和敬意，还可以在矮小的儿童面前使用蹲姿表示平等和关爱。

蹲姿其实是人们在比较特殊的情况下所采用的一种暂时性的体态。在日常生活中，当人们捡拾地面上的物品或有地面动作，或与小朋友以及与坐矮椅、轮椅的朋友交流时，都要运用到蹲姿。合影留念时，最前排人员也可能会运用到蹲姿。

（一）蹲姿规范标准

一是下蹲拾物时，应自然、得体、大方，不遮遮掩掩。站在所取物品的旁边，蹲下屈膝去拿，抬头挺胸，再慢慢地将腰部放下。

二是下蹲时，两腿合力支撑身体，避免滑倒。

三是下蹲时，应使头、胸、膝关节在一个角度上，使蹲姿优美。

四是女士无论采用哪种蹲姿，都要将腿靠紧，臀部向下。

（二）交叉式蹲姿（女）

交叉式蹲姿通常适用于女性，尤其是穿短裙的女士，表现为蹲下后双腿交叉在一起（如图4-29所示）。这种蹲姿的要求是：双腿交叉下蹲，一脚在前，一脚在后，前脚掌应完全着地，后脚脚尖着地，身体挺直，后面脚的膝盖低于前面脚的膝盖。

图4-29　女士交叉式蹲姿

（三）高低式蹲姿（男女）

下蹲时，双腿不并排在一起，而是一脚在前，另一只脚稍后。稍后的那只脚应完全着地，小腿基本上垂直于地面；前面的一脚则应脚掌着地，此刻后面脚的膝盖低于前面脚的膝盖，且其内侧可靠于前面那只脚的小腿内侧，形成一膝高一膝低的姿态。臀部向下，基本上用后面的腿支撑身体。在拍照的时候也可以采用这种蹲姿，但要注意，膝盖高的那条腿应在外侧。如图4-30和图4-31所示，男士采用高低式蹲姿时，两腿之间可以有适当的距离，女士则应两腿尽量并拢。

图 4-30 男士高低式蹲姿

图 4-31 女士高低式蹲姿

（四）纠正不雅蹲姿

弯腰捡拾物品时，两腿叉开，臀部向后撅起，是不雅观的姿态。两腿展开平衡下蹲，其姿态也不优雅。此外，还应注意避免走光的尴尬，蹲下时女士要注意两腿并紧，穿旗袍或短裙时需更加留意。

五、手势语言

手势是人们交往时不可缺少的动作，是最富有表现力的"体态语言"。俗话说：心有所思，手有所指。手的魅力并不亚于眼睛，甚至可以说手就是人的第二双眼睛。手势在职场中运用极其广泛，一般不会单独使用，通常和肢体动作、语言和表情结合使用，使交往更富有感染力。

（一）引领手势

职场中常用引领的手势包括横摆式、曲臂式、双臂横摆式、直臂式等。

1. 横摆式

当表示"请"的意思或为客人指示方向时，经常采用横摆式。

以右手为例，横摆式的五指自然并拢伸直，手掌和小手臂呈一条直线，掌心侧上，手掌平面与地面呈45°角；肘关节微屈为140°左右。做动作时，手从体侧抬起，至上腰部处，然后以肘关节为轴向右摆动，至身体右侧稍前的地方停住，同时身体和头部微向右倾斜，视线也随之移动；双腿并拢或成右丁字步，左臂自然下垂，然后眼睛转回左边目视客人，面带微笑。此种手臂高度到腰以上肩膀以下的横摆式也可称为"小请"，有时手臂的高度与肩同高或高于肩，肘关节基本伸直，略带弯曲，这种可称为"大请"，指向更高或更远的地方。

图4-32和图4-33分别展示了横摆式小请和横摆式大请。

图 4-32 横摆式小请   图 4-33 横摆式大请

2. 曲臂式

当一只手拿着物品，或推扶房门、电梯门且又需引领来宾时，可采用曲臂式。以左手为例，五指自然并拢伸直，从身体的左前方由下向上抬起，至上臂离开身体45°的时，以肘关节为轴，手臂由体侧向体前的右侧摆动，距身体20厘米处停住；掌心斜向上，手指尖指向右方，头部由右转向左方的客人，面带微笑，如图4-34~图4-36所示。

图 4-34 男士曲臂式   图 4-35 女士曲臂式

图 4-36 曲臂式引领来宾

3. 双臂横摆式

举行重大庆典活动时，来宾较多，向众多的来宾表示"请"或指示方向时，可采用双臂横摆式（如图4-37所示）。两手五指自然并拢伸直，掌心向上，从腰前抬起，至上腰部处，同时向身体两侧摆动，至身体的侧前方；肘关节略弯曲，上身稍向前倾，微微点头，面带微笑，向客人致意。如果来宾在某一侧，也可以将手臂向同一侧摆动。

图4-37 双臂横摆式

4. 斜摆式

引领来宾入座时，手势要斜向下方，如图4-38所示。首先用双手将椅子向后拉开，然后一只手曲臂抬起，再以肘关节为轴，前臂由上向斜下摆动，使手臂向下成一斜线，并微笑点头示意来宾就座。斜摆式也可用于指引下楼梯或指点下方的物品。

图4-38 斜摆式

（二）其他手势

1. 递接物品

递接物品都应该用双手。递名片或文件时，应正向将名片递给对方以便对方能够接过就看。若递的是剪刀或笔之类的尖锐物品，要把尖锐的一头朝向自己，或者横着递出。无论是什么物品，都不能以扔的方式丢给对方。

图 4-39 示范了递接物品的手势。

图 4-39　递接物品的手势

2. 招呼他人

遇到较亲近的朋友或同事但又有一定距离的时候，可以举起手，掌心向外，晃动小臂招手表示问候，如图 4-40。

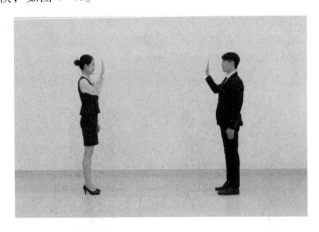

图 4-40　招呼他人的手势

3. 鼓掌

鼓掌是观看文体表演、参加会议、迎候嘉宾时表示赞赏、鼓励、祝贺、欢迎等情感的一种礼貌手势。采取左手较被动、右手较主动的方式，即右手掌心向下，有节奏地拍击掌心向上的左手掌心（如图 4-41 所示）。若采用两掌垂直于地面的鼓掌方式，相对而言可能给别人幼稚感。必要时，应起身站立鼓掌。

图 4-41　鼓掌的手势

4. 十指交叉的手势

这是将十指交叉在一起，置于桌上或身体一侧的动作，这一手势的含义不一。实际上，对这种手势的理解有两种：一方面，许多情况下，人们将这种姿势看作自信，因为使用这一手势的人总是神情自若，面带微笑。言谈中也总显得无忧无虑；另一方面，也有人将这种手势看作一种消极的人体信号，它表示情绪沮丧、心理矛盾或有敌对情绪，也可以表示紧张或被控制的思想情绪。但到底是哪一类，需结合具体情况而定。

5. "尖塔式"手势

这是将左手的五指和右手的五指分别指尖相对，形成近似尖塔的形状。这是一种展示信心的动作，有时也是代表自大或骄傲的动作。它及时传达出某人对他自己所说的一切十分肯定。有些公司经理在与对手商谈时，常用这种尖塔的姿势来强调他们绝对的自信。根据"尖塔"的指向，可以把这种手势分为"上管式"和"下垂式"两种。上管式手势是两拇指朝向自身，其余各指相对，指向上方或前方的塔尖式手势，它与高傲、盛气凌人以及"我比人强"等思维活动有关。一般来说，大多数自信的男士喜欢使用这一手势。下垂式手势是与之相反的手势，拇指向外，其余各指指向下方。当人们在聆听他人阐述观点时常用这种手势。相对而言，女性更偏爱使用下垂式的尖塔手势。

（三）手势注意事项

手势语言能反映出复杂的内心世界，但运用不当，便会适得其反。不同的手势，表达不同的含义，那么我们在运用手势的时候要注意什么呢？

1. 注意区域性差异

在不同国家、不同地区、不同民族，由于文化习俗的不同，手势的含意也有很大差别，甚至同一手势表达的涵义也不相同。所以，手势的运用只有合乎当地规范，才不至于徒生事端。

2. 手势宜少不宜多

多余的手势，会给人留下不够稳重或者情绪激动的印象。

3. 要避免出现不当手势

在交际活动时，有些手势会让人反感，严重影响形象，比如当众挠头皮、掏耳朵、抠鼻子、咬指甲、手指在桌上乱写乱画等。

此外，还需要特别注意避免以下手势的运用。

（1）指指点点。与人交谈时，讲到自己不要用手指自己的鼻尖，而应用手掌按在胸口上。谈到别人时，不可用手指别人，更忌讳背后对人指点等不礼貌的手势。

（2）双臂环抱。双臂环抱胸前这一姿势，往往含有孤芳自赏、高人一等或置身事外、自我防御的意思。

（3）随意摆手。在接待服务对象时，不要随意掌心向外、指尖向上摆手。这些动作的一般含义是拒绝别人，有时还含有不耐烦之意。

（4）手插口袋。与人交流时，如果双手或单手放于衣服口袋里，会使对方觉得自己思想不集中，并未全身心投入。

（5）勾指手势。请他人向自己这边过来时，用一只食指或中指竖起并向自己怀里勾，其他四指弯曲，示意他人过来，这种手势对人极为不礼貌。

【小情景】

这是一场艰难的谈判，一天下来，美国约瑟先生对于对手——中国某医疗器械厂的范厂长，既恼火又钦佩。范厂长对即将引进的大输液管生产线行情非常熟悉，他不仅对设备的技术指数要求高，而且价格压得很低。在中国，约瑟似乎没有遇到过这样难缠而有实力的谈判对手。他断定，今后和务实的范厂长合作，事业是能顺利的，于是信服地接受了范厂长偏低的报价。"OK！"双方约定第二天正式签订协议。

天色尚早，范厂长邀请约瑟到车间看一看。车间井然有序，约瑟边看边赞许地点头。走着走着，突然，范厂长觉得嗓子里像有条小虫在爬，不由得咳了一声，便急急地向车间一角奔去。约瑟诧异地盯着范厂长，只见他在墙角吐了一口痰，然后用鞋底擦了擦，油漆的地面留下了一片痰渍。约瑟快步走出车间，不顾范厂长的竭力挽留，坚决要回宾馆。

第二天一早，翻译敲开范厂长的门，递给他一封约瑟的信："尊敬的范先生，我十分钦佩您的才智与精明，但车间里你吐痰的一幕使我一夜难眠。恕我直言，一个厂长的卫生习惯，可以反映一个工厂的管理素质。况且，我们今后生产的是用来治病的输液管。贵国有句谚语：人命关天！请原谅我的不辞而别，否则，上帝会惩罚我的……"

范厂长觉得头"轰"的一声，像要炸了。

小贴士

不同国家手势的含义

手势被人们赋予了种种特定的含义，具有丰富的表现力。在不同的国家，特定手势所代表的含义不尽相同，有时候用错了还会闹笑话。

1. 剪刀手

在中国，人们拍照时爱用手的食指和中指摆出一个"V"的样子。这个手势源于欧洲，"V"是英语中"Victory"（胜利）的意思，在战争中曾给人以鼓舞。不过，做这一手势时务必记住把手心朝外、手背朝内，因为在欧洲大多数国家，做手背朝外、手心朝内的"V"形手势是表示让人"走开"。

2. 向上竖大拇指

这是中国人最常用的手势，表示夸奖和赞许，意味着"好""妙""了不起"等。在尼日利亚，宾客来临，要伸出大拇指，表示对来自远方的友人的问候。在日本，这一手势表示"男士""您的父亲"。在朝鲜，表示"首级""父亲""部长"和"队长"。在墨西哥、荷兰、斯里兰卡等国家，这一手势表示祈祷幸运；在美国、印度、法国等大部分英语国家，则是在拦路搭车时横向伸出大拇指表示要搭车。

3. 向下伸大拇指

世界上有相当多的国家和地区都使用这一手势，但含义不尽相同。在中国，把大拇指向下，意味着"向下""下面"或"差劲"。在英国、美国，大拇指朝下含有"不能接受""不同意""结束"之意，或表示"对方输了"。在墨西哥、法国，这一手势表示"没用"或"运气差"。在泰国、缅甸、菲律宾、马来西亚、印度尼西亚，拇指向下表示"失败"。在澳大利亚，使用这一手势表示讥笑和嘲讽。在突尼斯，向下伸出大拇指，表示"倒水"和"停止"。

4. 弯曲食指

在中国表示数字"9"；在日本表示"小偷"；在韩国表示"有错误、度量小"。

5. 向上伸小拇指

在中国表示"小""微不足道""最差的等级或名次"，还可以表示"轻蔑"；在日本表示"女人""恋人"；在韩国表示"妻子""女朋友"或是"打赌"；在菲律宾表示"年轻"或指对方是小人物；在泰国或沙特阿拉伯表示"朋友"；在缅甸和印度表示"想去厕所"。

6. 伸出食指

在我国以及亚洲一些国家表示"一""一个""一次"等；泰国、缅甸等国家则表示"请求""拜托"之意。在使用这一手势时，一定要注意不指人，更不能在面对面时用手指着对方的面部和鼻子，这是一种不礼貌的动作。

本章小结

良好的职场形象不仅可以增加一个人自信心，而且对个人的求职、晋升和社交都起着至关重要的作用。塑造良好的个人形象应首先做到干净、整洁，做到无异味、无异物，做好仪容仪表细节的修饰工作。并且要注重表情的作用，人的眼神、微笑是表达感情最主要的两个方面。

除了基本的干净整洁外，职场人员可以通过合适的妆容提高个人形象。化妆上岗，意在向交往对象表示尊重之意，具体包括发型和面部妆容。职场人员在为自己选定发型和妆容时，既受到个人品位和流行元素的影响，同时还必须考虑本人性别、年龄、发质、脸形、身材、职业等因素。职场着装及搭配也十分重要。职场着装一般要遵循TPOR原则、整洁原则和三色原则。选择职场服饰时，应该关注面料、色彩、图案、款式、版型、尺寸、做工等要素，此外还要关注鞋袜、配饰的搭配。相较而言，女士服饰礼仪比男士服饰礼仪更加复杂。女士在职场中可以穿着套裙、旗袍和连衣裙，男士则以西装、中山装为主。

除了良好的仪表外，职场中的仪态表现也十分重要。仪态是指人在行为中表现出来的姿势，主要包括站姿、坐姿、走姿、手势等。除了掌握基本的站姿、坐姿、走姿、手势基本规范外，还需要规避不雅仪态和举止。

小测试

一、判断题

1. 在工作场合想化什么妆就化什么妆，不受限制。　　　　　　（　　）
2. 方脸在两边嘴角下方连接到颧骨往耳际部分修容。　　　　（　　）
3. 晚宴结束时，要及时补上口红，可以在饭桌上补妆。　　　（　　）
4. 上完一天班，晚上又参加公司晚宴，回到家太累了，不卸妆就直接倒在床上睡觉。
　　　　　　　　　　　　　　　　　　　　　　　　　　　（　　）
5. 口红的颜色要与眼影、腮红和衣服的颜色相呼应。　　　　　（　　）

二、单项选择题

1. 以下哪个场所适合补妆？（　　　）
    A. 餐桌旁
    B. 卫生间
    C. 商场的玻璃门
    D. 车辆的后视镜
2. 男士在保持个人卫生和仪容修饰时，要注意按时修剪毛发，不包括以下哪项？
（　　）
    A. 头发
    C. 鼻毛
    B. 胡须
    D. 腿毛

三、技能拓展训练

站姿训练

训练要求：通过训练，帮助学生纠正不良的站姿，进行标准站姿练习，养成良好的稳定直立的站姿。

训练方法：示范讲解、站姿练习、教师纠错

训练步骤：

1. 贴墙站立训练

面带微笑，背贴墙壁，面朝前，双目平视，脚后跟、小腿肚、臀部、双肩背和后脑勺紧贴墙壁，身体上下处于一个平面，站立十分钟。

2. 背靠背站立训练

学生分成两人一组，背靠背站立，两人的小腿、臀部、双肩和后脑勺紧贴，两人小腿之间或肩部放置纸板，要求保持不掉落。站立十分钟。

3. 顶书夹纸站立训练

在头顶放置书本或装满水的纸杯，要求上身和颈部挺直，收紧下颚，双腿并拢直立，两腿膝盖以上之间夹一张 A4 纸，站立十分钟。如两腿之间缝隙过大，可以夹书本。

4. 无帮助式标准体态训练。

身体与地面垂直，重心放在两个前脚掌上。头正、颈直、两眼平视前方、嘴微闭、挺胸、收腹、两臂自然下垂、手指并拢、自然弯曲、中指压裤缝、两腿挺直、膝盖相碰、脚跟并拢、两脚张开呈 45°或 60°夹角，从整体上给人精神饱满的感觉。

本章参考答案

第五章

职场办公礼仪

■**知识要求与目标**

1. 学会求职面试中的礼仪与沟通技巧。
2. 学会致意礼、介绍礼、握手礼、名片礼的基本规范。
3. 掌握在交往与沟通过程中的各项原则及礼节。
4. 掌握各项网络沟通礼仪的禁忌。

■**素质培养目标**

1. 培养良好的职场办公礼仪规范，提高职场办公素质，营造办公室的和谐氛围。
2. 践行社会主义核心价值观，传播企业职场文化、提升职场管理水平和道德水准。

案例导入

说错一句话我失掉第一局

讲述人物：小七，女，24岁。

专业：会计。

那时我接到了一家知名的高薪企业的面试通知。这让我既高兴又紧张，因为我从来没有面试的经验。我在图书馆里泡了好几个晚上，啃《面试轻松过关》《面试宝典》之类的书，看得头昏脑胀。

真正面试的那一天终于来了。我走进考场后才发觉，与我一同面试的其他五个人都是男生。考场是一个很小的会议室，中间是一张圆桌。考官坐在圆桌一边，我们几个人坐在另外一边。服务员拿来六杯水，其他几个男生直接拿起自己面前的水杯就开始喝。我一转念，不对啊，几个考官都还没有水喝呢，我们怎么可以抢先呢？于是很有礼貌地把杯子递给离我最近的一个考官。

"还是女孩子心细啊。"坐在中间的一位考官说，另几个正在喝水的男生立刻窘住了，面面相觑。我暗暗自得，不忘对考官们露出谦逊的微笑。

几位考官介绍了公司运营方面的具体情况，也听我们聊了我们的专业和对公司的想法。由于刚才的"喝水事件"，另外几个男生都比较拘谨，反倒是我和考官们谈笑自如。这时，坐在正中央的主考官突然问了我一个意想不到的问题："你的简历上写着会跳舞，你会跳哪种舞呢？"我立刻懵了。小时候我的确学过一点舞蹈，后来就没再进行过舞蹈训练，要是说实话，多丢面子啊。于是我就扯个谎说会跳新疆舞，说完之后就觉得脸有些发热。谁知考官要求我随便摆个姿势看看。我窘极了，从头到脚都无所适从，只好站起来原地转了个圈。

好不容易面试结束，考官们走出会议室讨论了一下，把我叫了出去。

"根据你的性格特点，我们想把你安排在外事部门，不过户口方面可能还需要再争取。"

听到这句话，我愣住了："你们不是答应可以解决吗？"后半句被我吞进了肚子，我的感觉越来越不妙。要是户口问题解决不了，我也许根本就不会来应聘……我左思右想，轻轻咬着下唇说："要不，我跟爸爸妈妈商量一下。"

主考官也突然愣了一下，我马上意识到，自己似乎说错了什么。

"好吧。"他微笑着说，"不过要记得，以后你参加面试的时候，不要说'和爸爸妈妈商量'这样的话，因为这样会显得你没有主见，明白吗？"

我抬头看了看他的眼睛，他眼里满是真诚。我意识到，我错失这个机会了。

思考：本案例对你有哪些启示？

求职者面试想要成功，必须掌握和熟练运用面试准备阶段、进行阶段和后续阶段的礼仪技能，从每个细节和过程打造自己的形象，这些需要长期的礼仪素质的修炼，甚至和自身所处的环境密切相关。

第一节　求职面试礼仪与沟通技巧

一、面试前的礼仪与沟通技巧

（一）充分准备

首先要准备好自荐材料，这是应聘者与用人单位进行联系最简便、最直接的方式，是"敲门砖"。在参加面试时，一定会涉及诸如自我介绍等问题，事先进行准备是非常必要的。为了避免因为紧张的情绪而影响自己发挥，可以找人扮演面试考官的角色，模拟演练一下，以应对面试中可能会遇到的情境或问题。事实证明，准备得越充分，紧张的程度就越轻。另外，要调整好自己的心态，保持一颗平常心，不要过于看重结果。过于看重结果，会加剧你面试时的紧张情绪，影响现场发挥。

【知识拓展】

如何做好求职简历？

完整的自荐材料应包括求职信、简历、证明材料复印件（毕业生推荐表、学历证书、荣誉证书、社会实践经历证明材料、发表的文章、科技发明成果证明等）。所有这些资料都要统一使用 A4 纸，避免把不同纸型、不同纸质、不同颜色的纸张混杂在一起，每份简历及附在后面的资料都要整齐地装订在一起。

简历应做得符合行业规范，不要太出格，别让招聘方质疑你是否合群。每份简历都要贴上照片，无论招聘单位是否有这样的要求，都要主动这样做，以体现求职者的诚意，增加面试或复试的机会。经常会有大学生抱着侥幸的心理去虚构实践经历、冒充学生干部、涂改成绩，甚至有学生伪造证书等，往往一经发现就会被一票否决。面试不仅是对应聘者能力的考验，更是对其人品的检验，诚信是绝大多数用人单位看重的品质。简历中出现错别字（包括拼写错误、标点符号错误、空格不当等）会显得你不够专业。邮箱地址最好由你的姓名的变体加上任意几个数字组成，不要出现类似于"surferman86"或者"jacksmom12"这样的邮箱名称。简历要有实质性的东西，能反映你的技能和经历。与此同时，简历也要兼顾视觉审美。

（二）形象打理

面试当天的穿着打扮对录取结果有着重要的影响。虽说留下完美的第一印象未必一定会被录取，但若给人留下坏印象，极可能被淘汰。根据自己的经济条件，买一件有品质的衣服，但更重要的是穿上后，让人感觉得体舒适，能适应面试单位岗位的工作性质。在出发前，一定要留足时间对自己的仪容仪表再做一次检查。

（三）提前到达

对地理位置比较远、路线比较复杂的面试地点，不妨先跑一趟，熟悉交通线路、地形，甚至事先搞清楚洗手间的位置。确定出发时间时，一定要保证能提前半小时到达面试公司。但提前到达后，一般不宜提前 15 分钟以上出现在面试的具体地点。如果没有正当理由而迟到，那么面试将很难有一个乐观的结果，这里的正当理由绝不是诸如堵车、生病之类的琐事借口，一个连自己的时间都管理不好的人是很难指望他在工作岗位上尽心尽责的。其实，在"守时"这一说小不小、说大不大的行为上，可以反映出一个人各方面的品质，用人单位会觉得守时的人比较讲信用、工作有条理、能遵章守纪、对工作严肃认真、讲究工作效率等；而一个不守时的人，很可能是一个对什么事都不认真、马虎了事的人。

（四）考前静候

若到达面试地点时间尚早，可散散步，避免因等候时间过长而心情焦躁。在面试开始前 15 分钟左右，到指定的休息或准备场所等候，可以询问一下工作人员是否需要签到、面试时间是否有变化等问题，然后稍作休息。在此期间，可以去趟卫生间，再次整理一下自己的仪容仪表，男士应注意一下领带的松紧等细节，女士可以稍微补一下妆。关掉手机或将手机调成静音，以免手机在面试期间忽然响起。

【小情景】

求职信

尊敬的××经理：

您好！我从招聘网站上获悉贵酒店欲招聘一名经理秘书，特冒昧写信应聘。我即将从××大学旅游管理专业毕业，今年22岁，身高1.65cm，相貌端庄，气质较佳。在校期间，我系统地学习了现代管理概论、酒店管理概论、酒店财务会计、酒店客房管理与服务、酒店餐饮管理与服务、酒店前厅管理与服务、酒店营销、酒店人力资源管理、应用文写作、礼仪学、酒店英语等课程，成绩优秀。曾发表多篇论文。熟悉各种办公室软件的操作，英语熟练，普通话运用自如。

去年下半学期，我曾在×××五星级酒店实习四个月，积累了一些实际工作经验。我热爱酒店管理工作，希望能成为贵酒店的一员，和大家一起为促进酒店发展竭尽全力，做好工作。

随信附上我的个人简历及相关材料。如能给我面试的机会，我将不胜荣幸。我的联系地址：××大学工商管理系酒店管理班，邮编×××××；联系电话：139×××××××。

感谢您阅读此信并考虑我的应聘要求！

此致

敬礼！

×××

×年×月×日

二、面试中的礼仪与沟通技巧

（一）进入考场

进入面试场合时，如门关着，应先用食指和中指轻叩门两三下，得到允许后再轻推门进去。开关门时的动作要轻，以从容、自然为好。关门时须面对房门，不能背对房门。见面时，要向考官主动打招呼，问好致意，称呼应亲切得体。在考官没有请你坐下时，切勿急于落座；在考官请你坐下时，应道声"谢谢"。坐下后保持良好的坐姿体态，面前有桌子可以将双手重叠放于桌上，没有桌子的话将手放于大腿上，切忌跷二郎腿并不停抖动，两臂不要交叉抱在胸前，眼睛不要左顾右盼。女士如果有手袋可以放椅子后面，男士的大手袋可以靠放在座位右边的地上。

（二）自我介绍

一段短短的自我介绍犹如商品广告，要针对对方的需要，将自己最美好的一面展现出来。对准备好的自我介绍内容，切忌用背诵的方式"读"出来，而要像聊天一样随意地"说"出来。

（三）从容应答

在很短的面试时间内，要想把问题答得既周到又全面是不现实的。只要能够真实地把自己的想法说出来，把自己的一些优点呈现出来，在考官面前树立起鲜明的个人形象就是胜利。盲目地追求完美，反而容易使自己陷入紧张焦躁的状态。回答考官的问题时，目光自然真诚，既不要死盯着对方的眼睛，也不能东张西望、左顾右盼。考官不止一人的情况下，求职者的目光应兼顾每一位考官。语言精练、有理有据、吐字清晰、声音适度、语速适中。当不能回答某一问题时，应如实告诉考官，切勿含糊其词、胡吹乱侃。考官在向你介绍情况时，一定要认真聆听，必要时可做一些记录。

【知识拓展】

面试紧张了，该怎么办？

面试时，紧张是正常的。适度的紧张有利于使大脑保持兴奋状态；过度的紧张容易导致发挥失常。面试紧张了，该怎么办？

其一，肌肉反馈法。通过肌肉放松，反馈放松信号到大脑，然后大脑控制的紧张情绪也能得到缓解。具体的做法是两只手攥紧，手臂也要用力，甚至可以全身用力，绷紧每一处肌肉，坚持数秒后，放松肌肉，舒展四肢，停留数秒。如果还是紧张，可以重复这个动作。

其二，放慢语速。在紧张的时刻，可以放慢说话的速度，尽可能把话说得清晰明了。这样才能让大脑慢慢冷静下来，防止肾上腺素分泌过多。

其三，顿悟法。当自己对某个问题感到困惑或无言以对时，人就会产生焦虑紧张的情绪，尤其是在面试过程中。这个时候，可以停下来，给自己一个缓冲的时间，也许过个几秒钟，你的问题就会得到更好地解决，这个过程就叫做顿悟。

如果真的很紧张，并且已经影响面试，与其面红耳赤、语无伦次，还不如真诚直接地告诉考官自己很紧张，待理清自己的思路后，再回答考官的问题。

（四）面露微笑

微笑是一种令人感觉愉快的面部表情，它可以缩短人与人之间的心理距离，为深入沟通与交往营造温馨和谐的氛围。面试时，不时面带微笑，不仅有利于你与考官的沟通，还有利于提高你的外部形象。当然，也不宜笑得太僵硬，一切都要顺其自然。

【知识拓展】

面试十二忌

不善于打破沉默；

与面试官"套近乎"；

为偏见或成见所左右；

慷慨陈词，却举不出例子；

缺乏积极态势；

丧失专业风采；

不善于提问；

个人职业发展规划模糊；

假扮完美；

被"请君入瓮"；

过度打探薪酬福利；

不知如何收场。

三、面试后的礼仪与沟通技巧

（一）礼貌告别

面试结束后，不要骤然起身，匆忙离去。面试者应在听到面试考官说"本次面试就到这里"之类的结束语后，再轻轻起身，目视考官，面带微笑，礼貌告别。走出房门时，要保持一如既往的优雅姿态，切不可一路小跑着离开。在休息室或等候区内，不要急着与其他面试者谈论面试的过程和可能的结果。离开公司时，应当礼貌地向为你提供过服务和帮助的前台接待员表达谢意。

（二）适时感谢

在一般情况下，考官每天面试结束后，都要进行讨论和投票，然后报送人力资源部门汇总，最后确定录用人选，通常要等上 3~5 天。这期间，可以通过电话或信件向招聘单位表示感谢，注意电话时间不宜过长，信的内容也要简洁，可以重申自己对该公司的兴趣，加深单位对你的印象，但切忌直接打听面试结果。

（三）总结经验

比面试结果更有价值的其实是整个面试过程。不可能每一个应聘者都能成功面试成功，这一次失败了，还有下一次机会，关键在于总结经验教训，找出失败的原因，并针对这些不足做好充分的准备。

四、入职礼仪

当通过重重考试被录用后，你仅成功了一半。接下来，你需要了解一些未来的工作岗位在礼仪方面的要求，为成功就业做好充分的准备。

（一）按时报到

第一天上班时，无论是否有试用期，你都必须按时到就业单位报到。俗话说："好的开始是成功的一半。"

（二）签订就业合同

就业合同是用人单位和职工依法订立的有关权利与义务的协议，对双方当事人都具有约束力。

（三）遵守规章制度

加入某个单位后，必须遵守该单位的各项规章制度。

（四）沟通感情

来到一个新单位、新岗位后，你要积极主动地与上下级沟通感情，建立良好的人际关系。在工作中要有团队合作精神，为自己营造一个良好的工作氛围。

（五）履行岗位职责

树立责任观念、脚踏实地、吃苦耐劳、有所追求，是履行岗位职责、胜任工作的根本。

第二节　会面礼仪

商务交往中，见面时行一个标准的见面礼，会给对方留下深刻且美好的印象，直接体现出施礼者的良好素养。因为东西方文化的差异，见面礼既有不同之处，也有相通之处。

一、拱手礼

拱手礼又叫作揖、揖礼，是古时汉民族的相见礼节，其历史非常悠久。《论语·微子》曾载"子路拱而立"。这里子路对孔子所行的就是拱手礼，是具有代表性的中国礼仪之一，据说中国古代的礼仪大多数都源自西周初年周公开创的"周礼"。这种礼仪体现了古人对他人的尊敬和自己谦逊的态度。拱手礼发展至今，主要用于见面问候、告别或表达祝贺等，如图5-1所示。

图 5-1　拱手礼

（一）手型

拱手礼之核心动作便是"拱手"。《尔雅·释诂》郭璞注曰："两手合持为拱。"拱手即双手相交而握。拱手礼可有捧手、抱拳等基本手型。

（1）捧手。捧是拱手礼的基本手型。《辞源》释义："捧手，犹拱手，表示敬佩。"这就是说捧手的动作应为两手相拱。基本动作是双手在胸前叠合，手型如拱，立而不俯。

（2）抱拳，即一手虚握，用另一只手抱住。

（二）手位

段玉裁在《说文解字注·手部》曰："谓沓其手，右手在内，左手在外。男之吉拜尚左，女之吉拜尚右。凶拜反是。九拜必皆拱手。"据此记载可以得知，行拱手礼时，一般右手在内，左手在外；中国古人以左为敬，男子为大。《老子》说："君子居则贵左，用兵则贵右。"所以男子行拱手礼时，左手在外，以左示人，压住四指抱拳的右手，表示热爱和平、真诚与尊重；若遇丧事行拱手礼，则正好相反。女子行拱手礼、行吉礼时，与男子相反，即左手在内，手指并拢弯曲，右手在外；若遇丧事行礼，则反之。

（三）适用场合

朋友见面、约会、告别等使用拱手礼表示寒暄、打招呼、恭喜、告别等。面对长辈、平辈、晚辈或领导、同事、下级时拱手的高低程度不同：平辈之间行礼，掌心齐平胸口，直身行礼；晚辈对长辈、下级对上级掌心提于眉眼之间，躬身行礼；长辈对晚辈、上级对下级掌心低于胸口，微微曲身行礼即可。

二、鞠躬礼仪

鞠躬礼起源于商代时期的祭祀仪式——鞠祭。这种祭祀方式区别于其他的祭祀形式，牛、羊等肉不切成块，直接通过弯曲成圆的方式将牛羊肉摆放成鞠形，以此来显现出祭祀时的虔诚、忠诚和决心。祭祀在中国古代是一种很重要的仪式，不管是统治者还是平民百姓都是比较看重的。古代的祭天仪式种类繁多，发展到今天，很多古老的习俗在日常生活中是很难见到的，但是由"鞠祭"发展而来的"鞠躬礼"却是常见的，尤其是在一些接待仪式上。

鞠躬，即上身向前弯曲，后世演绎成日常礼节，弯腰、低头，避开对方视线，向其表示恭顺和没有敌意。鞠躬是目前中国、日本、韩国、朝鲜等国家传统的、普遍使用的一种礼节。鞠躬主要表达"弯身行礼，以示恭敬"的意思。此种礼节一般是下级对上级或同级之间、学生向老师、晚辈向长辈、服务人员向宾客表达由衷的敬意。行鞠躬礼需要注意以下几点：

（1）行礼时，立正站好，保持身体端正；

（2）面向受礼者，距离为两三步远；

（3）以腰部为轴，整个肩部向前倾，具体视行礼者对受礼者的尊敬程度而定，同时问候"您好""早上好""欢迎光临"，等等。

具体鞠躬类别有：

1. 点头致意

面带微笑，身体与颈部不动，眼睛和下巴带动头部小幅度上下运动。点头致意用于一般应酬场合，比如行进中，路遇交往对象等可行点头致意礼。

2. 15°鞠躬

面带微笑站立，双手交叉放在体前，男士可以双手自然下垂，贴于裤缝两边，头颈背成直线，前倾15°，再慢慢抬起，微笑注视对方。15°鞠躬是一种非常轻微的鞠躬动作，通常用于向对方问好、表达谢意等场合，如图5-2所示。

图 5-2　15°鞠躬

3.30°鞠躬

30°鞠躬是一种比 15°鞠躬程度更深一些的鞠躬动作，是表达比 15°更深一点的含义。要求双手交叉放在体前，男士双手贴于裤缝两边，头颈背成直线，前倾 30°，目光落于体前约 1 米处。30°鞠躬一般用于服务接待行业迎接客人或主办单位送别宾客，如图 5-3 所示。

图 5-3　30°鞠躬

4.45°鞠躬

45°鞠躬行礼要求和 30°一致，不同的是鞠躬角度前倾 45°，目光落于体前约 1 米处。45 度的鞠躬礼适用于表达更深的感激或敬意，主要适用于下级给上级、学生给老师、晚辈给前辈、服务人员给来宾鞠躬等，如图 5-4 所示。

图 5-4　45°鞠躬

5. 90°鞠躬

90°鞠躬是最深切的鞠躬礼，通常在极其正式的场合或对极其尊重的人表示敬意时使用，也可用于表示深沉的歉意。身体上部向前下弯约90°，以尾椎骨为轴，身体上身躯干和腿部几乎成直角，目光落于体前约0.5米处，停顿3秒钟后再慢慢抬起。这种礼节多见于婚礼、葬礼或其他正式仪式中，如图5-5所示。

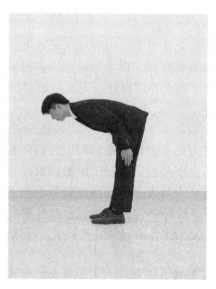

图 5-6　90°鞠躬

三、介绍礼仪

人际交往中，如果能够正确得体地进行介绍，不仅可以扩大交际范围、广交朋友，而且有助于自我宣传、自我展示。从礼仪的角度来讲，介绍可以分为自我介绍、介绍他人和集体介绍三种。

（一）自我介绍

自我介绍就是说明自己的个人情况，把自己介绍给他人。自我介绍是日常工作中与陌生人建立关系、打开局面的一种非常重要的手段。自我介绍的目的是通过自我介绍促使双方认识，进而相互交流，最后达到为对方所认可的目的。在此过程中，自我介绍的礼仪规范非常重要。

1. 自我介绍的注意事项

（1）注意时机。

自我介绍要寻找适当的机会，注意不要打扰对方。当对方不繁忙且情绪较好的时候适时介绍；当对方有兴趣、有需要的时候适时介绍；当对方一个人独处或者与人闲谈时，可以见缝插针，抓住时机进行自我介绍。尽量不要打扰对方，如果对方正在忙碌，或正在与人亲切交谈，或情绪烦躁，或对自己不感兴趣，不宜走上前去进行自我介绍，以免弄巧成拙。

（2）讲究态度。

自我介绍时，态度一定要自然、友善、亲切、随和，应该镇定自信、落落大方、彬彬有礼，既不能唯唯诺诺，又不能虚张声势、轻浮夸张，要表达出自己渴望认识对方的真诚情感。任何人都以被他人重视为荣幸，如果你态度热忱，对方也会以热忱的态度回报。自我介绍时，语气要自然、语速要适中、语音要清晰，镇定自若、潇洒大方会给人以好感；相反，如果你流露出胆怯和紧张，结结巴巴、目光不定、面红耳赤、手忙脚乱，则会为他人所轻视，彼此间的沟通便有了隔阂。

（3）繁简适度。

自我介绍时，根据不同的交往对象，内容应简繁适度。自我介绍时还要注意用语简洁、言简意赅，尽可能地节省时间，以半分钟左右为佳，不宜超过一分钟。话说得多，不仅显得啰唆，而且对方也未必记得住。为了节省时间，自我介绍时还可利用名片、介绍信等加以辅助。

（4）注意方法。

自我介绍时，应先向对方点头致意，得到回应后再向对方介绍自己。如果有介绍人在场，此时进行自我介绍则不礼貌。应善于用眼神表达自己的友善，表达关心以及进行沟通的渴望。如果你想认识某人，最好预先获得一些有关他的资料或情况，如对方的性格、特长及兴趣爱好，这样在自我介绍后，双方更容易融洽交谈。在获知对方的姓名后，不妨加重语气重复一次，因为每个人都乐意听到自己的名字。

（5）注意内容。

自我介绍的内容包括以下基本要素：本人的姓名、供职的单位以及具体部门、职务和所从事的具体工作。这几项要素在自我介绍时应一气连续报出，这样既有助于给人留下完整的印象，又可以节省时间。

介绍姓名时应当连名带姓一起报出，必要时可以做简单解释，便于对方加深印象，例如："我叫陈果，耳东陈，果实的果。""我叫单知愚，就是善于知道自己愚笨之处的意思。"介绍工作单位时，最好报出全称，具体的工作部门可以根据现场情况选择报或不报。有职务的最好报职务，如果没有职务或是职务较低可以不报，或介绍一下自己的具体工作，例如："我叫陈果，耳东陈，果实的果，在宏盛贸易公司销售部工作。"自我介绍要注意真实诚恳、实事求是，不要自吹自擂、夸大其词。

2. 自我介绍的顺序

如果需要多人同一时间做自我介绍，还要讲究介绍的顺序。自我介绍的标准化顺序是地位低的人先做介绍；主人先向客人做自我介绍；长辈和晚辈在一起，晚辈先做自我介绍；男士和女士在一起，男士先做自我介绍。

3. 自我介绍的形式

（1）寒暄式。

寒暄式又称应酬式。这种介绍的内容非常简单，例如："你好，我叫陈坤。""你好，我是郝琪。"

（2）公务式。

公务式又称商务式，这是日常交往和工作中使用最多的介绍形式之一。一般而言，公务式自我介绍包括本人姓名、供职单位及其所在部门、职务或从事的具体工作，例如："你好！我叫陈坤，是宏盛贸易公司的销售经理。""大家好！我叫郝琪，在宏盛贸易公司做总经理助理。"

（3）社交式。

社交式通常在非公务场合的私人交往中使用。大体上有5项内容：姓名、职业、籍贯、爱好、自己跟交往对象所共同认识的人。实际上就是找彼此之间的共同点，如共有的血缘、亲缘、同学、朋友、师生等关系，目的是与交往对象进一步交流与沟通。这些共同点也包括介绍者的姓名、工作、籍贯、学历、兴趣，例如："我叫张航，在宏宇贸易公司工作。我是陈树的校友，我们都毕业于北京大学。""我叫陈树，是张航的校友兼同事，现在在宏宇贸易公司做总经理助理。"

（4）礼仪式。

礼仪式是一种对交往对象表示友好、敬意的自我介绍方式，适用于讲座、报告、演出、庆典、仪式等一些正规而隆重的场合。内容包括姓名、单位、职务等，同时还应加入一些适当的谦辞、敬辞，以表示自己对交往对象的尊敬，如"各位来宾，大家好！我叫张成，是宏宇贸易公司的总经理。我代表本公司对各位的到来表示热烈的欢迎！"

（5）问答式。

问答式是根据交往对象提出的具体问题选择自我介绍的基本内容，有问必答，适用于应试、应聘和公务交往。

（二）介绍他人

介绍他人就是作为第三方，出面为不相识的双方做介绍。为他人做介绍时，也要注意礼仪规范。

1. 介绍的顺序

为他人做介绍时，先介绍谁，后介绍谁，是个敏感的问题。按照"尊者有优先了解权"的惯例，介绍他人的一般规则是：尊者居后，就是把双方之中地位较低的一方先介绍给地位较高的一方。具体来说：为长辈、晚辈相互介绍时，先将晚辈介绍给长辈；为男士、女士相互介绍时，先将男士介绍给女士；为同事、朋友与家人相互介绍时，先将家人介绍给同事、朋友；为来宾与主人相互介绍时，先将主人介绍给来宾；为社交活动中先到者、后到者相互介绍时，先为后到者做介绍；为上级、下级相互介绍时，先将下级介绍给上级；为老师和学生相互介绍时，先将学生介绍给老师。

2. 介绍他人的形式

（1）一般式。

一般式也称标准式，以介绍双方的姓名、单位、职务等为主，主要适用于正式场合，例如："请允许我为两位引荐一下，这位是大华贸易公司人力资源部经理王明先生，这位是宏盛贸易有限公司的董事长张亮先生。"

（2）简单式。

简单式也称社交式，类似于自我介绍时的应酬式，只介绍名字或职务即可，例如："我来为大家介绍一下，这位是李总，这位是王总，希望大家合作愉快。"

（3）附加式。

附加式也称强调式，用于强调其中一位被介绍者与某些人的关系，以期引起另一位被介绍者的关注，例如："这是小女李颖。这位是宏盛贸易有限公司的陈董事长。陈董，请您多关照。"

（4）推荐式。

推荐式也称公务式，它是在正式场合进行的介绍，要求说明单位、部门、职务、姓名等。还可以对被介绍者的特定情况或其他个人情况做出简短的、积极的评价，例如："陈董，这位是兴隆贸易集团市场部经理韩俊先生，是后起之秀。这位是宏盛贸易有限公司的陈董事长。"推荐式介绍要注意评价时把握好尺度，不可夸大其词，让对方难堪。

3. 注意事项

（1）姿势优雅。

介绍别人时，手势动作要文雅，无论介绍哪一方，都要五指并拢、掌心向上，指向被介绍者。切记不要指尖朝下，因为朝下是矮化对方的肢体语言，还要注意，不要以单指指向被介绍者。

（2）合乎礼节。

被介绍者也要注意礼仪，除年长者和年纪偏大些的女性外，一般应起立，两人相对站立3步左右距离，面带微笑，注视对方，注意聆听，点头示意。介绍完毕后，双方应依照合乎礼节的方式握手和问候。

【知识拓展】

公务场合称呼的禁忌

在官场，应注意上司的姓氏与职务的语音搭配，如赶上姓傅、姓戴的一把手，您叫"傅厅长""戴局长"，对方可能会不高兴，因为外人一听，误以为他是副职或临时代任的。那怎么办呢？略去其姓氏，直称官衔"厅长""局长"则可。如某处长姓贾，最好不要随便张口就"贾处长""贾处"的，以直呼"处长"为宜，否则难避调侃之嫌。

在职场，称名道姓也有禁忌，如工厂企业对中年女工习以"某姐"称之，如"张姐""李姐""徐姐"之类。但对姚姓女同事，就不能称其为"姚姐"，此类称谓慎用。

社会交往中，人们初次见面，相互自我介绍，"您贵姓？""免贵，姓李。"这种很正常，但焦姓、郁姓朋友，则应略作变通，免去回答时的"姓"字，直接道姓为妥。

在官场的称呼中，按照一般原则，正职的称呼为姓氏加职务称谓的第一个字，如"赵厅""钱局""孙处""李科""周所""吴队""郑总""王工""冯校""陈院"等。偶尔遇到姓氏谐音难题，如"季院"（妓院）"范局"（饭局）等，应略作变通，改用全称，总能绕过去。

（三）集体介绍

集体介绍是指在被介绍的一方或者双方不止一人的情况下进行的介绍。

1. 集体介绍的形式

集体介绍时，介绍的先后顺序至关重要。集体介绍的形式可分为两种：

（1）单向式。

当被介绍的双方有一方只有一个人而另一方有多个人时，可以只把单个人重点介绍给多个人的一方，而对多个人的一方可以不做重点介绍。

（2）双向式。

当被介绍的双方都有多个人时，双方的全体人员都要被正式介绍。公务交往中，这种情况经常出现。常规的做法是：首先由主方负责人出面，依照主方在场者具体职务的高低，自高而低地依次进行介绍。接下来再由客方负责人出面，依照客方在场者职务的高低，自高而低依次进行介绍。

2. 注意事项

（1）介绍他人前，要征询双方的意见，在确认双方同意的情况下，再为双方引荐。

（2）被介绍者在被征询意见时，应大方应允，如果实在不便，应诚恳说明情况并表示歉意。

（3）为他人介绍时，被介绍者双方均应起身，面带微笑，注视对方。

（4）引荐完毕后，被介绍者双方应相互握手、寒暄致意。

（5）介绍人介绍时应镇定自若、落落大方。

（6）介绍时音量要适中、口齿要清晰、语速要适中。

介绍自己和他人时，除了要注意方式方法以外，还要让自己的语言和举止得体自如，使自己所说的每一句话都能被听者接受，进而达到交流和沟通的目的。

四、握手礼仪

美国著名的女作家海伦·凯勒写道："我接触过的手，虽然无言，却极富表现性。有的人握手能拒人于千里之外，我握着他们冷冰冰的指尖，就像和凛冽的北风握手一样；也有些人的手充满阳光，他们握住你的手，使你感到温暖。"握手在许多国家已成为一种通用的礼节，握手的力量、姿势与时间的长短往往能够表达出握手者的态度与修养，给人留下不同的印象。通过握手，也可以了解对方的个性，从而赢得交际的主动权。

（一）握手的场合与顺序

1. 握手的场合

在人际交往中，握手的场合有很多。相见、离别、恭喜或致谢都可以行握手礼。在社交场合，行握手礼时，交际双方往往是先打招呼，后握手致意。

2. 握手的顺序

（1）个人和个人握手的顺序。

个人之间握手的顺序一般遵循"尊者优先"的原则。在公务场合，握手的先后顺序主要取决于个体的职位、身份；在社交场合和休闲场合，握手的顺序主要取决于个体的年龄、性别和婚姻状况。

"尊者优先"是指在长辈、晚辈之间，长辈先伸手；上级、下级之间，上级先伸手；男士、女士之间，女士先伸手；已婚者、未婚者之间，已婚者先伸手；社交场合中先到者、后到者之间，先到者先伸手。

主宾相见时例外，主人、客人之间握手，分为两种情况：在接待来访者时，主人先伸手与客人相握，对客人的来访表示欢迎；而在与客人告别时，则应由客人先伸手与主人相握，对主人的招待表示感谢，如果此时主人先伸手，则会给客人造成"终于把你送走了"的感觉。

（2）个人和群体握手的顺序。

①由尊而卑。如果在场的人是一个单位的或是一家人，地位高低是很容易分清的，由地位高的开始依次往地位低的握手。

②由近而远。如果在宴会厅门口迎候客人，则应该从距离自己最近的人开始握手。群体和个人握手，个人没有伸手，群体不能先伸手。

③顺时针方向前进。围在一个圆桌旁，或坐在一个客厅里面，四面都有人时，握手的标准化做法是主人先和自己右侧的人握手（右侧的人一般是主宾），然后与自己左侧的人握手，并按顺时针方向与其他宾客依次握手。

（二）握手的手位

1. 单手相握式

单手相握式，手掌垂直于地面（见图5-7）。这种伸手方式为平等式，是一种平等而自然的握手姿态，也是最普通、最稳妥的握手方式之一。

图5-7　单手相握式

2. 双手相握式

双手相握式适用于亲朋故友、晚辈对长者，一双手同时握住对方的手（见图5-8），也可称为"手套式握手"，又称"外交家握手"。除非是熟人之间表示故友重逢、真诚慰问或者热情祝贺，一般人握手不用这种方式，尤其是异性、初识者之间。

图 5-8　双手相握式

（三）握手的规范

1. 握手时的姿态

与人握手时，要起身站立，迎向对方，双方相距 1 米左右，两足立正，上身稍向前倾。从身体的侧下方伸出右手，手掌心与地面垂直，四指并拢，拇指张开，指尖微微向下，向受礼者伸出手。伸手时，手肘不要太弯曲，应该大方地把手向前伸，要注意伸出的手既不能太高也不能太低。两手相握要握住对方的虎口处，只握对方手指尖而不握住对方的整个手掌，会给人留下软弱、缺乏活力或是敷衍对方的印象。

握手时一手扶住对方的右臂，这种方式表示两人的关系非常亲密，通常在亲人或好朋友之间才使用；如果双方关系一般，使用这种握手方式会让人觉得你是一个过分热情的人，有虚情假意之嫌。

2. 握手时的神态

握手时神态要专注、热情、友好、自然，要面带微笑，目视对方双眼，一边握手一边问候对方。如果握手时东张西望，或面无表情，或心不在焉，都会给对方留下不友好的印象。

3. 握手时的力度

两手相握后，上下晃动两到三下，力度要适中，既不能过轻，也不能过重。用力过轻，会给对方造成敷衍、怠慢的错觉；用力过重，会给对方过分热情或故意示威的感觉。实际交往中，操作者可以根据握手的对象适当调整力度，令对方感受到真诚与友好为宜。

4. 握手的时长

握手的时长以 3 秒左右为宜，不要一直握住别人的手不放，这样显得热情过度；而时间太短，又会给人留下敷衍的印象。与领导握手，或男士与女士握手，时长以 1 秒钟左右为宜，尤其异性之间握手的时间不能过长。老朋友或关系亲近的人可以延长握手时间，但也要适度。

5. 注意事项

（1）不要用左手相握，尤其是与阿拉伯人、印度人打交道时要牢记，因为在他们看来左手是不干净的。

（2）不要在握手时面无表情、不置一词，或长篇大论、点头哈腰、过分客套。

（3）不要在握手时戴着手套、墨镜、帽子，只有女士在社交场合戴着薄纱手套握手才是被允许的。与人握手时，把帽子摘掉，表示一种友善；戴太阳镜，会给人以拒人于千里之外的感觉。

（4）握手时，另外一只手不要插在衣袋里或拿着东西。

（5）握手时，不要仅仅握住对方的手指尖，好像有意与对方保持距离。正确的做法是握住整个手掌，即使对异性也应该这样。

（6）握手时，不要把对方的手拉来、推过去或者上下左右抖个没完。

（7）与异性握手时忌用双手。

（8）多人交往时，要避免两两握手呈交叉状。

（9）任何情况下，最好都不要拒绝与别人握手，否则是有失身份的。拒绝和别人握手的人是没有教养的人。即使患有手疾、手汗症或手脏，也要向对方说一声"对不起，我的手不方便"，以免造成不必要的误会。

（10）不要在走动中握手。握手时，双方的身体都应该保持静止状态，一边走动一边握手，或是脚跨门槛，一脚门里一脚门外地与人握手，都不礼貌。

五、名片礼仪

名片是人们在交际时使用的向别人介绍自己的一种特制的长方形卡片。名片是社交场合常用的简易工具，是人们互相认识、交往的一个重要媒介和工具。不会使用名片的人是没有交际经验的人。使用名片时应该遵守名片礼仪规范。不过，随着电子名片等数字化替代品的出现，以及人们环保意识的增强，传统纸质名片在逐渐减少，环保材质名片、数字化名片、创意型名片等正在逐渐兴起。

（一）名片的设计

1. 名片的外观。

（1）名片的规格。

当前国内通用的名片规格常见的是长9厘米、宽5.5厘米。国外常用的是长10厘米、宽6厘米规格的名片；女士常用的是长8厘米、宽4.5厘米规格的名片。也有创意名片不拘泥于这些规格的。

（2）名片的制作材质。

印制的名片要与自己的职业、职务相符，以耐折、耐磨、美观、大方的白卡纸为首选，不要追求奢华或标新立异，给人虚张声势、刻意显摆的感觉。

（3）名片的色彩。

名片的色彩应控制在3种颜色以内，体现庄重、朴素，切忌使用杂色。印制名片的纸张宜选庄重朴素的白色、米色、淡蓝色、淡黄色、浅灰色。

（4）名片上的图案。

名片上的图案以少为佳。一般名片上不允许出现过多的图案，允许出现的图案多为企业的标识（Logo）；或者从公关营销的角度，印刷产品的图案。

（5）名片上的文字。

名片上的文字应用汉语简体字。如果名片使用的地方多为少数民族聚集地、外资企业或境外，可酌情使用少数民族文字或外文。最好是两种文字分别印制在一张名片的两面，不要在名片的同一面印制两种文字。同一张名片上的文字不要超过两种。

（6）名片上的字体。

名片上的字体最好用标准、清晰、易识的印刷体。

（7）名片的版式。

名片的版式有横式和竖式两种。一般来说，以横式印刷为宜，这样便于递接，也符合现代人的阅读习惯。

2. 名片的内容

一般名片上应该印上所属人的工作单位、姓名、身份、地址、电话号码等信息。名片的左上角要印工作单位，工作单位要写所在单位的全称、任职的部门并加上企业的 Logo。本人的姓名、职务或职称印在名片的正中间，如果头衔很多，印一两个主要的即可。名片的右下角印联络方式，包括地址、邮政编码、办公室电话或移动电话。私宅电话一般不印在名片上。如今市场竞争激烈，名片的创意设计需求增加，企业和从业者需要通过创意设计来突出个性和品牌形象。因此，名片设计的需求更加多样和个性化。

（二）名片的携带与使用

1. 名片的携带

职专人士要养成出门之前检查名片的习惯，保证名片夹内的名片数量充足，如果有破损的名片，要及时取出来。

随身携带的名片要整齐地放在专用名片包或名片夹里，并将名片夹或名片包放在易于掏出的口袋或皮包里。男士可以把名片放在左胸内侧的西装口袋里，不要把自己的名片和他人的名片或其他杂物混在一起，以免用时手忙脚乱或掏错名片。

2. 名片的使用

（1）递送名片的礼仪。

向对方递送名片时，要起身站立，用双手的大拇指和食指拿住名片上端的两个角，双手提至胸部，然后平推向对方。名片不宜高过胸部，也不宜低于腰部。递送名片时，应把名片的正面朝向对方，以便对方阅读，同时友好地注视对方，并用诚挚的语调说"这是我的名片，请多联系"或"这是我的名片，请多关照"。

如果名片中有难读或特别读法的字，在递送名片时可以解释一下，一来可以避免对方难堪，二来可以趁机"推销"自己。

递送名片时，地位低的人要先把名片递给地位高的人。通常，男士先递给女士，晚辈先递给长辈，下级先递给上级，主人先递给客人。如果需要递送名片的人不止一个，可以按照职务高低递送。如果是圆桌会议，可以由近及远，按顺时针方向递送，不能跳跃式递送名片。要注意，不要向一个人重复递送名片。

处在一群不相识的人中间，不要急于递送名片，这样会有推销之嫌，可以在自己发表讲话之前递送名片，以加深别人对你的印象。初次相识，双方经介绍后，如果有名片则可取出名片递送给对方。如果是事先约好的面谈，或事先双方都相互了解，那么就不用先交换名片，可在交流结束、临别时取出名片递送给对方，以加深印象，表示愿意保持联络的诚意。

（2）接受名片的礼仪。

接受他人的名片时，应该尽快起身，面带微笑，双手接过名片，眼睛要友好地注视对方并道谢，让对方感受到你对他的尊重。

接过名片后，应该认真阅读一遍，最好将对方的姓名、职务轻声地念出来，以示敬重，看不明白的地方可以向对方请教。要将对方的名片郑重收藏于自己的名片夹或上衣口袋里。如果接过名片后双方要进行交谈，可以暂时不将名片收起来，将其放在办公桌上显眼的位置，注意名片上不要有物品覆盖，更不要在名片上书写，或是边谈话边把玩对方的名片。起身离开时，要记得带走对方的名片。

（3）交换名片的礼仪。

当对方递给你名片之后，出于礼貌，你应该回递自己的名片给对方。如果自己没有名片或没带名片，应当向对方表示歉意："很抱歉，今天我带的名片用完了，我给您留个电话吧。"

如果对方向你索要名片，而你因为某种原因不想满足对方的要求，也不要直言相告。为了让对方不失面子，你可以表达得委婉一点，通常可以说："对不起，我忘了带名片。""不好意思，我的名片刚才用完了。"

如果想得到某人的名片，又不好直接索要，可以采取"迂回战术"，先把自己的名片给对方，然后提议："×先生，我们交换一下名片吧。"

如果对方没有跟你交换名片，而你非常想得到他的名片，可以以请教学习的方式委婉索要，如说："今后怎样向您求教？""以后如何与您联系？"以此暗示对方拿出自己的名片来交换。

【知识拓展】

名片礼仪中的常见错误

接过对方名片后，一般要立即回给对方一张自己的名片，哪怕是以前曾经给过的。如果暂时没有名片或者忘带了，也要给对方做出解释并致以歉意，切忌毫无反应。

如果你想给对方递送名片时，对方也正好递送过来，切忌右手接、左手递，一般是低位者或者晚辈先收回自己的名片，双手接过对方的名片后，再递送自己的名片。

如果对方已经明确表示没有带名片或者没有名片，当然也可能是对方不想给你的托辞，就不要强行索要了。如果确实有联系的需要，可以再尝试下能否在纸上留下联系方式或者加微信。

第三节　职场交往与沟通

一、内部交往与沟通礼仪

（一）与领导沟通的技巧与礼仪

下属只有与领导保持积极有效的沟通，才能产生良好的互动效果，才能得到领导有效的指导和帮助，而且还可以在资源分配中争取到更多的资源。下级应当尊重领导，恪守本分，服从命令，支持领导的工作。值得注意的是，这种礼仪主要表现在感情上的尊重和组织上的服从，而不是浮于表面的谦恭和服从。在外人面前，下属对领导更要注意以礼相待。

1. 维护领导权威

与领导相处的时候，注意维护领导的权威。不维护领导的威信，在企业内部看来，是没有团队意识、合作精神的表现；在商务伙伴看来，不会维护自己企业的利益，连领导都不懂得尊重的人，肯定不会懂得尊重商务伙伴。如果和领导发生意见分歧，切忌当众提出，令领导难堪，应选择在私下或以书面形式婉转地表达自己的意见、看法。遇到不关心下级、以权压人，甚至给人"穿小鞋"的领导，也不要消极怠工或因压不住火而到处发泄，要冷静对待，使自己的言行更加有理有节。工作时遇到问题，首先要向你的直接领导汇报，除非遇到特殊情况，否则不要轻易越级汇报工作。对你的直接领导来说，越级汇报是对他的不尊重。不要把领导的隐私作为同事间茶余饭后的谈资、四处扩散，这是对领导人格的起码尊重。当然，对领导的尊重并不等于唯命是从、唯唯诺诺，一味附和领导的看法。一个聪明的领导者，真正看中的是那种既懂得尊重自己、忠于职守，又有独立见解、自尊自重、不卑不亢的下属。

在职场上，上下级间的关系首先是严肃的工作关系。即便你跟你的领导私交不错，在工作中也不要和其相处得过于随便、亲近。例如，称呼上，要称呼领导的姓氏+职务；举止上要对领导表示出敬意，如不能在工作场合和领导勾肩搭背等。不能因为你与领导私交甚好，就有事没事地随意进入领导办公室闲聊。对于领导布置的工作任务，不要计较干多干少，干得越多，学到的也会越多。但是，对领导的私人要求则可酌情拒绝，不必担心拒绝领导会给自己带来麻烦。

2. 常请示，定期汇报

下级需要具备良好的向上沟通的主观意识。由于领导工作比较繁忙，无法面面俱到，但领导更需要洞察单位的新情况新动态，以便运筹帷幄。所以，下属要有时刻与领导保持沟通的意识，有价值的新消息需要及时跟领导汇报。下级不仅要埋头于工作，还要有效地保持与上级的沟通和适时有效地展示自己，让自己的能力和努力得到领导的肯定。只有与领导保持有效沟通，才能获得领导器重而得到更多的发展机会和空间。并且，还要持一种真诚和尊重领导的态度与领导进行沟通，多向领导请示，征求他的意见和看法，既是下属主动吸引领导注意的好办法，也是下属做好工作的重要保证。

其他一些常见的沟通场景也是下级需要注意的。比如进入领导办公室前，一定要轻轻敲门，经允许后才能进门。即使门开着，走到门口的时候，也要用适当的方式，比如敲敲开着的门，或向领导打个招呼，提示一下有人要进来了，这也给领导一个及时调整体态、心理的准备。在办公桌前递送资料、文件时，要正面朝向领导，双手恭敬地递送，以便对方观看。没有领导的示意，不要主动走到领导的旁边，避免窥探领导桌面及电脑上的隐私。对于领导提出的问题，如果一时回答不上来，不可胡编乱造，应该用笔马上记下来，待事后再做补充汇报。汇报结束离开领导办公室时，要整理好自己汇报时用的材料、交流时喝过茶水的用具，调整好座椅，说一声"谢谢"后再离开。

和自己的领导一同乘坐电梯时，应先按电梯呼梯按钮，请领导先行进入。电梯里也有上座和下座之分。所谓上座，就是最舒适、视野最好、最尊贵的位置。越靠里面的位置，越尊贵。上座是电梯按钮之后最靠后的位置，下座就是最靠近电梯操作板的位置，因为里需要有人按楼层的按钮。

【小情景】

鲁迅的"神"回复

1925 年 7 月，在北师大就读的许广平写了一篇题为《罗素的话》的论文。她把论文夹在寄给鲁迅的一封信里，想请鲁迅过目并提意见。

跟过去一样，鲁迅很快就回信了。怀着喜悦而忐忑的心情，许广平拆开信件，看见论文下面写着一段字："拟给九十分，其中给你五分：抄工三分，末尾几句议论二分。其余的八十五分，都给罗素。"

许广平是个聪慧的女子，一下就读懂了鲁迅寓庄于谐的批评。鲁迅似乎在说："写论文，关键是阐述自己独到的见解，怎么可以大段照抄原文呢？"

这"一本正经"的打分，既指出了论文的毛病，又含蓄地批评了她的"偷懒"行为。

而在后来与鲁迅共同生活的日子里，许广平竭心尽力帮助鲁迅查找资料、抄写文稿、校对译著，对鲁迅的重要谈话也一丝不苟地记录与整理下来，成为鲁迅最亲密的伙伴和最得力的助手。

（二）与同事沟通的技巧与礼仪

办公室是一个处理公司业务的场所，讲究办公室礼仪不仅是对同事的尊重和对公司文化的认同，还是每个人为人处世和礼貌待人的最直接表现。尽管不同行业的职场环境有诸多差别，但是只要掌握以下原则，就可以帮我们更好地与同事相处，从而利于工作的开展与事业的进步。

1. 互相尊重

办公室同事天天见面，相互之间很熟悉，但不能因此省略一些基本礼节。进入办公室时，应主动问候在场的同事，下班时相互道别，途中偶遇时也要主动打招呼。进入他人办公室之前应该先敲门，得到允许后再进入。不要随意翻动同事桌上的文件资料，以及查看电脑、传真机上与自己无关的任何资料。如有资料需要移交给他人，一定要贴上小便签，写清时间、内容并签名。

2. 保持距离

子游曰："事君数（shuò），斯辱矣；朋友数（shuò），斯疏矣。"心理学上的"刺猬法则"适用于与同事交往。合适的距离有助于友谊的发展，也有助于将复杂的人际关系简单化。在办公室与同事进行适当的交流是可以的，但如果交往过密，因彼此的个性差异而发生碰撞，反而会破坏彼此的关系，容易产生误解。上班时间的闲聊必须掌握一定的分寸，切不可在办公室里制造流言蜚语或传播小道消息。另外，花太多的时间与同事聊天，会给人留下一种无所事事的印象，还会影响同事的工作。耳语是一种被视为不信任在场人士所采取的防范措施，在办公室与同伴耳语是很不礼貌的行为。

同事之间必然有亲疏之分，志趣、性格相投的同事之间自然会接触、交谈得多一些。有时几个人正聊得开心，忽然看见一个平时交往较少的同事走近，这时应热情招呼他加入谈话。此刻你们若突然停止谈话，可能会使同事生疑。一个人的口才再好，也不要凡事都和同事争个面红耳赤，辩才最好在与客户谈判时发挥。

关于隐私，有三个要点。一是不要在背后议论同事的隐私。生活中有一些人喜欢在人背后说三道四，总以为当事人不知道，其实心理学家在调查研究后发现，只有1%的人能够严守秘密。二是不要探听同事的隐私。有时，同事一不留神把心中的秘密说漏了嘴，对此，不要去追问，探个究竟。碰到陌生人找同事谈话，如有可能，最好避开。即使无法避开，也不要伸着耳朵去偷听。看到同事在写东西或阅读书信，也要尽可能避开，需要从其身旁走过时，不要离得太近，更不能去窥视。三是不要向同事随便诉说自己的隐私。有心理研究表明，当一个人接受另一个人的隐私后，很容易对对方产生好感，但不是所有同事都可以成为倾诉对象，如果彼此只是交浅言深的关系就敞开心扉说出心中的秘密，可能会适得其反。

在同事面前最好不要张狂自负，既不要炫耀自己的能耐，也不要炫耀自己的财力，否则不仅会引起同事的反感，还会招致嫉妒。尤其是初涉工作的年轻人，更要谦虚谨慎，要致力于在工作中显露自己的才干，用实力去赢得别人由衷的认同。

取得成绩、奖励或受到领导肯定时，在同事面前要适当保持低调，尽量减少大家可能产生的妒忌心理、抵触情绪。此外，平时的着装打扮也不应过分张扬、另类，否则极易引起别人的反感，这也是很多矛盾的根源。

3. 适当吃亏

对一些微小的、不太会影响自己前程的好处，多一些谦让。比如，在单位里分发有限的东西时自己少分一些，一些荣誉称号多让给其他同事，与其他人共同分享一笔奖金或一项殊荣等。这种豁达的处世态度无疑会赢得别人的好感，也会增加你的人格魅力。

现代社会，职场竞争无法避免。面对晋升、加薪等职场上的关键问题，虽不能放弃与同事公平竞争的机会，但应抛开杂念，绝不能耍手段。面对强于自己的竞争对手，自己要有正确的心态；面对弱于自己的对手，也不能太过张扬和自负。千万要记住如果与同事意见有分歧，可以讨论，但绝对不能争论，应该学会用无可辩驳的事实及从容镇定的态度来表达自己的观点。

4. 相互体谅

同事之间总有发生分歧和矛盾的时候，遇到这样的事情，首先要从自身反省，要站在同事一方想问题，忍一忍、让一让，也许问题就能够迎刃而解了。因为同事之间争吵后仍要在一起共事，甚至要相互竞争，这种特别的交际关系使得同事间的情感裂缝较难弥合，情感创伤也较难修复。在与同事交往的过程中，一言不合就耿耿于怀，甚至老死不相往来，都是心胸不够宽广的表现。

有时候，同事说出一些让人难以接受的话，做出一些让人不满意的事，其实是很正常的，用不着为此做出过激的反应。因为，人无完人，孰能无过。人的思维也好、情感也好，在与人交往的时候都处在一个动态变化的过程中，在这个过程中会有多种思维和情感彼此交织并发生作用，一些无心之话、无心之事，可能都是在无意识的状态中表现出来的。而十有八九，同事都会在冷静思考或在自我修养提高后意识到自己的问题。一旦意识到，他们中的绝大多数人会通过适当的方式，将自己的愧意或醒悟向对方表达出来。

我们也必须注意自己的态度，避免把生活中的情绪带到工作中。一旦自己因情绪失控说了不好的话，要在第一时间向对方致歉并解释原因。

5. 注意用词

有的同事经常说"我"，而有的同事经常说"我们"，"我"和"我们"并非只是一字之差那么简单。在做事上，经常以"我"字当头的人，一般只顾及自己的利益，只考虑自己的感受，只追求自己的突出表现，而较少考虑他人和团队。这一缺点体现在说话上，就是经常把"我"字挂在嘴边，动辄"我认为""我想"，透露的是置身事外、逃避责任的信息。当一个人说"我们"时，透露的则是有难同当、荣辱与共的信息。

此外，不管自己与对方的交情有多好，仍应该注意礼貌。职场上多说"谢谢""抱歉"等礼貌用语，运用得当，就会给对方留下好印象。

在激烈的职场竞争中，掌握某些非专业技能，不仅会让你如虎添翼，更会让你成为一个受欢迎的人。这些个性化技能包括文笔好、字写得好、电脑技术高超、擅长小修小补、知识方面的"百事通"等。

（三）与下属沟通的技巧与礼仪

德国社会学家马克斯·韦伯认为，人的心理中存在一种非"纯利益"的价值取向，往往自愿地被他们所敬仰的人引领。"桃李不言，下自成蹊"（《史记·李将军列传》），领导者如果品行高洁、才学逸群，必定能使自己吸引和影响周围的人。领导者应根据自己的工作环境、生活氛围、个人特点，不断加强自我修养，注重情趣培养、气质熏陶，使自己的内在气质和外在仪表都散发迷人的风采。

1. 公正公平

一家公司内部人际关系紧张多是由不公平问题引发的，比如薪酬待遇不公、荣誉评比不公、发展机会不公等。公平其实是一种主观上的感觉，因此，公司改善人际关系的首要之道是领导要办事公正，尽量为下属创造一种主观上的公平感。俗话说"不患寡而患不均"，领导对待下属要一视同仁。由于受到各种因素的影响，如果不加以注意的话，感情的天平很容易向性格、习性、爱好相融的下属或有同乡、同学、战友关系的下属倾斜，这是应该注意避免的。而且，领导还应有意识地和主动与自己亲近的下属适度拉开距离；对与自己较疏远的下属，应主动与之拉近距离。

【小情景】

瓜田李下

曹植在《君子行》中说道："君子防未然，不处嫌疑间。瓜田不纳履，李下不正冠。"意思是说一位行端坐正的君子，做事应该懂得避嫌。经过别人瓜田的时候，就算鞋子掉了，也不要弯腰去提，不然容易让人怀疑你偷瓜；走到别人李子树下的时候，也不要用手去扶正帽子，否则很像是动手去摘李子。这两种行为，都很容易引起误会，越是正人君子，越应该尽力避免。它告诉我们，做人做事要懂得主动避嫌。

中国古代著名的政治家、军事家吕尚（姜子牙）所著的《六韬》中说："圣人将动，必有愚色。"意思是说圣人行动的时候，一定会表现得愚蠢一些。心理学实验也表明：一个看上去无可挑剔的人，如果故意表现得笨手笨脚，反而会让人对他产生好感。就是说，身上有些缺点的人，总会让人感觉更亲近一些。因此，领导不要害怕暴露自己的缺点。

当今社会，人们往往根据一个人的说话水平来判别其修养与能力。一个拥有好口才的领导者，不仅能保证其与下属间的交流顺畅，还能为其工作表现加分。领导的讲话要追求语言的"个性化"，少说"正确的废话"。

2. 不摆架子

不管身处什么职位，从本质上讲，人与人之间都是平等的，在处理上下级之间的关系时，这是最基本的观念。下属具有独立的人格，领导不能因为在工作中与之存在领导与下属的关系，而肆意损害下属的人格。领导要求下属做到的事自己要先做到，做下属的行为表率。

和下属开会、听取汇报或接受下属邀请时，领导要准时赴约。如果一时到不了，应该致电给下属，推迟时间或另作安排。当下属在办公室里汇报工作时，领导的坐姿要保持端正，要有目光上的交流，切不可只听不看，要耐心、认真地倾听对方所说的话。

3. 真诚赞美

美国哲学大师威廉·詹姆斯说过："人类本质中最殷切的需求就是渴望被肯定。"每个人都需要赞美和鼓励，在完成工作之后，总希望能尽快了解自己工作结果的质量，如果收到积极肯定反馈，那以后的工作会更有信心和干劲。领导要真诚地欣赏下属的优点，并对其长处及时给予肯定和赞扬。例如，在接待客人时，将本单位的业务骨干介绍给客人；在一些集体活动中，有意地突出有才能的下属的地位。

当然工作中下属也有做得不足的地方，这个时候的批评需要讲究艺术，不要在大庭广众之下批评下级，尽量对事不对人，也不要大发脾气。

【知识拓展】

对下属体贴入微的领导

在一个寒冷的深夜，纽约的一条不算繁华的道路上，很少有车辆行驶。这时从街道中心的地下管道内钻出一位衣着笔挺的人来。路旁的行人十分狐疑，他上前想看个究竟，一看却怔住了，这个人竟是大名鼎鼎的福拉多——美国电话业巨擘密歇根贝尔电话公司的总经理。原来地下管道内有两名接线工正在紧张施工，福拉多特意去表示慰问。他说："你们辛苦了，我特地来慰问你们，没有你们，就没有我的事业。"福拉多被称作"十万人的好友"，他与自己的同事、顾客乃至竞争对手都保持着良好的关系。提到通用汽车，艾尔弗雷德·斯隆是绕不开的关键人物。他管理通用汽车公司20余年，没有一位工作上的朋友。他认为美国历史上最值得称道的总统是亚伯拉罕·林肯和富兰克林·罗斯福，因为这两位在工作中都没有什么朋友。但是，斯隆很重视个体，极为关心人、尊重人。比如，他的自传《我在通用汽车的岁月》在1954年就写完了，但他硬生生等了10年才出版。原因是他坚持，只要书中提到的员工仍然健在，就不能出版，"我在书中提及的一些事可能会被理解为批评，而一个经理人不会公开批评下属"。

二、外部交往与沟通礼仪

（一）商务接待礼仪

在职场社交活动中，商务接待工作是一项重要的常规工作，在接待工作中恰到好处地运用各项礼仪，可以给来访客户留下良好的印象，有助于商务交往的顺利进行。

1. 室内接待

一般情况下，其他单位客户来访时，接待工作通常都是在办公室进行。如果是在办公室内接待客户，见到客户的第一时间要遵从礼仪上的"3S"原则，即站起来（stand）、注视对方（see）、微笑（smile），以良好的形象迎接来客。

（1）做好接待准备。

进行商务接待时，得知客人来访的消息后，接待者应该早做准备，保持办公室整洁干净，应该提早备好茶水，还可备些水果。此外，应该根据双方商定的会谈事宜或客人的请求，通知有关人员准备相关资料。如果来客较多或客人规格较高，来访的目的又比较严肃，也可以在专门的会议室（会客室）接待。会议室（会客室）也应该早做准备，以迎接客人。

（2）区分来访者，做好接待工作。

如果来访者与上级早有预约，接待者应该请来访者稍候，在明确来访者意图后为其送上茶水并及时告知上级，不能擅自予以引见。来访者如约来访，上级却不在时，应该诚恳地致歉："实在对不起，因为经理（上级）出去了，大约要20分钟回来，请稍等。"注意，在等待期间的交谈中切勿乱说有关上级的事情，如果来访者询问工作上的事，只能笼统地回答。

如果来访者没有预约，接待者应该面带微笑，以欢迎的态度礼貌友好地接待，询问来访者所要访问的部门、工作人员姓名、来访目的；确有必要予以引荐的，应该设法联系有关部门或人员，看其是否愿意接待来访者；无法或不愿意接待来访者的，应该主动请来访者留言，并向其保证尽快将留言递交给相关人员或者委婉地加以拒绝。

接待不受欢迎的来访者时，千万不要激化矛盾，坚决避免让其遇到上级。接待者时刻都要显示出自己的涵养和风度，不能失去待客的礼仪，可以装作接电话的样子，或者干脆装作很忙的样子，当然这些事情不能做得太明显。如上述人员长时间滞留，务必想方设法将其带离办公区域，并做好说服工作。接待不受欢迎的来访者时，只要我们离开自己的办公桌，哪怕时间很短也要收拾好桌上的有关文件资料，或者用其他东西盖住，切忌让其发现公司内部的各类联系方式。

2. 室外接待

（1）身份与时间。

要按照客人身份、职务等级安排身份对等的人员迎接，级别较高、身份重要的客人，有关领导应该亲自迎接。如果相应身份的人不能前往，前去迎接的人应该向客人作出礼貌的解释。应该注意，到机场、车站、码头等地迎接，要考虑到可能出现的交通堵塞等状况，在时间上留有余地，接待人员应该比约定的时间提前5~10分钟到达，恭候客人的到来，绝不能迟到。

（2）食宿安排。

接到客人后，首先要问候对方，如"一路辛苦了"，然后表示欢迎，如"欢迎您来到我们公司"。如果是第一次见面，进行自我介绍的同时可以把名片递送给对方。条件允许的话事先准备好交通工具，不要临时匆匆忙忙准备交通工具，那样既是对客人的不尊重，也有可能误事。对于客人携带的大件行李，要主动代为提拎，但是客人随身携带的公文包或者女士的小提包千万不要伸手代拿。在征得客人同意的情况下，可带客人到预先安排的住处让其先休整一下。路途中，可以向客人稍微介绍一下当地的名胜古迹、人文趣事。抵达住所后，不宜立即谈公事，最好告诉客人就餐地点、时间，与客人商定下次活动的时间、地点，留下自己的地址和通信方式，给客人留下充足的休息时间。

（3）商务活动。

安排好客人食宿以后，应该按照接待方案组织客人参与商务活动，如商务洽谈、参观游览，并安排时间让有关领导和客人见面，以示对客人的尊敬。客人在商务洽谈、参观游览等活动中所提出的意见必须及时向有关领导反馈，尽可能满足客人的需求。如果客人有意返程，则应该按照客人的要求为其安排返程事宜，尽快为其预订机票或车船票，安排专门人员和车辆为客人送行。

（4）送客礼仪。

俗话说："迎人迎三步，送人送七步。"在接待工作顺利完成后，就需要一个完美的结尾——送客。在送客的时候先要表达依依不舍之情，并表示此次的相处非常愉快，希望客人下次再来。条件允许的话，客人临走的时候可以馈赠礼品，并帮忙留意是否有物品遗留，这是一种体贴和关心客人的行为。送客时，一定要目送客人消失在视线内以后才可以离开。和上级一起送客，要比上级稍后一步离开。

3. 商务接待中的注意事项

（1）迎送礼仪。

①一人迎送。一个人迎送客人时，应该站在贵宾侧前方1.5米左右处，侧面朝向贵宾，前行时注意以自己的左手手臂前伸，手掌并拢指向行进路线。

②多人迎送。当迎送队伍有多人时，可采用V字形队形，由迎送队伍里的最高职位者居中心或首位进行迎送，如图5-9所示。

来宾方向

最高职位者

图5-9　多人迎送

（2）引导礼仪。

接待人员带领客人到达目的地，应该有正确的引导方法和引导姿势。原则上客人安全第一。

①走廊引导礼仪。接待人员在客人两三步之前，配合客人步调，让其走在内侧。

②楼梯引导礼仪。引导客人上楼时，应该让客人走在前面，接待人员走在后面，女客人着短裙则可以留其走后面，避免走光；下楼时，应该由接待人员走在前面，客人走在后面。上下楼梯时，应该注意客人的安全。

③电梯引导礼仪。一般原则是客人先进先出。如果是有人值守的电梯：客人先进入电梯，接待人员再进入，电梯内尽量侧身面对客人。到达相应楼层时，接待人员应该让客人先走出电梯，把选择方向的权利让给地位高的人或客人，这是走路的一个基本规则。当然，如果客人初次光临，对地形不熟悉，而楼层也无其他接待员接待，自己则紧随其后出电梯，大走几步向前为客人引领方向。如果是无人值守的电梯：如遇客人较多，接待人员可以先向客人表示歉意，自己先进入电梯按住轿厢开门按钮，再请客人进入，避免出现电梯门到时间自动关闭，客人来不及进入的尴尬局面。

④会客厅引导礼仪。当客人走入会客厅时，接待人员用手示意，请客人坐下，看到客人坐下后，再行点头礼后离开。如客人误坐下座，应该请客人改坐上座（一般靠近门的一方为下座）。

4. 馈赠礼仪

商务社交活动中，礼品的往来是由来已久的传统。礼品的馈赠既能体现礼仪，又能传递情感，还可为双方搭建互通的桥梁。与客户交往中，礼品既可以成为"敲门砖"，也可以作为告别礼物。一般而言，商务社交中的馈赠礼仪主要包括如何选择商务礼品、如何赠送礼品以及如何接受礼品。

（1）商务礼品的选择。

商务礼品和私人礼物不一样，不能简单地"投其所好"，要讲究一定的礼仪。商务礼品的选择主要有以下几个原则：

第一，注重纪念性。商务交往中，仍要讲究"礼轻情义重"的原则。俗语有云："重礼之下必有所求。"商务馈赠的礼品不是越贵重越好，如大额现金和金银珠宝都不可作为商务礼品，送过于贵重的礼品有贿赂之嫌。商务礼品重纪念、重情谊而不重价值，选择那些与一定的人、事、环境有关系的纪念性礼品更适合商务馈赠。

第二，体现针对性。"宝剑赠英雄，红粉赠佳人"，送礼一定要看对象，因人、因事而异。因人而异是指选择礼品时，务必充分了解受礼人的性别、年龄、职位、爱好、宗教信仰、风俗习惯等，尽量把礼品送到受礼人的心上。因事而异即在不同情况下，向受礼人赠送不同的礼品。

第三，突出差异性。选择礼品时要重视礼品的文化差异性。不同民族、国家有不同的文化传统，也有不同的文化禁忌，要自觉地、有意识地避开对方的礼品禁忌，不要凭自己的"想当然"办事。曾经有一位著名的教授（男士）到穆斯林聚集地讲学，当地的人热情好客，在送别时送给这位教授一顶绿色的帽子。绿色是穆斯林最喜欢的颜色之一，但作为不是穆斯林的教授，对"绿帽子"显然是有所忌讳的。又如，在我们的文化中是绝不能把一台崭新的钟送给老年人的。

（2）商务礼品的赠送技巧。

①送礼时机的把握。商务礼品所表达的是一种职业联系，既是友好的、礼节性的，又是公务性的，因此送礼的时机很关键。送礼的时机一般在双方洽谈前或结束时，最好不要在交易进行中送礼。如果受礼者是一个群体，可在商务宴请时放在每个人的座位上。有时为了进一步加强联系，也可以在对方重要的纪念日、节庆日等准备好礼物登门拜访。此外，还要考虑送礼的具体地点，特别要注意公私分明。如果是公务交往中所赠送的礼品，应该在公共场合赠送，如办公室、会见厅。如果是在商务交往之外或私人交往中赠送礼品，则应该在私人居所赠送。如果在公共场合赠送私人礼品，不但会遭到对方拒绝，还会给自己和对方带来麻烦。

②礼品包装与递送。商务交往中，精美地包装礼品非常关键：一方面，精美的包装是表示尊敬；另一方面，收礼人不能直接看到礼品，会给他留下打结方法悬念或带来惊喜，还添了一分情趣，起到增进双方关系的作用。礼品包装所用的材料要尽量好一点，要考虑包装纸的颜色与图案、包装后的形状、缎带的颜色与打结方法等方面。要注意尊重受礼人的文化背景、风俗习惯和禁忌，不要犯忌讳。

③递送礼品的具体做法。送礼者一般应该站着用双手把礼品递送到受礼者手中，并说上一句得体的话。送礼时的寒暄一般应该与送礼的目的吻合，如"区区薄礼不成敬意，请笑纳""这是我特意为您选的"。总之，得体的寒暄既能表达送礼者的心意，又能让受礼者受之心安。西方人在送礼时，喜欢向受礼者介绍礼品的独特意义和价值，以表示自己对对方的重视。

另外，对自己带去的礼品，不应自贬、自贱，如"是顺路买的""随意买的""没什么好东西，凑合着用吧"。这在商务馈赠中既没有必要，又容易让对方产生不被重视的误会。

④受礼礼仪。一般情况下，受礼时应该落落大方、欣然接受。在我国，接受前可适当地表示谦让，但没有必要跟对方推来推去、过分客套。接受礼品时，应当起身站立，面带笑容，以双手接过礼品，然后伸出右手与对方握手，并且郑重地向对方道谢，说几句"不要破费"之类的客套话。如果条件允许，受赠者可以当面打开欣赏一番，这种做法是符合国际惯例的。礼品启封时，要注意动作文雅，不要乱撕、乱扯，随手乱扔包装用品。开封后，赠送者还可以对礼品稍做介绍和说明，说明要恰到好处，不应该过分炫耀。受赠者可以采取适当动作对礼品表示欣赏之意并加以称道，然后将礼品放置在适当之处，并再次向赠送者道谢。

商务交往中，如要拒绝别人的礼品也须遵循礼仪规范。首先要感谢对方并向对方说明你拒绝的原因，如身份不允许、单位规定不可以接受赠礼。切忌不做解释就断然拒绝，这样做不但不符合礼仪，而且会得罪送礼者。此外，不管你以什么借口拒绝赠礼，都要保持友善的态度，注意个人修养，不可傲慢拒绝或加以谴责。

（二）商务拜访礼仪

商务拜访是指在商务活动中拜见访问某人。拜访礼仪是拜访活动中对拜访人员的仪容仪表和言谈举止的普遍要求。今天，在商务交往中，相互拜访越来越频繁，掌握商务拜访礼仪的知识和技能，不仅关系到个人和企业的形象，也是顺利完成拜访的前提和基础。

1. 拜访前的礼仪

（1）拜访前的准备。

古语云："凡事预则立，不预则废。"商务拜访前需要做好充分准备。

《孙子兵法·谋攻篇》有云："知彼知己，百战不殆。"拜访前，要了解对方的相关资料，如客户的年龄、教育背景、生活方式、兴趣爱好、社交范围、习惯等；了解客户公司及经营现状，如客户公司行业背景、行业中的地位、业务种类、最近的公司动向、主要客户、竞争对手、年销售额、管理方式等。拜访前，了解客户资料越多、越细，就越容易以一种恰当的方式和客户进行交流和沟通。

拜访前可准备好名片，名片应该放于容易拿出的地方，建议用名片夹，若穿西装宜将名片置于左上方口袋，若有手提包可放在包内伸手可及的部位。

拜访前，应该准备好拜访所需的资料，如企业宣传册、计算器、笔记本、价格表、宣传品等。

明确谈话主题（如需要对方解决什么问题），你对对方提出什么要求，最终你要得到什么样的结果，谈话思路（确定好拜访内容、目标及计划），准备沟通的切入点，预备谈话的时长等。

拜访前，有针对性地选择礼物，可以起到联络双方感情、缓和紧张气氛的作用。

（2）事先预约。

拜访之前必须提前预约，这是进行拜访活动的首要原则和基本礼仪。一般情况下，应该提前 3 天通过电话或者邮件进行预约，经过对方同意以后才能前往。预约的语言、口气应该是友好、请求、商量的，而不能是强求命令式的。

商务交往中，未曾约定的拜会属失礼之举，是不受欢迎的。当因事急或事先并无约定但又必须前往时，则应该尽量避免在深夜打搅对方，当万不得已在休息时间约见对方时，见到主人应该立即致歉，并说明打搅的原因。

预约时一般要与对方确定以下内容：

一般情况下，进行预约时应该简单说明拜访的内容及原因，询问对方是否有空，在对方同意的情况下，约定具体拜访的时间及地点；预约时应该简要地向对方说明前去拜访的人员构成，以便对方能进行恰当安排。

2. 拜访过程中的礼仪

（1）仪容仪表。

上门拜访客户时，拜访者要特别重视留给客户的第一印象，而第一印象的好坏主要取决于仪容仪表。拜访时，男士可以选择适合自己肤色的得体的西装，搭配正式西装的衬衣，以白色或接近白色的衬衣为佳，佩戴的领带不要太花哨，穿黑色平底皮鞋，避免留长发、染发，不用佩戴任何饰品；女士可以穿裁剪合体的职业套装或套裙，黑色皮鞋，避免散发、染发，不佩戴任何饰品。

（2）提前到达。

出发拜访前，最好与对方通电话确认一下，以防临时发生变化。选好交通路线，算好时间出发，确保提前 5~10 分钟到达拜访地点。

值得注意的是，迟到是失礼的表现，不但是对被拜访者的不敬，也是对工作不负责任的表现，被拜访者会对你产生消极看法。如果因故不能如期赴约，必须提前通知对方，以便受访者重新规划。通知时一定要说明失约的原因，态度诚恳地请对方原谅，必要时还需约定下次拜访的日期、时间。

（3）先通报后进入。

到达约定地点后，如果没有直接见到受访者，拜访者不可擅自闯入，必须通报后再进入。一般情况下，前往大型企业进行拜访，首先要向负责接待的人员交代自己的基本情况，待对方安排好以后，再与受访者见面。当然，生活中不免存在这样的情况，受访者身处某一宾馆，如果拜访者已经抵达宾馆，切勿鲁莽地直奔受访者所在房间，而应该由宾馆前台接待打电话通知受访者，经同意以后再进入。

（3）举止大方，谈吐得体。

见面后，打招呼是必不可少的。如果双方是初次见面，拜访者必须主动向对方致意，简单地做自我介绍，然后热情大方地与受访者行握手礼。如果双方已经不是初次见面了，主动问好致意也是必需的，这样可显示诚意。

行过见面礼以后，在主人的引导下，进入指定房间，待主人落座以后，自己再坐在指定的座位上，保持正确的姿势。

①语言干练，切忌啰嗦。拜访者在拜访的交谈中要做到围绕拜访目的，语言干练、条理分明、紧扣话题。与主人进行简单的寒暄与自我介绍后即可进入会谈，说话不可东拉西扯、啰唆冗长。

②学会倾听。交谈时，拜访者要认真倾听主人讲话，不可随便打断和插话，不可长时间目不转睛地盯着对方，容易给对方造成压力。

③把握交谈的时间。如果会谈约定的时间为 20 分钟，当谈话时间快到了的时候，应该及时结束谈话。如果在约定的时间里，还没有谈完，可以当场请教对方，"这次和您预约的时间已经到了，可否再给我一点时间？"如果主人说"可以继续谈"，那就可以继续谈下去。

3. 结束拜访的礼仪

（1）拜访时切忌跑"马拉松"，停留时间不要过长、过晚，以半小时左右为宜。在别人家中无谓地消磨时光是不礼貌的。拜访目的已达到，见主人有疲乏的表现，或者没有谈话兴趣，就应该适时告辞。假如主人执意挽留用餐，则饭后停留一会儿，表达感谢后再走。

（2）辞行要果断，不要说过几次"走了"，却迟迟不动身。辞行时要向其他客人道别，并真诚表达感谢，出门后应该请主人就此留步。有意邀主人回访，可在同主人握手告别时提出邀请。从对方的公司或家里出来后，切勿在回程的电梯及走廊中窃窃私语，以免被人误解。待主人留步后，走几步再回头挥手致意。

第四节　网络沟通礼仪

网络礼仪（netiquette）是英语中出现的一个新词，由"网络"（network）和"礼仪"（etiquette）组合而成，指网络中人们交往的方式。正如在现实生活中的入乡随俗一样，只要进入网络，就应该按网络的方式行事，与人友好相处，这是起码的要求。因此，网络礼仪既是保证人们在网上也能正常交往和相互理解的重要手段，也是判别网民是否文明礼貌的行为标准。

（一）网络礼仪基本原则

（1）尊重他人隐私。网民一般不愿公开自己的真实姓名、地址、电话号码等个人信息。所以，对于已知的个人信息，应注意保密。同时，与别人的电子邮件或私聊的记录，也是别人隐私的一部分，也不能擅自将之公开。

（2）网络内外要一致。在现实生活中大多数人都遵纪守法，同样在网上也应如此。不能认为在虚拟世界里，别人看不见、听不着，就可以随随便便、为所欲为。

（3）网络是学习和交流经验的场所，分享知识也是网络的乐趣。当你向他人求教时，态度应诚恳，尽量每次只询问一个问题，以便对方回答。当对方暂时没有回复时，不要再次发送询问信息。

（4）给他人留下好印象。因为网络的匿名性质，别人无法通过你的外观来判断，所以在语言交流的时候，要尽量委婉、平和、友好，这样才能给他人留下好印象，这是尊重他人的体现，也是获得他人尊重的开端。

（5）待人宽容。正所谓"己所不欲，勿施于人"。要宽容对待别人的失误，当看到别人写错字、用错词，不要太在意。如果真的想给对方建议，最好用电子邮件私下提议。

（6）尊重他人的劳动成果，不能剽窃别人的作品。试图对别人的作品做一些作者明确禁止的事情，不仅有失礼数，有时还可能是违法的。

（7）争论要以理服人。聊天时，意见难免会有分歧，争论也是正常现象。但要注意，争论要心平气和，要以理服人，不要进行人身攻击。

（8）遵守法律法规，禁止发布任何非议国家和政府的言论，禁止发布未经核实的虚假信息，禁止发布污蔑、诋毁他人的言论。

（二）网络礼仪的沟通技巧

在网上进行交流，需要掌握网络沟通技巧。一是了解在线交流技巧，二是熟悉网络交流常用缩略语及表达符号。

1. 在线交流技巧。

应避开网络使用高峰时间，一般说来，根据人们的上班时间和生活习惯，每天网络使用高峰时间段有三个：上午8点~11点，中午12点~下午3点，晚上7点~9点。下班后，需要在线学习或娱乐等，为了避开网络忙导致网速慢的情形，不妨选择网络相对空闲的时间上网。

熟悉各类网站，即网站分门户网站、分类网站。门户网站有内容包罗万象的中华网、网易等网站；分类网站有内容相对单一的中国文化网、中国汽车网等。所以，浏览新闻资讯，可以上新华网、新浪网、凤凰网等；收集工作信息，则可上国家、地方人才网或各类求职网等。

网民通常以匿名方式进入网络交流频道、聊天室、论坛。在与"只闻其声，不见其人"的网友交谈时，最好就事论事，并应尽量使用文明语言和简明扼要的语言文字。准备离线时，应通知其他成员。

随着网络技术的发展，人们在网上的社交活动日趋活跃、频繁，如使用便捷的QQ聊天、微信视频聊天等，因此讲究真诚和文明的网络聊天礼仪应运而生。

一是真诚。聊天伙伴（网友）很多是陌生人，通过视频谈学习，谈工作，探讨人生，交流经验，彼此以诚相待，互相启发。切不可胡编乱造，欺骗对方。

二是文明。网络聊天主要是交流人生经验或倾诉真情实感，以获得对方的意见、同情、安慰和帮助。聊天内容可以海阔天空，但语言要文明，不可使用低级下流的语言，更不能在网上打情骂俏，以网络聊天为诱饵，行坑蒙拐骗的行为。

2. 网络交流常用缩略语及表达符号。

通过网络收集信息和进行交流，是一件很愉快的事。为了保证传输线路的畅通，聪明的网民们巧妙使用英语缩略语，以便节约网络传递时间和提高交流效率。此外，网民们还创造了许多生动有趣的符号，借此表达丰富多彩的感情和心绪。

（三）职场人士网络办公礼仪

在互联网时代，社交媒体成为职场与社会大众交流的重要渠道。近几年更是因为工作节奏的不断加快、新冠疫情过后的卫生需求以及社会公共资源的节约，以前很多线下工作的内容都搬到了线上，比如网络视频会议、网络电话、网络在线课堂、网络面试等都成为工作中很常见的一部分。这个时候就需要分清主次，在线工作只说公事，不聊私事。

（1）在社交媒体上保持专业形象，避免在个人账号上发表与职业无关、有争议或伤害他人的言论。

（2）遵循相关政策和法律法规，保护个人和机关的信息安全，注意隐私保护。

（3）在社交媒体上积极回应公众关切，提供真实可靠的信息，回答公众的问题并解决问题。

（4）定期监测社交媒体上与自己或机关相关的内容，及时回应和澄清有关信息，避免虚假流言的传播。

二、电子邮件礼仪

（一）发送电子邮件的礼仪规范

1. 慎重选择发信对象

传送电子信息之前，须确认收信对象是否正确，以免造成不必要的困扰。若要将信函副本同时转送相关人员以供参考时，可选用抄送的功能，但要将人数降至最低，否则，传送与副本转送的用途将混淆不清，也制造了一大堆不必要的垃圾邮件。

2. 电子邮件标题要明确且具有描述性

电子邮件一定要注明标题，因为许多网络使用者是以标题来决定是否详读信件内容的。此外，邮件标题应尽量写得具有描述性，或是与内容相关的主旨大意，让人一看便知，以便对方快速了解与记忆。

3. 信件内容应简明扼要

沟通讲求时效，收信较多的人多具有不耐等候的特性，所以电子邮件的内容应力求简明扼要，尽量坚持"一个信息、一个主题"的原则。

4. 理清建议或意见

若要表达对某一事情的看法，可先简要地描述事情缘起，再陈述自己的意见；若是想引发行动，则应针对事情可能的发展提出看法与建议。有时因信息太过简短或标明不够清楚，收信对象可能会不清楚发信者陈述的到底是建议还是意见，因而造成不必要的误解或行动。

5. 避免使用太多标点符号

经常会看到一些电子信件中夹杂了许多标点符号，特别是感叹号。若真要强调事情，应该在遣词造句上特别斟酌，而不应使用太多不必要的标点符号。

6. 注明送信者及其身份

除非是熟识的人，否则收信人一般无法从账号中解读出发信人到底是谁，因此标明发信人的身份是电子邮件沟通的基本礼节。在发送邮件时注意标识显示的名字，对中国人尽可能使用中文姓名，以便理解记忆。

7. 附件功能的使用

如果附件内容不长时，可以把附件内容直接写于信件中，以便收信人不打开附件也可阅读。如果附件内容较多较长，不方便直接附于信中，则可将其压缩上传到附件中。注意，在信件正文中要有提醒收信者查收附件的内容，并且在点发送前，再检查一遍附件是否上传，命名是否规范。

8. 不重复传送同一信息

重复传送相同的信息给相同的对象，不仅会使网络超载，从而降低传输效率，而且会占用他人的信箱容积。此外，传送电子信件时也须注意，不要分别发送相同的信息给多个组群，因为有不少网络使用者同时隶属于几个不同的电子邮件组群，如此一传送，这些使用者势必会重复收到相同的信息。若要传送邮件给多个组群，请一次传送完毕，计算机会自动识别相同邮件地址。

9. 定期检查计算机系统的时间与日期的自动标示

电子邮件传送时会以所用计算机的设定日期与时刻来标示信息发送的时间，为避免误会发生，使用者须定期检查计算机系统时间与日期的设定是否正确。

【知识拓展】

电子邮件的由来

对于世界上第一封电子邮件（E-mail）的由来，现在有两种说法。

第一种说法是：1969 年 10 月，计算机科学家 Leonard K 教授试图通过一台位于加利福尼亚大学的计算机和另一台位于旧金山附近斯坦福研究中心的计算机联系。当时登录的办法就是键入 L-O-G。于是 Leonard K 教授键入 L，然后问对方："收到 L 了吗？"对方回答："收到了。"然后依次键入 O 和 G。还未收到对方 G 的确认回答，系统就瘫痪了。所以，第一条网上信息就是"LO"，意思是"你好！我完蛋了"。

第二种说法是：1971 年 10 月，为阿帕网工作的麻省理工学院博士 RayTomlinson 开发出 SNDMSG（Send Message）软件。为了测试，他使用这个软件在阿帕网上发送了第一封电子邮件，收件人是另外一台计算机上的自己。尽管这封邮件的内容连 Tomlinson 本人也记不起来了，但它具有深刻的历史意义——电子邮件诞生了。Tomlinson 选择"@"符号作为用户名与地址的间隔，因为这个符号比较生僻，不会出现在任何一个人的名字当中，而且这个符号的读音也有着英文"在"的含义。

（二）回复电子邮件的礼仪规范

1. 及时回复邮件

收到他人的重要的电子邮件后，应立即回复对方，这是对他人的尊重。理想的回复时间是 2 小时以内，特别是一些紧急重要的邮件。立即处理每一份邮件是很占用时间的，对于一些优先级别低的邮件可集中在特定时间处理，但一般不要超过 24 小时。如果事情复杂，无法确切回复，至少应该及时地回复说"收到了，我们正在处理，一旦有结果就会及时回复"。不要让对方苦苦等待，一定要及时做出响应，哪怕只是确认一下收到。如果正在出差或休假，应该设定自动回复功能，提示发件人，以免影响工作。

2. 不要就同一问题多次回复讨论，不要"盖高楼"

如果收发双方就同一问题的交流回复超过 3 次，只能说明交流不畅，说不清楚。此时应采用电话沟通等其他方式进行交流后再做判断。电子邮件有时并不是最好的交流方式。对于较为复杂的问题，多个收件人频繁回复，发表看法，将导致邮件内容过于冗长而不便阅读。此时应对之前讨论的结果进行小结，删减无效信息，突出有用信息，并及时结合电话或者会议沟通的方式进行交流。

3. 阅读信件时应设法厘清建议与意见

如同撰写传送邮件时须注意厘清建议与意见一般，阅读他人的信件时也须注意这项原则。详细辨明来信到底是表达看法、反映需求还是提出方案、付诸行动。如此，才能适当地回复来信。

4. 避免非相关主题性的言语

回复他人建议与意见时，必须紧扣主题，并提出相关的实证予以说明，尽量避免非相关主题的言论出现在回复信函的内容中。此外，在回复他人信件时，应使用回复的功能，不要另起标题而造成对方的混淆。

5. 切勿在未经同意前，将他人信函转发给第三者

如果要把他人的来函转发给第三者，要先征询来信者的同意，否则就犯了网络礼仪的大忌。对来信者而言，邮件内容是针对收信者所撰写的，不见得会同意转发给他人阅读。

三、网络聊天礼仪

移动互联网时代，人们接触到了很多网络聊天工具，如阿里旺旺、QQ、钉钉等。这些聊天工具的开发目的是使交流更便利、更人性化。作为使用者，我们的使用原则也应如此，享受便利的同时，也要换位思考，尊重他人享受便利的权利。

目前，除 QQ 外，微信已经逐渐成为工作中最常用的沟通工具之一。但它毕竟是新生事物，在工作方式比较严谨和传统的单位，使用不当会出现很多问题。因此，职场人员必须掌握微信礼仪。

（一）微信添加礼仪

1. 自报家门和身份背景

微信添加他人要写清楚自己是谁，如果是工作原因，要写清楚自己的工作单位和职务，必要时还要写明自己的联系方式和职责范围。

2. 不要多次添加

如果添加了几次，对方都没有同意，表明对方不愿意深入联系，就不要再添加了。

3. 不乱推名片和乱拉群聊

如果需要帮人介绍朋友，千万不要乱推名片，要先说明原因，征得当事人允许再推。此外微信群是便于沟通、集中讨论的有效方式，但每个"出力"的人都应礼貌地问询其是否愿意加入群聊。如果没被事先通知，突然被拉进陌生的群聊，就像掉进了嘈杂的集市，让人无所适从。

（二）微信使用禁忌

1. 不要滥用截屏

截屏功能与职场大多数礼仪背道而驰。两个人的聊天是非常私密的，截图发送信息相当于暴露隐私。在职场上使用微信截图要格外谨慎，不要随意截屏为证，更不可随意地把截屏发送给第三者。

2. 微信群里也要讲规矩

单位微信群的感情交流功能相对弱一些，主要是为了工作。所以在工作群里聊天，如果不是工作内容，一定要适可而止。同时，不要随便拉陌生人进入工作群，以免泄露工作秘密。

3. 慎用语音

能发文字，就不发语音。虽然微信交流方式很丰富，有文字、语音、表情等，但交流时对方性格、身处环境、职位高低等都是必须考虑的因素。对于那些职位比自己高很多的人，最好的交流方法是直接打电话。为了工作方便和准确无误，在大多数情况下不要使用语音：讲重要的事情的时候不要发语音；发语音或者开启语音通话前，最好询问对方是否方便。

4. 注意沟通效率

单位里使用微信沟通，一定要考虑对方处境。比如对方身处领导岗位，事务极其繁忙，这时候切勿使用"看到请回复""在吗"这些词，要直接切入主题。如果感到沟通效率低下，可马上致电询问。设想沟通对象处境，随时调整沟通节奏，工作会更加顺畅。

5. 区分朋友圈和工作圈

朋友圈是每个人的一张网络面孔。若工作和生活共用一号，一定要注意朋友圈分组。一条在亲戚朋友们看来逗趣的内容，单位领导或同事看到了可能是另一种感受，或许会造成一些误会和偏见。在人际关系和社交工具使用上，一定要因人而异。

6. 不滥用私人化表情

对私人化、真人截图等比较特殊的表情的使用，一般限于私人圈子，在单位工作群里使用可能会没有边界感，引起领导或同事的不满。单位工作群里的人年龄差异大，性格也各不相同，不太适宜使用各种怪异表情，使用不当会增加负面印象。

7. 不要处理太复杂的问题

在职场工作中，准确和效率永远是第一位的，微信的即时性提高了工作效率，但在严谨程度上却是短板。对于复杂问题，在微信上沟通容易出现误解和误判，还是电话或面谈更好。

8. 发信息要合并同类项

发消息的时候，要尽量简洁和凝练，一条信息用回车分成若干段，相同的内容放到同一条当中。把要求对方做的事情放前面，先列出结论，然后再说明事情，是较好的做法。

9. 及时回复信息

时间于己于人皆很宝贵，及时回复他人信息是一种美德。有关工作的信息，一定要有回应有确认，不要想当然地觉得对方已经了解你的心。如果忘了回复，想起来的时候最好解释一下原因。不要聊着聊着突然消失，只需要花几秒说一句"我有事，要先忙"，就可以避免对方长时间得不到回复尴尬和焦虑。

（三）发布朋友圈

（1）少发负能量的信息，要发就发带有正能量的信息。

（2）转发尽量带评论。如果发布自己非常赞同的文章，转发的时候最好做一个梗概，这样方便他人阅读。

（3）互动点赞要看清。经常为朋友点赞是一个好习惯，这样有利于互动、加深印象和情感，但是如果不经过查看就直接点赞，是一件很愚蠢的事情。

（4）不发布引起他人不适的内容。有些恐怖、暴力、吓人的事情不要发朋友圈，会引起他人的不适，这种不利己、不利人的行为也非常不礼貌。

（5）不发布未经核实的消息。网络信息非常庞杂，信息的真假性难以核实，随意发布未经核实的消息，无形中就充当了散布谣言的帮凶，所以我们绝对不要散布没有经过核实的信息。

微信消息千万条，友好沟通第一条，简明扼要加表情，暖心方便你我他。

本章小结

职场办公礼仪包括求职面试礼仪、会面礼仪、交往与沟通礼仪和网络沟通礼仪。求职面试礼仪主要分为面试前、面试中、面试后以及入职礼仪等；会面礼仪主要是致意礼仪、介绍礼仪、握手礼仪、名片礼仪等的礼仪；职场交往与沟通礼仪主要包括内部交往与沟通和外部交往与沟通的礼仪规范；职场网络礼仪主要是网络基本礼仪、电子邮件礼仪和网络聊天礼仪。通过本章学习，学生应明确职场办公礼仪不仅是职场人员对职场文化的认同和基本要求，而且是职场人员为人处世、礼貌待人的最直接表现。职场人员恪守办公礼仪，有助于在职场塑造良好的形象，得体应对各项事务，提高工作效率，有效解决问题，从而在职场上取得更好的成绩。

小测试

一、选择题

1.（多选）电话通话过程中，以下说法正确的有（　　）。

    A. 为了不影响他人，不使用免提方式拨号或打电话

    B. 为了维护自己形象，不边吃东西边打电话

C. 为了尊重对方，不边看资料边打电话

D. 以上说法都不正确

2. 办公室礼仪中打招呼显得尤为重要和突出，在职员对上司的称呼方面，应该注意（　　）。

A. 称其头衔以示尊重，即使上司表示可以用名字、昵称相称呼，也只能局限于私人场合

B. 如果上司表示可以用姓名、昵称相称呼，就可以这样做，以显得亲切

C. 随便称呼什么都可以

3. 名片是现代商务活动中必不可少的工具之一，有关它的礼仪当然不可忽视，下列做法正确的是（　　）。

A. 为显示自己的身份，应尽可能多地把自己的头衔都印在名片上

B. 为方便对方联系，名片上一定要有自己的私人联系方式

C. 在用餐时，要利用好时机多发名片，以加强联系

D. 接过名片时要马上看并读出来，再放到桌角以方便随时看

4. 在商务交往中，尤其应注意使用称呼应该（　　）

A. 就低不就高

B. 就高不就低

C. 适中

D. 以上都不对

二、简答题

简述交换名片的礼仪。

三、技能拓展训练

在飞腾公司总经理李光明的办公室里，李总经理向助理王刚口述了一封邮件的概要，内容是东方公司定于5月18日晚上6点在东方大厦三楼宴会厅举行公司十周年庆典晚宴的请柬已经收到，总经理李光明届时会莅临晚宴。李总经理要求王助理以最快速度回复邮件。

训练要求：

1. 详细描述王助理回复邮件的全过程。

2. 分组模拟：将学生分成若干组，每组两人，分别扮演李总经理和王助理，在一个模拟办公室中演示口述、整理和回复电子邮件的全过程。其他学生对演示的结果进行评议。

本章参考答案

第六章

商务会议与谈判礼仪

■**知识要求与目标**

1. 了解商务会议的类型及目的。
2. 掌握商务会议应遵循的原则及会议座次原则。
3. 了解商务谈判的各阶段任务。
4. 掌握商务谈判的技巧。

■**素质培养目标**

1. 增强文化传承、开拓创新的意识。
2. 提升客户服务意识。
3. 尊重商务规则，传承中华民族优秀文化。
4. 培养社会公德，促进和谐交往。

案例导入

美国一家航空公司准备在纽约建立一个分支机构——一座巨大的航空港，希望爱迪生公司按优惠价供电。但爱迪生公司自恃是当地唯一一家电力公司，态度强硬，借此抬高价格，公共事务委员会不批准，使谈判陷入了僵局。航空公司的主谈人员通过调查了解到，爱迪生公司对这次谈判其实寄希望很大，因为一旦签订了合同，就会使其摆脱破产的厄运，使经济状况起死回生，故断定它绝不会放弃这桩大买卖。于是航空公司在谈判桌上也表现出不让步的态度，言称："既然贵方无意与我方达成一致，这次谈判是没有多大希望了。与其花那么多钱，倒不如自己建个电厂划得来。过后，我会把这个想法报告给董事会的。"这下爱迪生公司慌了，立马改变态度，反托公共事务委员会去说情，表示愿意以优惠价格供电。因为这毕竟是关系企业生死存亡的大事，不让步不行。至此，双方达成了长期合作的协议。航空公司靠什么赢得这场谈判的成功，最终达成有利于双方的协议呢？靠的是调查研究，知彼知己；靠的是释放"烟幕弹"，说自己要建电厂，声东击西；靠的是摸清对手的困境而采取攻心战术，反客为主。总之，就是靠对调查信息的分析来妙用各种技巧。

商务会议和谈判磋商是现代企业重要的商务活动之一。会议是组织者与参与者之间交流信息的重要方式，是一种有效的沟通手段。它能有效地增强组织的决策能力，实现组织意见的统一和一致，进而提高组织的效率。

《谈判的艺术》作者尼尔伦伯格认为，谈判是人们为了改变相互关系而交换意见，为了取得一致而相互磋商的一种行为，是直接影响各种人际关系，对参与各方产生持久利益的一个过程。他还认为："谈判的定义最为简单，而涉及的范围却最为广泛。每一个要求满足的愿望，每一项寻求满足的需要，至少都是诱发人们展开谈判过程的潜因。只要人们是为了改变相互关系而交换观点，只要人们是为了取得一致而磋商协议，他们就是在进行谈判。"谈判不仅在工作中、谈判桌上重要，在生活中也是非常重要的一项能力。拥有强大的谈判能力和高超的谈判技巧，会给自己的工作和生活带来益处。

第一节　商务会议礼仪

企业（公司）需要采用会议形式就重大事务展开讨论、作出决策，以及沟通信息和协调关系。所以，降低会议成本，提高会议效率，讲究商务效果能实现这些目的的会议礼仪十分重要。

一、商务会议的类型

（1）依照会议的具体性质来分类，商务会议大致可以分为如下四种类型：

第一，行政型会议。它是商界的各个单位所召开的工作性、执行性的会议，包括执行会、汇报会、董事会等。

第二，业务型会议。它指商界单位所组织召开的专业性、技术性会议，包括展览会、洽谈会、汇报会、供货会、调研会等。

第三，社交型会议。社交型会议是指商界单位以扩大知名度、扩大交际面为目的而召开的会议，包括新闻发布会、参观活动、茶话会、联欢会等。

第四，信息性会议。它指商界单位为向外界公布消息或与外界沟通而专门设置的会议，如新闻发布会、记者招待会、报告会、咨询会等。

（2）按会议手段分类，商务会议可分为：常规会议、电话会议、电视会议、网络会议等。

网络媒体的日益发展，加上后疫情时代影响，越来越多的商业单位采取了新的会议形式，节约了参会成本，提高了工作效率。

第一，常规会议。一般是指参会人员坐在同一个会场中，按照既定程序开会。

第二，电话会议。是指通过电话线路，将一个会场的声音信号传送到其他会议场所，让多个会场的人同时听会，这样大大节约了时间和成本。

第三，电视会议。是指通过电视台或者有线电视信号将会场的声音和画面传到不同的会场中，让异地会场的人有身临其境的感觉。

第四，网络会议。是利用网络技术进行会议信号的传递。由于网络具有交互性，会议的各方均可以通过网络进行发言、讨论，比电话、电视会议的单向沟通方式效果更好。

二、商务会议的主要目的

（一）实现企业的目标沟通

企业的决策层和管理层依据企业的不同目的而召开的各类会议，应力求使各项目标之间协调一致，防止相互矛盾，确保彻底沟通企业目的或制定目标。

（二）促使商务活动顺利进行

为达成企业目的而召开的各类会议，有利于沟通协调、凝聚共识、增强工作意愿，从而促使各项具体商务活动的顺利开展。

（三）选择策略和途径

企业通过会议来头脑风暴、集思广益，从诸多方案中选择其最佳策略和途径，从而促使商务活动能卓有成效地开展。

（四）排除障碍，获得新的启示

企业可针对活动执行中产生的种种问题，通过会议进行评估分析，在会上通过商讨制定出合理、有效的措施。

三、商务会议应遵循的礼仪原则

（一）线下商务会议

1. 会议组织者礼仪规则

（1）确定会议主题，并对会议中的每个阶段和主题与相关人员充分沟通。

（2）提前通知相关人员会议的议事日程，准备会议的相关资料。

（3）会议召集人最先需要考虑的是请谁参加会议，确定到会人员名单，以便提前发出通知。

（4）召集会议者应了解公司的文化背景，以便充分利用会议实现其目标。如偏西方文化背景下的公司，需要主持人具有非常强的领导才能，按照会议日程安排来主持会议，以防偏离正题，影响会议效果；而偏中国文化背景下的公司，会前需要做大量的准备工作，征求意见和达成共识等，使会议能收到成效。

（5）会议主持人应驾驭会场，必须掌控会议的主题、走向与节奏，遵守时间并高效利用时间。

2. 参会者礼仪规则

（1）应邀出席会议者，不论能否到会，都应尽早回复对方。

（2）准时到达会场，若因特殊原因不能避免迟到，应尽早告知会议组织者；迟到后，应轻声进入会场，不要影响会议进行。

（3）自觉将手机、手表的铃声调至静音或关闭状态。

（4）会场上应专注聆听，认真做笔录，积极参与会议讨论。

（5）仪态端庄，谈吐文雅，以良好的精神状态配合会议的进行。

（二）线上商务会议

1. 会议组织者礼仪规则

（1）会议开始前，先于其他人进入虚拟会议室，并协助大家调试设备。

（2）会议开始时，引存各位参会者，介绍会议相关内容，并公布注意事项及要求、规则。

（3）会议进行中，引导与会者按照既定流程逐项推进，并掌控每位的发言进度，保证会议按时开始和结束，切勿严重超时。

（4）会议结束时，进行简单总结，向与会者表示感谢，宣布会议结束，并等到所有人离开虚拟会议后再关闭视频程序。因为主持人先离开会议就像主人先离开自己的宴会一样，有失礼节。

2. 参会者礼仪规则

（1）避免噪音并保持光线充足。

线上会议首先需要一个安静的环境，嘈杂的背景噪音会让发言人烦躁，影响会议质量。不发言时，参会者主动"闭麦"也是一个良好的习惯。若中途有事需要离席或有私事要处理，可将摄像头暂时关闭。为保证会议中每位参会者都能看到自己，请不要处于背光的环境。如果用手机参加会议，请避免因手持手机而引起的视频晃动，最好使用手机支架，并调整到合适的角度。

（2）保持仪容整洁，环境适宜。

保持面部、发型整洁，根据会议主题选择合适的服饰。视频过程中始终注意自己的表情、动作，因为此时的一言一行都是有目共睹的。为了使与会者的注意力集中在会议内容上，需寻找一个干净整洁的环境，并在镜头范围内摆放适宜的办公用品或装饰品，可以减少其他参会者分心的机会，同时展现出良好的职业素养及个人品位。

（3）注意事项。

来自手机、电脑应用程序的通知可能会分散自己及其他与会者的注意力。另外，会议进行中，在镜头范围内随意回复手机信息、接打电话也是非常不礼貌的，会让其他参会者感到不受尊重或被轻视。

四、商务会议组织流程

组织商务会议时，会议规模越大，规格越高，内容越重要，组织工作越复杂，组织者越需要精心准备，越要重视准备工作的礼仪规范。

（一）会议准备工作

一般来说，组织商务会议的准备工作如下：第一，人数应在三人以上；第二，会议应该具有特定的主题；第三，会议的根本宗旨应是解决某种问题，其途径以表达观点或交流观点为主。会议的构成要素是界定会议的主要依据，也是指导秘书人员开展会议筹备工作的关键信息。一般认为，会议由六种要素构成，分别为：名称、议题、主持人、时间、地点、与会者。

会议的构成要素就包括上述六个内容，理论上说，任何会议都要涉及这六个因素。秘书人员在从事会议组织工作时，也要着重考虑这六个方面的要素。

1. 名称

俗话说，名不正言不顺。正式会议必须要有个恰当、准确的名称。会议的名称要求能概括会议的内容、性质、参与对象、主办单位或组织、时间、届次、地点或地区、范围、规模等。

2. 议题

议题是会议所要讨论的题目或是要解决的问题，也就是会议的目的。议题既要具有必要性和重要性，又要具有明确性和可行性。会议围绕这样的议题展开讨论，进行研究，才容易取得共识或最后表决通过。

3. 主持人

主持人是一场会议的驾驭人。他在会议当中首先充当的是"服务员"的角色，其次是导演、解说员、总结员、计时器等角色。一个合适的主持人不仅需要具备良好的沟通和组织能力，还需要有良好的人际关系和解决问题的能力。他们的任务是确保会议的顺利进行，促进与会者之间的互动和合作。

确定会议主持人时，组织者可以考虑以下几点。首先，了解候选人的背景和经验。一个有经验的主持人可能更加熟悉会议的流程和需求，能够更好地应对各种挑战。其次，可以通过面试或评估候选人的演讲能力、组织能力和人际关系能力。例如，可以要求候选人在模拟会议中展示他们的主持能力。此外，还可以寻求他人的推荐和反馈，以获得更全面的了解。最后，选择会议主持人还应考虑候选人与会议主题和与会者之间的匹配度。一个了解行业和领域的主持人可能更容易与参与者建立联系，促进讨论和交流的顺利进行。此外，主持人的风格和个性也应符合会议的氛围和目标。因此，在选择会议主持人时，需要考虑与会者的背景和需求，以确保主持人与会议的整体目标相一致。在每个环节中，主持人应当发挥好引导和控制的作用，确保会议的高效和顺利进行。参会人员也应积极参与，提出自己的观点和意见，为会议的决策和成果做出贡献。通过有效的商务会议流程，可以促进沟通和合作，推动企业的发展和创新。

【知识拓展】

会议主持人一般分为两种：一种是固定主持人，由其职务和地位即由组织的章程或法规决定的，比如单位的工作例会由单位领导人主持，党组织的会议由党委书记主持，董事会由董事长主持；另一种是临时的主持人，比如各种代表会议，或几个单位、几个地区的联席会议，主持人则由代表们选举或协商产生。特别重大的会议，则需产生相应人数的主席团，由主席团成员集体或轮流主持会议。除了小型会议之外，大中型会议的主持人主持会议时通常需要秘书长或秘书的协助。

4. 会议时间

需要注意的是商务会议策划的会议时间包括会议时间和会期两方面。选择合适的时间组合和安排合适的会议时间对整个会议的效率有重要影响。因此，会议时间的选择和会议时间的长短是商务会议策划中必须考虑的重要因素。

（1）会议时间是指会议开始和结束的时间节点。一般来说，需要考虑以下几个方面：①是否适合会议组织者完成所有准备工作；②是否方便参加者，特别是是否方便会议的核心人物参加；③会议期间的自然因素，例如，当地季节性气候的变化，尽量避免在气候变化大的季节和地区召开。

（2）会议时间通常是指整个会议所需的时长。会议可以短也可以长，有几分钟、几十分钟、多个小时，也有几天、十天的情况。要确定会议的长度，应考虑以下因素：①主题的数量；②议程简繁；③弹性适中。对于较长的会议时间，应适当安排时间间隔。会议组织者应尽可能准确地预测会议所需的时间，在商务会议策划中明确规定，及时通知与会人员，以便与会人员有计划地安排自己的相关事宜。

5. 会议地点

会议地点是指举行会议的地点。为使会议产生预期效果，应全面考虑场地面积、交通条件、服务水平以及环境和设备的适宜性等因素。就重要会议而言，在选择地点时必须考虑到这些会议的性质和规模。

一般来说，选择专业场地会省下不少麻烦，但相应地，专业场地的租金也会较昂贵。商务会议策划者应根据执行会议次数、确定的租用时间，并结合自己的会议预算选择适当的会议地点。

6. 参会者

参会者分为会议主体、会议客体和其他人员。会议主体是指主要策划、组织会议的人员。会议客体即参加会议的对象，包括正式成员、列席成员、特邀成员和旁听成员。其他与会议有关的人员包括主持人、会议秘书人员和会议服务人员等。常规商务会议选择参会者的原则是非必要不参会，因为人越多效率越低。

（二）会议进行工作

1. 会议现场布置礼仪

主办方需确定并购买会议所需物品，制作会议宣传文本，布置签到台，准备礼品资料袋和物资物料，摆放水杯、纸巾、笔和稿纸以及座位牌。其中签到台的布置传递了主办方的仪式感和重视程度，表达了主办方的热情。如果只用千篇一律的台布加一张桌子是没有特色的，如果加上一个有特色的鲜明的背景板，能加深参会者对主办方的好印象。参会桌上的物品需按照一定的标准进行摆放，以实现美观且方便参会者拿取的目的。

总的说来，会场布置要按照数量清楚、定位摆放、检查确认的要求来进行，这样方能显出主办方的会议专业素养。

【知识拓展】

座位牌颜色、字体有标准

座位牌也就是姓名牌、桌牌。座位牌颜色选择有两种标准。一种是国内会议，按照习惯，一般座位牌颜色是粉红底黑字的，偶尔出现红色底黑字的。还有一些商务会议当中，会选择有企业标识的形象色，比如白色底且带有企业的 LOGO 的，当然也有其他颜色的企业标志色。它是桌面展示牌的一种，通常放于企事业单位的办公桌、工位桌、电脑桌、会议桌等桌面，展示办公会议等桌面的个人信息，如会议领导名称、员工信息等。另一种是国际会议或涉外会议中，一般选择蓝色底白字。

座位牌中文字体一般有三种选择。一种是黑体，一种方正大标宋简体，第三种就是华文新魏字体。英文字体有两种：Arial 和 Times New Roman。

（三）参会者的礼仪

1. 参会前的礼仪

（1）着装礼仪。

大多数会议，特别是参加大型会议的男士一般是穿西装套装，女士可以穿套裙，也可以是裤装套装或长裙，发型、发饰要美观。如果是户外会议，需要提前询问主办方是否需要穿商务休闲装。

（2）举止礼仪。

参加会议时，要举止端庄，身体不可东倒西歪或趴在桌子上。现在大部分的正式会议都是无烟会议，所以不能吸烟。如果在会议开始前，主持人或主席仍未介绍参会人士，可以主动与左右的人握手，并且主动进行自我介绍。

2. 参会中的礼仪

（1）守时。

参会者一般在会议正式开始前的五六分钟到达会场，不能迟到。迟到可以视为对本次会议的不重视或是对会议主持人以及其他与会者的轻视与不尊重。确有其他原因迟到的，要向主持人及与会者点头致歉。

（2）专注。

会议进行期间，参会人员应认真倾听报告或他人发言，做好要点记录，对参会者深入体会和准确传达会议精神有很大帮助。手机在会议开始时应予以关闭或调至振动状态。开会时，在下面闲聊、看书报、摆弄小玩意儿、吃零食、打瞌睡或随意进出会场，都是不能出现的不文明行为。主席台上的嘉宾和领导更需要注意，不要交头接耳、擅自离席，除非有特殊情况需要向主持人说明，征得同意后离场。

（3）发言。

在会议进行中，出席者要发言时，应先举手，这是发言的礼貌。发言时应对事不对人，勿损及他人的人格及信誉。会上发言时，应保持良好的体态，口齿清楚，态度平和，手势得体，不可手舞足蹈，忘乎所以或口出不逊。

在大型会议上发言，准备要充分，态度要谦虚，如果话筒离自己比较远，应以不紧不慢的步伐走向发言台。发言开始时要向听众欠身致意，发言内容要求做到中心突出，材料用实，感情真实，力戒自我宣传，更不能有对听众不尊重的语言动作和表情。发言要严格遵守会议组织者规定的时间。发言结束，要向听众致谢并欠身施礼。

（四）会议结束工作

1. 欢送嘉宾

①做好嘉宾欢送工作。提前按好电梯，准备好的公司纪念册、提醒和协助嘉宾带走资料物品。②组织送站工作。与接站工作相同，要掌握与会者各自乘坐的交通工具、时间、车次，并制做成表便于协调指挥，同时要安排好送站的车辆。

2. 清理会场

会议结束后，与会者纷纷退场，当参会人员都离开现场之后，会议的组织者就要与工作人员一同进行会议现场的清理工作，清点回收资料。部分会议文件多属草稿性质或参考性质，并带有保密性，所以会议文件在会后多数应收回，不宜长期存放在个人手里，以免遗失泄密。关闭设备，回收横幅和桌牌，桌椅归位。退还现场一些租借的物品和材料，通知保洁清理现场，保持会议室整洁。

3. 与参会者结清会议账目

会议结束后，需尽快将各种工作支出的费用结清。

（1）落实租借设备的费用和购买供应品的费用；

（2）邀请相关专家、贵宾需要支付的酬金或旅费；

（3）结清会议费用，并开具相关票据，以便参会者回所在公司报销。

4. 会议资料归档

正规的组织，一般都会将自己每次会议，特别是大型会议的一些资料进行归档整理，如现场的会议记录、与会者名单、发言稿原件和打印件、会议决议等文字资料，与会议的一些现场录音录像资料一起，统一整理后归入专门的档案管理部门。

5. 会议的总结评估

为了积累经验，在大中型会议或重要会议结束后，秘书人员应当总结会议工作经验，肯定成绩，找出存在的问题，对整个会议流程进行评估。这种总结对不断增强组织大型会议的能力至关重要。并且相关人员需要撰写会议宣传报道，经相关领导审核后发布。

（五）线上会议礼仪

随着时代的发展、工作节奏的加快和互联网5G建设的普及，越来越多的政务和商务会议采取线上网络形式进行，大大提高了工作效率，节省了浪费在路途上的时间和经费成本。那么，针对不同的视频会议需要进行不同的准备工作。

1. 首先要提前告知或预先发送会议议程

组织会议的人至少要在会议开始前一天将会议的开始时间、主题、流程、参与人员等相关信息发送给其他参与会议的人员，这样可以方便他人提前做好准备。

2. 提前调试好设备，确保全程参加会议

会议参加者应该在会议开始前调试自己的设备，查看摄像头是否可以正常开启，麦克风是否可以正常说话，网络是否通畅等。如果存在问题没有提前调整，在会议中就会出现尴尬的情况从而拖延会议的进程。

3. 介绍参加会议的重要来宾

视频会议就像面对面的社交活动一样，要在开始时介绍参加会议的重要人员，这样一方面可以让大家互相认识，另一方面也表达了对他人的尊重。

4. 选择相对安静且光线合适的地点

视频会议最重要的就是语言交流，嘈杂的环境不但影响发言质量，而且不利于听取他人的发言。结束发言的时候，要即时关闭自己的麦克风。周围的光线也要合适，不能太亮导致摄像头曝光，在夜晚参加会议时要开启灯光进行补充。

5. 保持仪容仪表和背景的整洁

参加视频会议时要保持面部和发型的整洁，并根据不同的会议选择不同的服装。身后的背景也要整理干净，如果很杂乱的话会给别人留下不好的印象。会议过程中要时刻注意自己的一言一行，发言时要正对摄像头，以展现良好的职业素养和个人品位。

五、商务会议座次原则

举行正式会议时，通常应事先排定参会者，尤其是重要身份者的具体座次。越是重要的会议，它的座次排定往往越受到社会各界的关注。对有关会议排座的礼仪规范，工作者不但需要有所了解，而且必须认真遵守。在实际操办会议时，由于会议的具体规模各有不同，因此，其具体的座次排定便存在一定的差异。

（一）小型会议

小型会议一般指参加者较少、规模不大的会议。它的主要特征是全体与会者均应排座，不设立专用的主席台。小型会议的排座主要有以下三种形式：

一是自由择座。它的基本做法是不安排固定的座次，而由全体与会者完全自由地选择座位就座。

二是面门为尊设座。一般以面对会议室正门之位为会议主席之座。其他的与会者可在其两侧自左而右地依次就座。

三是依景设座。所谓依景设座，是指会议主席的具体位置，不必面对会议室正门，而是依托会议室之内的主景所在，如字画、讲台等。其他与会者的排座则略同于前者。

（二）大型会议

大型会议一般是指与会者众多、规模较大的会议。它的最大特点是会场上应分设主席台与群众席。前者必须认真排座，后者的座次则可排可不排。

1. 主席台排座

大型会场的主席台，一般应面对会场主入口。主席台上的每位成员的位置上均应放置双向标注其姓名的座牌。

主席台排座又可分为主席团排座、主持人座席、发言者席位三个方面。

（1）主席团排座。主席团是指在主席台上正式就座的全体人员。国内目前排定主席团位次的基本规则有：前排高于后排；中央高于两侧；左侧高于右侧，如图6-1和图6-2所示。

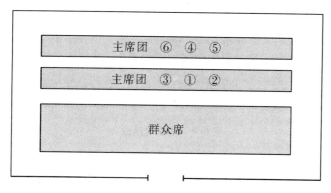

图6-1　主席团排座1

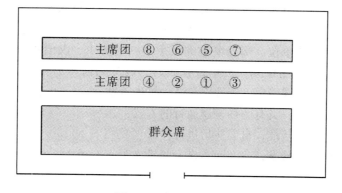

图6-2　主席团排座2

（2）主持人座席。会议主持人又称大会主席。其具体位置有三种方式可供选择：一是居于前排正中央；二是居于前排的两侧；三是按其具体身份排座，但不宜将其座席安排在后面。

（3）发言者席位。发言者席位又叫作发言席。在正式会议上，发言者不宜坐在原位上发言。发言席的常规位置有二：一是主席团的正前方，二是主席团的右前方。如图6-3和图6-4所示。

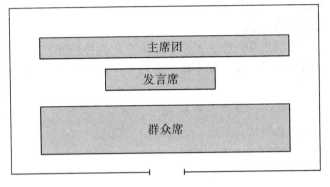

图6-3　发言者席位1

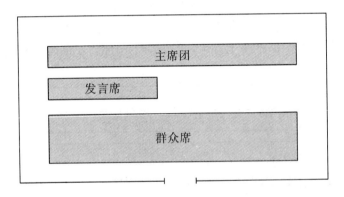

图6-4　发言者席位2

2. 群众席排座

在大型会议上，主席台之下的一切座席均称为群众席。群众席的具体排座方式有两种。

（1）自由式择座，即不进行统一安排，而由大家各自择位而坐。

（2）按单位就座，即参会者在群众席上按单位、部门或者地位、行业就座。它的具体依据既可以是参会单位、部门名称的汉字笔画的多少、汉语拼音字母的前后，也可以是其平时约定俗成的序列。按单位就座时，若分为前排后排，一般以前排为高，以后排为低；若分为不同楼层，则楼层越高，排序越低。

在同一楼层排座时，又有两种普遍通行的方式：

①以面对主席团为基准，自前往后进行横排（见图6-5）；

②以面对主席团为基准，自左而右进行竖排（见图6-6）。

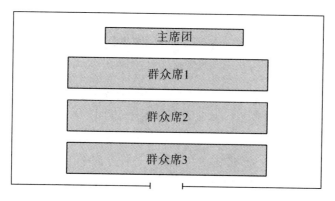

图 6-5　群众席排位 1

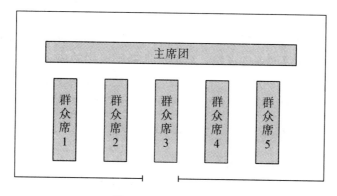

图 6-6　群众席排位 2

【小情景】

《史记》鸿门宴中的座次密码

　　《史记·项羽本纪》中记载："鸿门宴上，项王、项伯东向座，亚父南向座，沛公北向座，张良西向座。"按古代礼仪，帝王与臣下相对时，帝王面南，臣下面北；宾主之间相对时，则为宾东向，主西向；长幼之间相对时，长者东向，幼者西向。宾主之间宴席的四面座位，以东向最尊，其次为南向，再次为北向，西向为侍座。项王、项伯是首席，范增是第二位，刘邦虽是客人，却被主人安排到了下座。所以，史记中记录的这种座次安排对刘邦是有羞辱之意的。刘邦接受这样的座位排序，估计也是因为事先知道范增有意要杀他不想惹争端，接受这样的座位排序作出臣服的样子，以便有机会度过此次危机。位次的安排要遵从约定俗成的礼仪规范，所以按规范来排座次，能体现其中位次排序的重要程度。

第二节 商务谈判礼仪

所谓谈判，是指在公务交往中，彼此存在着某种关系的有关各方，为了保持接触、建立联系、进行合作、达成交易、拟订协议、签署合同、要求索赔，或是为了处理争端、消除分歧，而坐在一起进行面对面的讨论与协商，以求达成某种程度上的妥协。按照常规，谈判一向被视为一种利益之争，是有关各方为了争取或维护自己的切身利益所进行的艰苦细致的讨价还价的过程。因此，在谈判中，如欲"克敌制胜"，那就不能不讲究谈判的谋略。

与此同时，也应当看到：凡是正规、正式的谈判，都是很注重礼仪规范的。绝大多数正式的公务谈判，本身就是按照一系列约定俗成的礼仪和程序而进行的庄重的会晤。在公务谈判中，正确的态度应当是：既要讲谋略，又要讲礼仪。倘若只讲谋略而不讲礼仪，或是只讲礼仪而不讲谋略，显然都无助于谈判的成功。下面，将从职场礼仪的角度来具体讨论谈判的有关事项。一般来说，它主要体现在谈判的筹划与谈判的方针两大方面，它们互为表里、不可分割，共同决定着谈判的成功与否。

一、谈判的准备阶段

无论是双边谈判还是多边谈判，桌子和椅子的大小应该与谈判环境和谈判级别相适应：会议厅越大或谈判级别越高，桌子和椅子通常也相应较大、较宽绰；反之，就会给谈判者带来压抑感或不适感。与长方形谈判桌不同，圆形谈判桌通常给人以轻松自在感。因此，一些轻松友好的会见场合一般采用圆桌。一些小规模的洽谈，可不放洽谈桌，在室内摆放几把沙发或座椅，按"以右为尊"的原则，"客右主左"就座即谈。也可以交叉而坐，以营造轻松、友好的气氛。

一般洽谈会以椭圆桌或长桌为宜，双方人员各自在桌子的一边就座。倘若将谈判桌横放，那么面对洽谈室正门的一侧为上座，应请客方就座。如谈判桌是竖放的，进门时的右侧为上座，由客方就座；进门时的左侧为下座，由主方就座。双方主谈人员应各自坐在己方一侧的正中间。副手或翻译坐在主谈人员右边的第一个座位，其他参谈人员以职位高低为序，依次"右一个，左一个，右一个，左一个……"分别坐在主谈人员的两侧。

在实际谈判中，谈判人员应尽可能地为自己赢得更有利的谈判环境，这样可以事半功倍。如果客户来访，一定要尽量安排在自己单位或私人空间来接待。如果需要上门与客户谈判，应该尽量避免到客户的地盘去谈判，而应该邀请对方到自己单位。如果是出差时邀请对方，则应该邀请对方到自己住的酒店或到酒楼、茶社来谈。如果实在避免不了到对方的地盘去谈判，那就要在去之前做好功课，调整好心态，始终坚信自己的能力，要拿出己方的气势来。

【小情景】

良好的开局

1972 年 2 月，时任美国总统尼克松访华，中美双方将要展开一场具有重大历史意义的国际谈判。为了创造一种融洽和谐的谈判环境和气氛，中国方面在周恩来总理的亲自领导下，对谈判过程中的各个环节都做了精心而又周密的准备和安排，甚至对宴会上要演奏的中美两国民间乐曲都做了精心挑选。在欢迎尼克松一行的国宴上，当军乐队熟练地演奏起由周总理亲自选定的《美丽的亚美利加》时，尼克松总统简直听呆了，他没有想到能在北京听到他如此熟悉的乐曲。因为，这是他平生最喜爱并且指定在他的就职典礼上演奏的家乡乐曲。敬酒时，他特地到乐队前表示感谢。此时，国宴达到了高潮，而一种融洽热烈的气氛也同时感染了美国客人。

"知彼知己，百战不殆。"为了取得谈判的主动权，必须进行信息准备有：要做好市场调研，了解对方的业务情况，要对对方谈判人员的基本情况，如每个人的谈判风格、对己方的态度等要了如指掌，以便制定相应的策略。

二、谈判的开局阶段

通常情况下，双方在面对面谈判之前，会有一定的预先接触，这一接触对谈判各方交流、了解彼此的基本情况具有重要意义，同时，也为谈判气氛的营造起到积极的作用。在轻松愉快的氛围下，人们更容易感到被理解、被尊重，也更容易获得支持和关注。反之，沉闷压抑的环境，很容易滋生猜忌和隔阂。在谈判开始后，要礼貌地问候对方，轻松地引入谈判话题，必要时可以运用一些幽默诙谐的语言，调节一下紧张沉闷的氛围，放松一下绷得太紧的心弦，进而营造轻松愉快的气氛。

谈判开局阶段，打招呼、相互问候、谈论一些与谈判无关的轻松话题，表面看来好似无关紧要，但它对谈判双方的思想、情绪和行动都有着相当大的影响。人们应该注意选择寒暄的话题，最容易引起对方兴趣的话题莫过于他的专长、爱好等。寒暄不仅缩短了与谈判对手的心理距离，还是获取有用信息的好方法，同时，寒暄还具有障眼法的作用。

在谈判之初，适时真诚地赞美对手，对进一步开展合作很有帮助。例如，谈判对手刚刚做了一笔成功的生意，或者中了头奖，这时如果及时抓住谈判时机，在谈判过程中适当赞美对手，这种环境之下的谈判，一般会非常顺利，更容易达成协议。

三、谈判的磋商阶段

总体而言，磋商是谈判双方面对面讨论、说理、讨价还价的过程。谈判的磋商阶段是谈判的实质阶段，这不但是谈判主体间实力、智力和技术的具体较量阶段，而且是谈判主体间求同存异、合作、谅解、让步的阶段。此阶段是全部谈判活动中最为重要的阶段。

谈判者通过姿势、手势、眼神、表情等非发音器官来表达无声语言，往往会在谈判过程中发挥重要的作用。在谈判过程中，谈判者的手势要自然，不宜乱打手势，以免给人轻浮之感。切忌双臂在胸前交叉，那样会显得十分傲慢无礼。在谈判过程中，保持适度的目光交流，既是对言谈者的欣赏和鼓励，也表示自己饶有兴趣地在倾听，这无疑会加深对方对你的好感。在谈判过程中，还要细心观察对方的举止表情，并适当给予回应，这样既表现出尊重与礼貌，又可了解对方的意图。

在谈判桌上，谈判者应做到心平气和、处变不惊、不急不躁、冷静处事。既不成心惹谈判对手生气，也不自己找气来生。在谈判过程中，需要十分注意情感的流露。有时候，情感的流露是难以抑制的，如果处理不当，令矛盾激化，就会使谈判陷入僵局，双方很难再谈下去。在适当的时候，真诚地赞美对手，可以抚平对手的低落情绪，乃至愤怒情绪，对进一步开展合作很有帮助。

在涉外谈判中，要对对方的文化背景和礼仪习俗等有所把握，以便于更好地沟通。由于文化不同导致交流方式不同，如沉默时段、插话次数和凝视时间的差异。特别是当这种差异较为明显时，信息不对称自然就产生了。在涉外谈判中，要对谈判中的误解、需要的时间等有充分的准备，反复确认关键细节是必需的。由于双方对对方文化不一定很了解，因此很多在谈判中约定俗成的内容需要及时向对方解释，做好说服工作。

谈判往往是一场利益之争，因此谈判各方无不希望在谈判中最大限度地维护或者争取自身的利益。然而从本质上来讲，真正成功的谈判，应当以妥协即有关各方的相互让步为结局。也就是说，谈判不应当以"你死我活"为目标，而应当使有关各方互利互惠、互有所得、实现双赢。在谈判中，只注意争利而不懂得适当地让利于人，只顾己方目标的实现而指望对方一无所得的想法，既没有风度，也不会真正赢得谈判。

在谈判过程中，不论身处顺境还是逆境，都不可意气用事、举止粗鲁、表情冷漠、语言放肆。在任何情况下，谈判者都应该待人谦和、彬彬有礼，友善对待谈判对手。即使与对方存在严重的利益之争，也切莫对对方进行人身攻击、恶语相加、讽刺挖苦。

四、谈判的成交阶段

谈判结束的时间被称为"死线"（deadline），要抓住最后机会，争取主动；守住"死线"，反败为胜。在商务谈判中，有时会陷入僵局，一方甚至以最后通牒式的语言威胁对方同意其意见；否则，不惜中断谈判。这往往也是一种策略，被众多的谈判者采用。但是，采用这一策略很可能会引起对方的敌意，因为这等于剥夺了对方选择结果的自由。面对僵局，要分析其产生的根源，采用灵活而有针对性的措施来化解。例如，僵局如果是源于对方策略所需而由对方有意导致，一般应以有说服力的资料或其他客观标准去提醒对方，使对方意识到僵局既对双方均无好处，也于事无补，与此同时，将谈判引导到有利于确立双方共同利益的问题上，使对方能够体面地自解僵局。

谈判往往是秘密进行的，达成协议后通常举行签字仪式。签字仪式一般是指订立合同、协议的各方在合同、协议正式签署时所举行的仪式。举行签字仪式，不仅是对谈判成果的一种公开化、固定化，而且是有关各方对自己履行合同、协议所做出的一种正式承诺。由于各国国情的差别，签字仪式也不尽相同，没有一套固定的做法。我方人员在外国参加签字仪式，应尊重该国举行签字仪式的传统习惯。

五、谈判的总结阶段

谈判仪式完毕标志整个谈判过程宣告结束，但为了总结谈判经验、吸收谈判教训，以便更好地指导以后的谈判工作，应将所有谈判人员组织在一起，对谈判进行全面而细致的总结。谈判总结的内容应包括以下几个方面：第一，我方战略方面的经验与教训，如谈判目标的确定、谈判人员的选择、谈判作风的确立与调整、总体谈判战略的制定、谈判对象的选择等；第二，我方谈判计划的实施情况，如谈判资料的搜集、谈判时间的安排、谈判地点的选择、谈判现场的安排、谈判预算的确定等；第三，我方谈判组织情况，如谈判者责权的分配、谈判训练、工作纪律与工作作风、相互间的协调与配合、通信及联络等；第四，谈判对手的发挥情况。另外，随着谈判总结的进行，还要将谈判各个阶段的文件、记录、备忘录等进行整理和汇总，并妥善保管，为以后进一步发展与谈判方的关系准备参考性的文件。

总之，谈判是一项具有很强艺术性的工作，它牵涉的内容极为广泛，需要各方面一起努力，才能最终达到己方的目标。谈判不可滥用持久战思想，否则将会给对方一种得寸进尺、没完没了的感觉，进而影响谈判目标的实现。

本章小结

商务会议与商务谈判是两种重要的职场公务活动。商务会议礼仪主要围绕商务会议的类型、商务会议的主要目的、商务会议应遵循的礼仪原则、参会者礼仪规则以及商务会议座次原则展开。商务谈判礼仪主要从谈判的准备阶段、开局阶段、磋商阶段、成交阶段、总结阶段展开。通过本章的学习，职场人员不仅能掌握商务会议和商务谈判的仪式及流程，能根据组织情况有针对性地举办不同的公务活动，提高职场公务活动的实践能力，培养低调务实、精明能干的工作作风，而且能通过公务活动加强沟通协调，拓展职场人脉和资源，提高组织的知名度与美誉度，扩大社会影响力。

小测试

一、选择题

1. 以下对于会议座次的描述错误的有（　　　）。
   A. 后排高于前排
   B. 两侧高于中央
   C. 中央高于两侧
   D. 内侧高于外侧
2. 谈判人员在进行签约仪式时的基本程序是（　　　）。
   A. 宣布开始→签署文件→交换文本→饮酒庆贺
   B. 交换文本→宣布开始→签署文件→饮酒庆贺
   C. 宣布开始→饮酒庆贺→签署文件→交换文本
   D. 宣布开始→交换文本→签署文件→饮酒庆贺

3. 开会期间，当你需要发言时，应该（   ）。

    A. 打断会议的进程，说出自己的想法

    B. 把所要说的话写下来，会后交给会议司仪

    C. 举手示意，征询会议主席的许可后进行

    D. 先与你邻位的与会者共同探讨

4. 会议主持人又称大会主席。其具体位置以下哪种方式不能选择（   ）。

    A. 居于前排正中央

    B. 居于前排的两侧

    C. 按其具体身份排座

    D. 安排其座席在后面

5. 当有发言者正在进行发言而你对其所述十分迷惑时，你应该（   ）。

    A. 向坐在你旁边的与会者询问

    B. 直接向发言者提出自己的疑问

    C. 向其他与会者发牢骚，寻求共同的感受

    D. 把有疑问的地方记录下来，会下了解

二、技能拓展训练

商务会议活动策划训练

训练要求：通过训练，掌握各类商务活动策划的各项要素，运用5WlH的思路设计企业商务活动的活动方案，能确定主题、人员、时间和地点，能了解要准备什么材料，包括如何制定会议流程，做好预算。以小组为单位撰写可执行的活动策划方案。

训练方法：案例分析、示范讲解、分组讨论、分工协作、共同完成。

训练步骤：

1. 小组讨论。

确定会议主题、参会人员、会议时间、会议地点、会议材料、会议流程、会议预算。

2. 团队分工。

确定撰写商务会议/活动方案人选。

3. 填写训练报告。

本章参考答案

第七章

商务宴请礼仪

■**知识要求与目标**

1. 了解宴会类型，掌握宴会的组织流程。
2. 掌握中餐宴请的尊位确定、位次排序。
3. 掌握西餐宴请的尊位确定、位次排序。
4. 掌握中西餐餐具使用方法。

■**素质培养目标**

学生能够组织一场比较成功的中餐或西餐宴请的商务活动，并在宴请活动中体现商务宴请的专业素质。

案例导入

失礼的晚宴

有一次，某公司的经理举办了一场商务晚宴，以款待几位重要的客户。然而，晚宴的气氛一直很尴尬。原因是，经理没有遵循适当的商务宴请礼仪。

首先，经理没有提前了解客户的饮食习惯和偏好。结果，许多客户对提供的菜品不满意，认为它们太辣或太油腻。其次，经理和他的团队在宴会上的举止失礼。例如，他们高声喧哗、频繁打断客人的讲话，并且在敬酒时不按顺序进行，直接跳过了主宾。最后，经理没有对宴会进行适当的总结和感谢，而是早早地结束了宴会。

这场晚宴的结果是，客户对经理和公司的印象大打折扣，认为他们缺乏专业素养和礼仪。这不仅影响了当晚的交流效果，还可能影响到公司与客户的长远关系。

案例解析：商务宴请不仅仅提供食物和饮料，更是展示公司形象、企业文化和员工素质的重要场合。不恰当的礼仪不仅会破坏宴会的氛围，还可能损害公司的声誉和业务发展。因此，学习和掌握商务宴请礼仪对于企业来说至关重要。

第一节 中式宴请礼仪

一、宴会的类别

商务宴会根据不同的标准和场合，可以分为正式宴会和非正式宴会。这两种宴会在多个方面存在显著的区别。

（一）正式宴会

正式宴会是商务宴请中最为隆重的一种形式，适用于规格较高、活动内容较为严肃的场合。它的目的是给予对方较高的礼遇，同时也是商务活动中最重要的宴请形式。

正式宴会有国宴、公务宴会、商务宴会。国宴是正式宴会中规格最高的一种。国宴是国家元首或政府首脑为国家的重大庆典，或为外国元首、政府首脑来访而举行的正式宴会，是接待规格最高、礼仪最隆重、程序要求最严格、政治性最强的一种宴会形式，也是规格最高的公务宴会，一般在晚上举行。国宴设计既要体现民族自尊心、自信心、自豪感，又要尊重宴请国家的宗教信仰和风俗习惯，以及民族之间的平等、友好、和睦气氛。国宴环境布置讲究，厅内要求悬挂国旗，设乐队演奏国歌及席间音乐，菜单和座席卡上均印有国徽。

与国宴相比，公务宴会和商务宴会除不挂国旗、不奏国歌以及出席人员的规格不同外，其余安排大体与国宴相同。宾主均按身份安排席次就座。宴会对环境气氛、使用餐具、酒水、菜肴的道数及上菜程序、服务礼仪和方式、菜单设计都有严格的规定。席间一般都有致辞和祝酒，有时也安排乐队演奏席间音乐。

1. 礼仪和规则

正式宴会的礼仪非常严格，包括对桌次、座次、餐具、酒水、菜肴等的安排。通常在请柬上会注明对客人服饰的要求。通常会挂"欢迎宴会"大字横幅，有时还会配以标语，标语的内容可以根据宴会的主题来拟定。

2. 场合与对象

这种宴会通常在较为庄重的场合进行，宾客的身份和地位往往较高。例如，商务谈判成功后的庆祝宴、业务拓展的交流宴、合作伙伴的联谊宴等。

3. 规则与流程

正式宴会的流程包括宾客入场、主席致辞、致祝酒词、用餐和交流等环节。主席的致辞通常简短而庄重，表达对宾客的欢迎和对活动的期望。致祝酒词环节通常在用餐过程中进行，由特定人员发表简短的演讲，以示祝福和庆祝。

4. 菜品与饮品

正式宴会的菜单设计都有严格的规定，其餐饮通常比较正式和丰盛，菜品和饮品均经过精心设计和准备。席间一般都有致辞和祝酒，有时也安排乐队演奏席间音乐。有时酒水会陈放在桌上，也可以由招待员端送。

5. 礼物赠送

在某些正式的商务宴请中，有时会选择赠送礼物来表达感谢或加深关系。礼物的选择应该考虑场合、对象和预算等因素，同时要注意礼物的包装和赠送方式。

（二）非正式宴会

非正式宴会相对于正式宴会而言，形式更为简便，不强调过多的礼仪和规则。常见的非正式宴会有便宴、家宴等。

1. 便宴

便宴是一种非正式的宴请形式，通常不排席位，也没有正式讲话和致辞环节。菜品道数可以酌减，更加随意和亲切。这种形式的宴请适用于日常友好交往活动。

2. 家宴

家宴是指在自己家中设宴招待客人。家宴往往由主人亲自下厨烹调，也可以聘请厨师上门服务。家宴的环境和氛围相对轻松，适用于非官方和业务洽谈等场合。宾客可以自由活动，多次取食，酒水可以陈放在桌上或由招待员端送。

3. 冷餐会

冷餐会起源于西方社会，是一种立餐形式的宴请活动，其菜肴以冷食为主兼有热菜。多为政府部门或企业、贸易界举行人数众多的盛大庆祝会、欢迎会、开业典礼等活动所采用。

具体要求：

（1）中式、西式或中西结合的菜点，提前摆在餐桌上供客人自行取食。

（2）酒水饮料可摆放在饮料台上，也可由服务员端送。

（3）不排座位，宾主之间广泛交际，自由交谈，拜会朋友。

（4）消费可高可低，参加人数可多可少，时间较灵活。

4. 酒会

酒会又称鸡尾酒会，是一种立餐形式，不设桌椅，不排座位，宾客可以随意走动，接触交谈，不受约束。时间也很灵活，中午、下午、晚上均可。

（1）以供应酒水为主，附有各种小吃。

（2）酒水分置于小桌上，或由服务员端送。

（3）气氛轻松随意、热烈和谐。

酒会一般用于招待会、新闻发布会、签字活动仪式等，或作为大型宴会的前奏曲，是一种时尚、简约的餐饮聚会方式。

总的来说，正式与非正式的商务宴请在礼仪、规则、场合、对象、餐食和饮品等方面存在显著差异。企业应根据不同的商务需求和场合选择合适的商务宴请形式，以达到最佳的交流效果和业务目标。

二、邀约和准备

（一）确定邀约对象

1. 确定邀请和被邀请者

确定邀请者与被邀请者的主要依据，是主宾双方的身份应当对等。邀请者的身份低会使对方感到被轻视。我国大型正式活动通常是以个人的名义发出邀请，日常交往的小型宴请可以根据具体情况以个人名义或以夫妇的名义发出邀请。

邀请范围是指宴请需邀请哪些方面的人士、什么级别、请多少人、主方请多少人作陪等。这些都需要根据宴请的性质、主宾身份、国际惯例、双方关系以及当前的政治气候、经济环境等决定。

2. 拟定邀请名单

邀请的范围确定后，接下来就是拟定邀请名单。注意名单上要写明被邀请者的姓名、性别、职务等，并适时按拟定名单提前向对方发出邀请通知。

（二）宴请的时间和地点

宴请的时间应安排在主宾双方都较为合适的时候。注意在时间的确定上，要避免对方的重大节假日、已有重要活动的时间或是禁忌日，如在西方 13 日和星期五均属于不适合安排宴请活动的日子。

选择宴请的地点，要根据邀请的对象、活动性质、规模大小及形式等因素来确定。如官方正式、隆重的宴会一般安排在政府议会大厦或客人下榻的酒店。

（三）邀请形式

邀请有两种形式，即口头邀请和书面邀请。口头邀请就是当面或者通过电话把这个活动的目的、名义以及邀请的范围、时间、地点等告诉对方，然后等待对方的答复。书面邀请即给对方发送请柬（请帖），将宴会活动的内容告知对方。这样做既是出于礼貌，也是对客人的提醒。

各种宴会邀请时间一般以提前 3~7 天为宜。时间过早，客人会因日期太久而遗忘，太迟会使客人措手不及，难以如期应邀出席。

发送请柬要注意以下三个方面的问题：

（1）请柬上要将宴请活动的目的、名义、邀请范围、时间、地点等都上，然后送给客人。

（2）请柬发出后，要及时核实出席者情况，并做好记录，以便安排席位。

（3）请柬的书写格式，按规范要求应首先写明目的，遇重大活动时要注明着装要求；要注意行文格式，文字措辞务必做到简洁、清晰、准确、及时。写名单时一定核对一次，不得将客人名字写错。

（四）菜肴安排

无论主办方选择的是哪种宴会形式，首先要解决的就是菜肴的安排这一问题。要充分考虑客人的口味，依此来确定菜肴的具体内容。因此，要做好客人在就餐方面的特殊要求和禁忌这项功课。

1. 点菜方

一般饭局都是由主人来点菜，重要的商务饭局，需要提前点菜。但是有时候不具备提前点菜的条件，也可以现场点菜，但是现场点菜的时候一定要礼貌地征求一下客人的意见，注意一定是开放式的问法。如果主人方盛情要求客人来点菜，这个时候一定要把握好分寸，问一下大家有什么忌口。然后客方可以点一个不太贵又不是大家忌口的菜。如果说是公司的内部聚餐，则一般由领导点菜。当然也有领导为显宽厚，让大家一起点菜，一人点一个，那记住你点的菜价一定不要超过领导点的那个菜的价格。

【小情境】

餐桌上的"盖帽"

"盖帽"本是篮球和排球运动中的术语，防守员跳起拦网，在空中双手成"帽状"，尽力伸到对方上空接近球，当对方投球时手腕迅速下压，使球加速反弹，以达到立即拦截的目的。餐桌上的"盖帽"有这几种含义：

第一，在餐桌上给别人加菜或者倒酒时，用右手食指环绕勺或酒瓶盖的边缘，然后将手指慢慢向上转动，像盖帽一样，让勺或酒瓶盖不断上升，直到离开碗底或酒杯边缘。这个动作看似简单却不失雅致，能够传递一个人的教养和素质。

第二，宴席上的第一道菜得由主人点，这道菜相当于是"定档"的菜，就是这桌酒席上最贵的一道菜，后面客人点的菜都不能超过这道菜的价格。"盖帽菜"的意义，传递的是主人的消费预算信息，后面点菜的客人心中都会有数，使主人能将消费控制在自己预算的合理范围，让主客之间更加默契。这就像是给菜价盖了个帽子，封顶了。

2. 双数原则

点菜的数量要看总人数。一般凉菜是总人数的一半，热菜要比总人数多两个。当然也要看饭店的实际情况，有些饭店的量特别大，那么点菜的数量就要适当地减少，不要铺张浪费。选择双数的菜肴数量，因为双数在中国文化中通常被认为是吉祥的象征。

3. 多样化口味

避免只选择单一口味的菜肴，而是选择多种烹饪手法的菜式，以满足不同客人的口味。

4. 考虑女性和儿童

如果宴会有较多女性和孩子，可以点汤品或甜品。

5. 荤素比例

荤菜和素菜的搭配比例是2：1，荤菜多一些。有时候碰到比较喜欢吃素食的客人，荤菜的数量也可以调整。撑场面的主菜一定要有两到三道。

6. 海鲜选择

对于海鲜类食物，应根据客人的具体喜好来选择，避免点口味过于独特或个性化的菜品。

三、宴会座次礼仪

举办正式宴会，应当提前排定桌次和席次，或者只排定主桌席位，其他只排桌次。桌、席排次时，先定主桌主位，后排座位高低。

（一）中式宴会的桌次安排

中餐通常选用圆桌。中式宴会通常8~12人一桌，人数较多时也可以平均分成几桌。当宴会不止一桌客人时，要安排桌次。其具体原则是：

（1）以右为上。当餐桌分为左右时，以面门为例，居右之桌为上（见图7-1）。

（2）以远为上。当餐桌距离餐厅正门有远近之分时，以距门远者为上（见图7-2）。

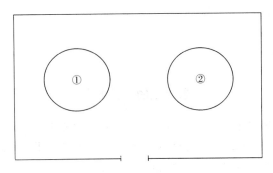

图 7-1 中式宴会座次（以右为上）

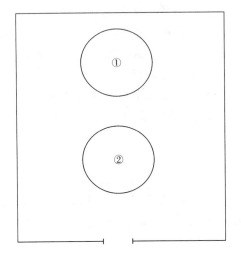

图 7-2 中式宴会座次（以远为上）

（3）居中为上。多张餐桌并列时，以居于中央者为上（见图 7-3 和图 7-4）。

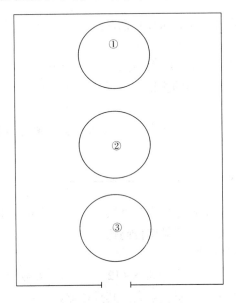

图 7-3 中式宴会座次（居中为上）1

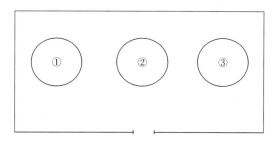

图 7-4　中式宴会座次（居中为上）2

（二）席位安排

席位的高低与桌次的高低原理基本相同。宴会的主人应坐在主桌上，面对正门就座；同一张桌上位次的尊卑，根据距离主人的远近而定，以近为上，以远为下；同一张桌上与主人距离相同的位次，排列顺序讲究以右为尊，以左为卑。在举行多桌宴会时，各桌之上均应有一位主桌主人的代表，作为各桌的主人，其位置一般应与主桌主人同向就座，有时也可以面向主桌主人就座。

（1）每张桌上一个主位的排列方法。每张餐桌上只有一个主人，主宾在其挨着的右边就座，形成一个谈话中心，如图 7-5 所示。

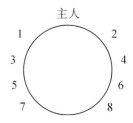

图 7-5　一个主位的排序

（2）每张桌上有两个主位的排列方法。如男女主人共同宴请时，其排序方法是主副相对、以右为尊。男主人坐上席，女主人位于男主人的对面就座。宾客通常随男女主人，按右高左低顺序依次对角线排列，同时要做到主客相间，如图 7-6 和图 7-7 所示。

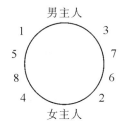

图 7-6　两个主位的排序 1

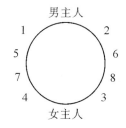

图 7-7　两个主位的排序 2

还有一种座位安排为：主人在上首，主宾在主人的右侧，主宾夫人在主人的左侧，主人夫人在主宾夫人的左侧，其他位次不变。

总的来说，所见较多的位次的排列，主要遵循这些原则：面门为上，右高左低，中座为尊，观景为佳，临墙为好。

需要注意的是，如果本单位出席人员中有身份高于主人者，为表示尊重，可请其在主人位就座，主人坐在其左侧。

四、中餐就餐礼仪

客人落座后，宴会开始。中餐上菜顺序：冷盘、饮料酒水、热菜、主食、甜点和水果。中餐习惯是每上一道菜都应先请客人品尝。如果采用的是合餐制，一定使用公筷，千万不要用自己吃饭的筷子给客人夹菜。

（一）就餐文雅

宴会开始时，一般是主人先致祝酒辞。此时应停止谈话，不可吃东西，注意倾听。致辞完毕，主人招呼后，即可开始进餐。

用餐前应先将餐巾打开铺在腿上，用餐完毕叠好放在盘子右侧，不可放在椅子上，亦不可叠得方方正正而被误认为未使用过。餐巾只能擦嘴不能擦面、擦汗等。服务员送来的香巾是擦面的，擦毕放回原盛器内。

进餐时要注意举止文雅，两肘应向内靠，不宜向两旁张开，碰及邻座。咀嚼食物时，不可发出声响；食物过热时，可稍候再吃，切勿用嘴吹；鱼刺、骨头、菜渣等不可直接外吐，要用餐巾掩嘴，用筷子取出，或轻吐在叉匙上，放在碟中。

若遇本人不能吃或不爱吃的菜品，当服务员或主人夹菜时，不可打手势，不可拒绝，可取少量放入盘中，并表示"谢谢，够了"。对不合口味的菜，勿显出难吃的表情。

主人在宴请时，席上不必说过分谦虚的话。对来华时间较长的外宾，不必说这是中国的名酒名菜。在给宾客让菜时，要用公用餐具主动让菜，切不可用自己的餐具让菜。

（二）敬酒礼仪

在中国的传统酒桌礼仪中，敬酒是一个非常重要的环节，它不仅是对被敬者的尊重，也是一种社交手段。以下是一些敬酒的礼仪要点：

（1）敬酒的顺序。通常情况下，敬酒应该遵循顺时针方向进行。如果有长辈或上级领导在场，应当由他们首先发起敬酒，而非晚辈或下属先敬。

（2）尊卑分明。敬酒时应区分尊卑关系，领导或长辈可以以一敬多，而普通宾客则应各自单独敬酒。

（3）端酒方式。敬酒时应采用双手持杯的方式，右手持杯，左手垫于杯底，并确保自己的酒杯低于他人的酒杯，显示了对对方的尊重。

（4）察言观色。在敬酒时应注意观察他人的酒杯是否已满，及时为他们添酒，尤其是领导或长辈的酒杯。

（5）敬酒词。敬酒时的用语也很重要，应根据场合和对方的喜好来选择合适的敬酒词，表达诚挚的祝福。

（6）敬酒酒量。敬酒时要根据对方的酒量和态度来决定自己的酒量，不宜少于对方，以免显得不尊重。

（7）碰杯礼节。在碰杯时，应让自己的酒杯低于对方的酒杯，这是一种基本的礼貌。

（8）敬酒时机。敬酒可以在用餐前、用餐中进行，或者在吃完主菜后、甜品上桌前进行，但要避免影响正餐的进餐过程。

（9）敬酒对象。敬酒时应以年龄大小、身份高低为序，优先敬酒给地位较高的宾客。

（10）避免私语。在酒席上应尽量避免私下小声交谈，以免影响整体的氛围和交流。

（三）就餐结束

如果各种因素导致中途需要离开宴会现场，一定要向邀请你来的主人说明、致歉，不可一走了之。和主人以及周围两三个人打过招呼，应该马上就走，不要拉着主人在大门口聊个没完，占用主人太多时间，会造成主人在其他客人面前失礼。

切忌当中途准备离去时，问自己所认识的每一个人要不要一块走，导致本来热热闹闹的场面，这么一鼓动，一下子便提前散场了。这种情况，最难被宴会主人谅解。

宴会进行的时间差不多 2 个小时的时候，主人可提议共同举杯结束宴会。宾客离开时，主人应亲自送客出门，安排好交通工具，热情话别。宾客也应在离开时与主人和其他客人告别，请主人留步。

（四）主餐具使用礼仪

1. 筷子

中国使用筷子，在人类文明史上是一个值得骄傲和推崇的发明。在长期的生活实践中，人们在筷子的使用上也形成了一些礼仪上的禁忌。

【知识拓展】

中国的筷子是十分讲究的，"筷子"又称"箸（筯）"，远在商代就有用象牙制成的筷子。《史记·宋微子世家》中记载"纣始为象箸"。用象牙做箸，是富贵的标志。做筷子的材料也不同，考究的有金筷、银筷、象牙筷，一般的有骨筷和竹筷、塑料筷。湖南的筷子最长，有的长达两尺左右；日本的筷子短而尖，这是由于日本人主要吃鱼片等片状食物的缘故。

一忌敲筷。在等待就餐时，不能坐在餐桌边，一手拿一根筷子随意敲打，或用筷子敲打碗盏或茶杯。

二忌掷筷。在餐前发放筷子时，要把筷子一双双理顺，然后轻轻地放在每个人的餐桌前；距离较远时，可以请人递过去，不能随手掷在桌上。

三忌插筷。在用餐中途因故需暂时离开时，要把筷子轻轻搁在桌子上或餐碟边，不能插在饭碗里。

四忌挥筷。在夹菜时，不能拿着筷子挥来挥去，遇到别人也来夹菜时，要有意避让，谨防"筷子打架"。

五忌舞筷。在说话时，不要在餐桌上乱舞筷子；也不要在请别人用菜时，把筷子戳到别人面前，这样做是失礼的。

六忌翻筷。不拿着筷子在菜里边来回翻动找自己喜吃的菜。

七忌嘬筷。不拿着筷子在嘴里嘬。

2. 碗

商务人士用碗时注意：不要端起碗进食，尤其不要双手端碗进食；食用碗内食物不要用嘴吸食，不用舌头舔食；不用的碗不宜放杂物。

3. 食碟

食碟即稍小一些的盘，主要用来暂放从公用菜盘中取来的菜肴，其使用方面与碗大致相同。商务人士在使用食碟时的注意事项如下：食碟在餐桌上一般应保持原位，不宜挪动，而且不宜多个叠放在一起；取放的菜肴不宜过多；不要将多种菜肴堆放在一起，不宜入口的残渣、骨、刺不要吐在地上、桌上，而是轻放于食碟前端，便于服务员更换。

（五）辅助餐具使用礼仪

1. 水杯

中餐所用的水杯，主要用于盛放清水、汽水、果汁、可乐等饮品。需要注意的，一是不要用水杯盛酒；二是不要倒扣水杯；三是喝入口中的饮料不能再吐回水杯中去。

2. 湿巾

一般来说，比较讲究的中餐会为每位用餐者准备一块湿巾。湿巾只能用来擦手，不要用来擦脸、擦嘴、擦汗等，擦过之后，应将其放回盘中，由服务员取回。

3. 牙签

牙签主要用作剔牙之用。正式宴会中，不宜当众使用牙签，若是非剔牙不可，应以另一只手掩住口部。边说话边剔牙或边吃边剔牙都不雅观。剔牙之后，不要长时间叼着牙签。

4. 水盂

有时，就餐者需要手持食物进食。在餐桌上，则会摆上一个水盂，也就是盛放清水的水盆。里面的水并不能喝，只能用来洗手。在水盂里洗手时，不要乱甩、乱抖，优雅的做法：两手轮流沾湿食指、中指和拇指指尖，然后轻轻浸入水中刷洗。洗毕，将手置于餐桌之下，用纸巾擦干。

第二节　西餐宴会礼仪

"西餐"这个词是由其特定的地理位置而来的。东方人通常所说的西餐主要包括西欧国家的饮食菜肴，当然同时还包括东欧各国，地中海沿岸等国和拉丁美洲一些国家如墨西哥等国的菜肴。西餐的准确称呼应为欧洲美食或欧式餐饮。

实际上，西方各国的餐饮文化都有各自的特点，各个国家的菜式也都不尽相同。西餐大致可分为法式、英式、意式、俄式、美式、地中海等多种不同风格的菜肴。

由于中西方饮食文化存在差异，所以商务人士在参加西餐宴会时，需要学习基本的西餐礼仪。

一、"M" 原则

（一）菜单（menu）

当您走进西餐馆，服务员先领您入座，待您坐稳，首先送上来的便是菜单。菜单被视为餐馆的门面，老板也一贯重视，用最好的材料做菜单的封面，有的甚至用软羊皮打上各种美丽的花纹。如何点好菜，有个绝招，打开菜谱，看哪道菜是以饭店名称命名的，一定可以尝试。

（二）音乐（music）

豪华高级的西餐厅，要有乐队，演奏一些柔和的乐曲，一般的小西餐厅也会播放一些美妙的乐曲。这里最讲究的是乐声的"可闻度"，即声音要达到"似听到又听不到的程度"。也就是说，当用餐者集中精力和人谈话时就听不到，要想休息放松一下就听得到，这个程度要掌握好。

（三）气氛（mood）

西餐讲究环境雅致，气氛和谐。一定要有音乐相伴，有洁白的桌布，有鲜花摆放，所有餐具一定洁净。如遇晚餐，要灯光暗淡，桌上要有红色蜡烛，营造一种浪漫、迷人、淡雅的气氛。

（四）会面（meeting）

和谁一起吃西餐是有讲究的，最好是亲朋好友或趣味相投的人。吃西餐主要为联络感情，很少有在西餐桌上谈生意的。所以西餐厅内，少有面红耳赤争论的场面出现。

（五）礼俗（manner）

这里的礼俗是指"吃相"和"吃态"，总之要遵循西方习俗，勿有唐突之举，特别在手拿刀叉时，若手舞足蹈，就会失态。使用刀叉，应是右手持刀，左手拿叉，将食物切成小块，然后用叉送入口内。一般来讲，欧洲人使用刀叉时不换手，一直用左手持叉将食物送入口内。美国人则是切好后，把刀放下，右手持叉将食物送入口中。但无论何时，刀是绝不能送食物入口的。西餐宴会，主人都会安排男女相邻而坐，讲究"女士优先"的西方绅士，都会表现出对女士的殷勤。

（六）食品（meal）

一位美国美食家曾这样说："日本人用眼睛吃饭，料理的形式很美；吃我们的西餐，是用鼻子的，所以我们鼻子很大；只有你们伟大的中国人才懂得用舌头吃饭。"中餐以"味"为核心，西餐是以营养为核心，至于味道那是无法同中餐相提并论的。

二、西餐位次礼仪

（一）位次原则

一般来说，西餐桌上位次的尊卑也跟中餐一样，往往与距离主位的远近相关。

1. 女士优先

在西餐礼仪里，往往遵循女士优先的原则。排定用餐席位时，一般女主人为第一主人，在主位就位，而男主人为第二主人，坐在第二主人的位置上。

2. 距离定位

西餐桌上席位的尊卑，是根据其距离主位的远近来确定的，距主位近的位置要尊于距主位远的位置。

3. 以右为尊

排定席位时，以右为尊是基本原则。就某一具体位置而言，按礼仪规范其右侧要尊于左侧之位。在西餐排位时，男主宾要排在女主人的右侧，女主宾排在男主人的右侧，按此原则，依次排列。

4. 面门为上

按礼仪的要求，面对餐厅正门的位子要尊于背对餐厅正门的位子。

5. 交叉排列

西餐排列席位时，讲究交叉排列的原则，即男女应当交叉排列，熟人和生人也应当交叉排列。在西方人看来，宴会场合是要拓展人际关系的，这样交叉排列的用意就是让人们能多和周围的客人聊天认识，达到社交目的。

（二）长桌座位排列方法

西式宴会中，最正规的餐桌为长桌，席位排列的原则是：女士优先、恭敬主宾、距离定位（越是重要的客人离主位越近）、以右为尊（男主宾坐在女主人右侧，女主宾坐在男主人右侧）、面门为上、男女穿插。因此，西餐的席次排列主要有两种情况：一是男女主人坐在长桌两端，女主人坐在离门远的一端，其右边和左边分别是男宾甲和男宾乙；而男主人则在女主人对面就座，其右边和左边分别是女宾甲和女宾乙。西方礼仪中女士优先的观念，在宴会活动中得到了充分的体现。如图 7-1 和图 7-2 所示。

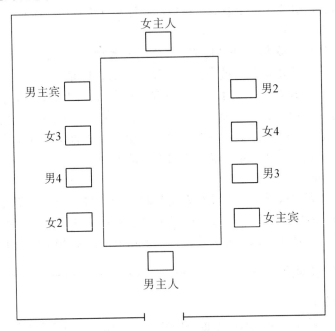

图 7-1　西餐长桌席次排列 1

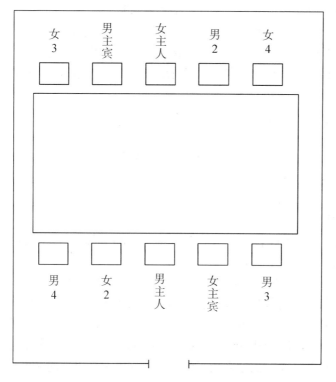

图 7-2　西餐长桌席次排列 2

（三）方桌座位排列方法

以方桌排列座位时，就座于餐桌四面的人数相等，一般两侧各坐两人的情况比较多见。排列时，应该男女主人与男女主宾对面而坐，所有人都与自己的配偶或恋人成斜对角。如图 7-3 所示。

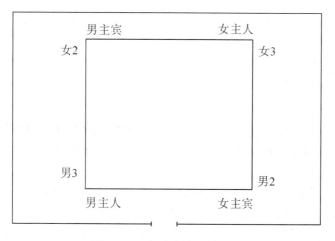

图 7-3　西餐方桌座位的排列

三、西餐入座礼仪

商务人士在参加西餐宴请时，还应注意以下入座礼仪要求。

进入西餐厅后，应由侍者带领入座，切不可贸然入座。得体的入座方式是从椅子的左侧进入，离席时从椅子的右边离开。坐姿要求端庄优美，稳重大方。

双肩平正放松，两臂自然弯曲将手放在腿上，或者将小臂靠在桌沿边，但不能将手肘放在桌面上。掌心向下，腹部和桌边保持两个拳头的距离为最佳，自然得体为宜。

身体端正挺拔，双脚切勿乱伸，更不能跷二郎腿，女士双脚并拢，不要随意摆放面前的餐具。

四、西餐餐具使用礼仪

西餐一般以刀叉为餐具，以面包为主食。西餐的主要特点是主料突出，形色美观，口味鲜美，营养丰富，供应方便等。上菜顺序一般是前菜、面包、汤、主菜、点心、甜点、水果、热饮（冷饮）。

（一）餐具摆放

首先，主菜盘（dinner plate）叠在汤底盘（soup plate）上并放在餐位中间，折叠规整的餐巾（napkin）放于主菜盘上。

其次，刀（knife）与汤匙（soup spoon）放在食盘右侧。叉（fork）放在食盘左侧，刀叉的数量与菜式的数量是相等的，并按上菜的顺序由外向内排列，所以摆在最外侧的刀叉或汤匙用于前菜。中间的刀叉（fish knife and fish fork）用于吃鱼，最靠近食盘的刀叉（dinner knife and dinner fork）用于吃肉类主菜。但有时会遇到左右摆着不同件数的刀叉，通常是叉的数量多余刀的数量，这表示多出来的叉是单独使用的，

接着，在食盘的上方摆放的是甜点餐具（dessert setting）。靠内的是点心叉（cake fork），用于食用蛋糕，叉齿朝右，叉柄朝左。靠外的是点心匙（dessert spoon），用于食用冰淇淋，勺头朝左，勺柄朝右。在餐位的左上方是面包盘（bread plate）与黄油刀（butter knife），黄油刀放于面包盘上方，刀刃朝左，刀柄朝右。

再者，在餐位的右上方至少有三种玻璃杯。从左到右依次是水杯（water glass）、红酒杯（red wine glass）、白酒杯（white wine glass）。

最后，在甜点餐具的上方可能放有黄油盘（butter plate）、调料（salt and pepper shaker）及面包。

西餐的摆台如图7-4所示。

（二）餐具使用

1. 刀叉

刀叉是餐刀、餐叉两种餐具的统称，二者既可以配合使用，也可以单独使用。但在多数情况之下，刀叉是同时配合使用的。因此，人们在提到西餐餐具时，喜欢将二者同时提及。

（1）刀叉的区别。在正规的西餐宴会上，通常讲究吃一道菜要换一副刀叉。也就是说，吃每道菜都要使用专门的刀叉，既不可以胡拿乱用，也不可以从头至尾只用一副刀叉。享用西餐正餐时，在一般情况下，出现在每位用餐者面前的餐桌上的刀叉主要有：吃黄油所用的餐刀，吃鱼所用的刀叉，吃肉所用的刀叉，吃甜品所用的刀叉，等等。它们不仅形状各异，其摆放的具体位置也各不相同。

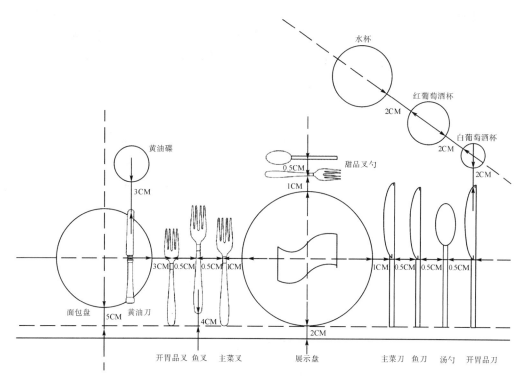

图 7-4　西餐摆台

如图 7-4 所示，吃黄油所用的餐刀，没有与之相匹配的餐叉，它的正确位置是竖放或横放在用餐者左手正前方的面包盘里（图中展示的是竖放）。吃鱼所用的刀叉和吃肉所用的刀叉，应当是餐刀在右、餐叉在左分别纵向摆放在用餐者面前的餐盘两侧。餐叉的具体位置，应处于吃甜品所用勺子的正下方。有时，在餐盘左右两侧分别摆放的刀叉会有三副之多。要想正确地取用它们，关键是要记住，应当依次分别从两边由外侧向内侧取用。吃甜品所用的刀叉，应于最后使用，它们一般被横向放置在用餐者面前的餐盘的正前方。

（2）刀叉的使用。使用刀叉，一般有两种常规方法可供借鉴。其一为英国式的用法。它要求在进餐时，始终右手持刀，左手持叉，一边切割，一边用叉食之。人们通常认为，此种方式较为文雅。其二为美国式的用法。它的具体用法是，先是右刀左叉，一口气把餐盘里要吃的东西全部切割好，然后把右手里的餐刀斜放在餐盘前方，将左手中的餐叉换到右手再吃，这种方式的好处是比较省事。

不论采用上述哪一种方式，都应注意以下问题：在切割食物时，不可以弄出声响。在切割食物时，要双肘下沉，切勿左右开弓，否则一是有碍于人，二是吃相不佳，而且，还有可能使正在被切割的食物掉出去。被切割好的食物大小上应刚好适合一口吃完，切不可叉起它之后，再一口一口咬着吃。另外要注意刀叉的朝向，将餐刀临时放下时，不可刀口外向；双手同时使用刀叉时，叉齿应当朝下；右手持叉进食时，则应叉齿向上。掉落到地上的刀叉切勿再用，可请侍者另换一副。

（3）刀叉的暗示。使用刀叉，可以向侍者暗示用餐者是否吃好了某一道菜肴。其具体方法是：如与人攀谈时，应暂时放下刀叉，即刀叉的放法是刀右、叉左，刀口向内、叉齿向下，呈汉字的"人"字形状摆放在餐盘之上。它的含义是此菜尚未用毕；如果将其交叉放成"十"字形，则服务员知道你在等餐；如果吃完了，或不想再吃了，则可以刀口内向、叉齿向上，刀右叉左地并排纵放，或者刀上叉下地并排横放在餐盘里，这种做法等于告知侍者，请他连刀叉带餐盘一块收掉；另外还有赞美食物口味和不满食物味道的放法，如图7-5所示。

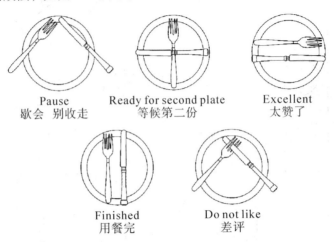

图 7-5　西餐刀叉摆放暗示

2. 餐巾

餐巾虽小，但在西餐餐具里，却是一个具有多重作用的重要角色。西餐里所用的餐巾通常会被叠成一定的图案，放置于用餐者右前方的水杯里，或是直接被平放于用餐者右侧的桌面上。根据面积的大小餐巾有大、中、小之分，形状上也有正方形与长方形之别。不论是大是小，还是哪一种形状，用餐时餐巾都应被平铺于自己并拢的大腿上。使用正方形餐巾时，应将它折成等腰三角形，并将直角朝向膝盖方向。若使用长方形餐巾，则可将其对折，然后折口向外平铺。

打开餐巾并将其折放的整个过程应悄然在桌下进行，切勿临空一抖，吸引他人注意。尤其要注意，在外用餐时，一定不要把餐巾掖于领口或围在脖子上，塞进衣襟内，或是担心其掉落而将其系在裤腰上。在正餐里，餐巾所发挥的作用主要有如下几条：

（1）用来为服装保洁。将餐巾平铺于大腿之上，其主要目的就是为了接住进餐时掉落下来的菜肴、汤汁，以防止其搞脏自己的衣服。

（2）用来揩拭口部。在用餐期间与人交谈之前，应先用餐巾轻轻地揩一下嘴，女士进餐前，亦可用餐巾轻印一下口部，以除去唇膏。以餐巾揩口时，其使用部位应大体固定，最好只用餐巾角的内侧。通常，不应以餐巾擦汗、擦脸，擦手也要尽量避免。特别要注意，不要用餐巾去擦餐具，那样做等于向主人暗示餐具不洁，要求其调换一套。

（3）用来掩口遮羞。在进餐时，尽量不要当众剔牙，也不要随口乱吐东西。万一非做不可时，应以左手拿起餐巾挡住口部，然后以右手去剔牙，或是以右手持餐巾接住"出口"之物，再将其移到餐盘前端。倘若这些过程没有遮掩，那是颇为失态的。

（4）用来进行暗示。在用餐时，餐巾可用以进行多种特殊暗示。最常见的暗示有：暗示用餐开始。西餐大都以女主人是否开始用餐为标准。当女主人铺开餐巾时，就等于是在宣布用餐可以开始了；女主人把餐巾放到餐桌上时，意在宣告用餐结束。其他用餐者吃完了的话，亦可以此法示意。若用餐中途需要暂时离开，一会儿还要返回继续用餐，可将餐巾放置于本人座椅的椅面上。见到这种暗示，侍者就不会马上动手"撤席"，而会维持现状不变。

3. 餐匙

餐匙的使用原则：通常，餐匙可以分为两种，一种是汤匙，个头比较大，被摆放在右侧最外端，与刀并齐摆放；一种是甜品匙，个头比较小，被横摆在吃甜品所用的刀叉正上方；扁平的用于涂黄油和分食蛋糕。当用汤匙和调味料时，需右手拿汤匙，左手拿叉。食物切好后，在盘中将食物与酱料一同舀起食用；喝完汤之后，应该把汤匙放在餐盘对面的一方。

要注意汤匙和点心匙除了喝汤和吃甜品外，绝不能直接舀取其他主食和菜品；不可以将餐匙插入菜肴当中，更不能让其直立于甜品、汤或咖啡等饮料中；进餐时不可将整个餐匙全部放入口中，已经开始使用的餐匙不能放回原处。

4. 酒杯

在西餐中，吃不同的菜需要搭配不同的酒，通常不同的酒杯用来喝不同的酒。

在每位用餐者右边餐刀的上方，会摆着三四只酒水杯，由外侧向内侧使用。一般香槟酒杯、红葡萄酒杯、白葡萄酒杯以及水杯是不可缺少的。

五、西餐就餐礼仪

（一）喝酒

喝酒绝对不能吸着喝，而是将酒杯倾斜着喝，像是将酒放在舌头上喝的感觉。喝酒之前，轻轻摇动酒杯，让酒与空气充分接触以增加酒味的醇香。一饮而尽或透过酒杯看人都是失礼的行为。不要用手指擦杯口的口红印，用纸巾比较好。

（二）面包

先用两手将面包撕成小块，再用左手拿来吃，大小以一口吃完为佳。吃硬面包时，用手撕不但费力而且面包屑会掉满地，此时可用刀先将其切成两半，再用手撕成块来吃。为了避免像用锯子似割面包，用手固定住面包，再把刀刺入另一半面包来借力，这样好切一些，也不会发出刺耳的声响。

（三）喝汤

用汤匙喝汤，不宜端起碗来喝。喝汤的方法是汤匙由身内向外舀出，并非由外向内。第一次舀汤宜少，先测试温度，浅尝。不要任意搅和热汤和用口吹凉。喝汤不要发出声音。汤舀起来不能一次分几口喝。汤将见底时，可将汤盘用左手拇指和食指托起，向桌心即向外倾斜，以便取汤。喝完汤，汤匙应搁置在汤盘上或碟子上。

（四）吃鱼

首先，扁、平、大的鱼用刀由头至尾切开（小一点的鱼即将上述动作省去）。由上方接近头的部位开始吃，同时要记住，切块的大小适合自己吃即可。一面吃完后，则拆去骨头吃另一面，骨头挪到盘子一角，不要将鱼翻过身吃。吃鱼要尽量用刀叉除去骨头后再吃，如口中有骨头要吐在叉子上，再将它放到盘子的一端。

（五）吃其他肉

用餐时，以叉子从左侧将肉叉住，再用刀沿着叉子的右侧将肉切开，如切下的肉无法一口吃下，可直接用刀子再切小一些，切成刚好一口大小的肉，然后直接以叉子送入口中。

点牛排等餐食时，应将取得的调味酱放在盘子内侧。在正式的场合中，调味酱应是自行取用，而非让服务生服务。以汤勺取酱料时要注意不要滴到桌巾上。调味酱不可以直接淋在牛排上，应取适当的量放在盘子的内侧，再将切成一口大小的肉蘸酱料吃。调味酱的量约以两汤匙为最适量。取完调味酱后，将汤勺放在调味酱钵的侧边，并传给下一个人。

点缀的蔬菜也要全部吃完。放在牛排旁边的蔬菜不只是为了装饰，同时也是基于营养均衡的考虑而添加的。

【知识拓展】

西餐甜点的吃法

冰淇淋：吃冰淇淋一般使用小勺。当和蛋糕或馅饼一起吃或甜点作为主餐的一部分时，要使用一把甜点叉和一把甜点勺。

馅饼：吃水果馅饼通常要使用叉子。但如果主人为你提供一把叉子和一把甜点勺的话，那么就用叉子固定馅饼，用勺挖着吃。吃馅饼是要用叉子的，除非馅饼是带冰淇淋的，这种情况下，叉、勺都要使用。如果吃的是奶油馅饼，最好用叉而不要用手。以防止馅料从另一头漏出。

本章小结

中西餐宴请准备及进餐礼仪：了解中西餐邀请、菜序。中西餐位次礼仪都是中央为上、以右为尊。中西餐入座礼仪。中餐点菜原则。中餐餐具：筷子、水盂等的规范使用礼仪。西餐餐具：刀叉、餐巾和汤匙的使用礼仪。中西餐的进餐礼仪规范。

小测试

一、选择题

1. 参加宴请时，入座时应从椅子（　　）入座，（　　）离开。
   A. 右侧，右侧
   B. 左侧，右侧
   C. 左侧，左侧
   D. 右侧，左侧

2. 中餐宴会前，服务员发的湿毛巾是用来（　　）。
   A. 擦脸
   B. 擦嘴
   C. 擦汗

  D. 擦手

3. 中餐宴请中，下列行为符合餐具使用礼仪的是（ ）。

  A. 多个盘子叠放使用

  B. 筷子插放在碗中

  C. 水盂里的水是用来洗手指的

  D. 必要时，餐碗可以端起来食用里面的食物

4. 下列哪种敬酒方式符合宴请礼仪（ ）。

  A. 敬酒基本按照顺时针方向、长者先的顺序进行

  B. 敬酒时不用走到对方的面前，就在自己座位上就可以

  C. 敬酒先敬自己周围的人

  D. 敬酒不一定要比别人喝的多，意思下就行

二、案例分析

  由于市场竞争激烈，蓝天和创意这两家策划公司对某机电公司即将进行的车展策划都志在必得。于是蓝天公司的李总就约了机电公司的王总在××酒店三楼中餐厅吃饭。

  李总和秘书小刘刚到××酒店三楼中餐厅的一号房间，王总也到了，双方问好就座后，小刘便叫服务员开始点菜。15分钟后，小刘点好菜对王总说："王总，我也不知道这些菜合不合你的口味，你看还要再点些其他的吗？"王总说不必了。

  在吃饭过程中，小刘为了表示热情就用自己的筷子不停地给王总夹菜，当两位老总因谈话逐渐深入时，小刘把筷子随意地横放在碗上为两位老总添加饮料，由于加饮料时没有给予提示，差点把饮料泼在王总身上。

  不久，李总收到了王总发来的邮件，内容是：本来我还在犹豫该选择哪家公司为我公司策划车展的事，现在我已经决定了，我是不会和一家礼仪如此差的公司合作的。李总有些莫名其妙。

  讨论：请帮助李总分析，为什么王总认为他们不懂礼仪？

三、技能拓展训练

  餐饮实验室或实习酒店基地里，按小组分组，分别以中餐服务和入座、西餐服务与入座、中餐就餐与敬酒、西餐就餐与敬酒等宴会场景模拟演练，评出最佳演练小组。

本章参考答案

第八章

商务仪式活动礼仪

■**知识要求与目标**

1. 了解签字仪式、开业庆典、剪彩仪式等商务活动的类型。
2. 掌握签字仪式、开业庆典、剪彩仪式各种活动的礼仪规范。

■**素质培养目标**

能够策划或筹备常规的签字仪式、开业庆典、剪彩仪式等商务活动的仪式。

　　签字仪式是政府、部门、企业之间通过业务磋商和谈判，就某项重要交易或合作项目达成协议或订立合同后，由双方代表正式在有关协议或合同上签字，并相互交换文本的一种仪式。世界各国所举行的签字仪式，都有比较严格的程序及礼节规范。这不仅显示出签字仪式的正式、庄重、严肃，同时也表明双方对缔结条约的重视及对对方的尊重。

　　从礼仪的角度考虑，国家间通过谈判，就政治、军事、经济、科技等某一领域相互达成协议，缔结条约或公约，一般举行签字仪式。当一国领导人访问他国，经双方商定达成共识，发表联合公报有时也举行签字仪式。各地区、各单位在与国外交往中，通过会谈、谈判，最终达成的有关合作项目的协议、备忘录、合同书等，通常也举行签字仪式，业务部门之间签订的协议一般不举行签字仪式。

第一节　签字仪式礼仪

一、签字仪式的准备

（一）签字文本的准备

签字文本即定稿。定稿即通过谈判和磋商确定会谈的正式文件。会谈过程中，各方都可以对具体条款和表述提出修改意见。因此可以这么说，谈判的过程，就是定稿的过程。只有在文本定稿后，才可能举行签字仪式。

（二）确定使用的文字

如果是涉外商务会谈签字，还要确定文本选择哪国文字。如果双方使用不同的语言文字，签字文本应该使用双方的文字书写印刷，具有同等效力。

（三）确定正本和副本

正本即签字文本，用于签字后由各方或交专门的机构保存。正本的数量根据签字方的数量而定，各方都需要保存正本一份，各方都必须在每份正本的每种文字文本上签字。有时为了方便使用，也可以根据正本的内容与格式印制若干副本。副本的法定效力、印制数量和各方保存的份数，由签字各方根据实际需要协商确定，并在条款中加以规定。一般情况下，副本不用签字、盖章，或者只盖章不签字。

（四）校印

校印即根据定稿印制、校对正本和副本。文本排版后，必须经过严格的校对，确认无误后，才能最后交付印刷、装订。国内合同和协议书的标印格式应当符合有关规定。涉外双边签字的文本印制时还应注意优先权的问题。

（五）盖章

为了保证文本在签字后立即生效，一般在举行签字仪式前，先在签字文本上盖上双方的公章，这样，文本一经签字便具有法定效力。

二、布置签字厅

签字厅的选择。签字厅有常设专用的，也有临时以会议厅、会客室来代替的。签字厅布置的总原则是要庄重、整洁、清静。

一间标准的签字厅应当在室内铺满地毯，除了必要的签字用桌椅外，其他一切的陈设都不需要。正确的签字桌应当为长桌，桌上最好铺设深绿色的台布。签字桌横放在室内，签字桌后面可以放两把座椅，供签字人就坐。签署多边合同时，一般仅放一把座椅，供各方签字人轮流签字时就坐；也可以给每位签字人都提供一把座椅。签字人一般面对正门就坐。

签字桌上需要事先放好需要签署的合同文本和签字笔、吸墨器等签字文具。合同文本需要用白纸印成，按大八开的规格装订成册，并以高档材料，如真皮、金属、软木等制作封面。

签字桌的正后方最好挂上"××××签字仪式"字样的条幅或背景布，上面标明签字各方名称。条幅按惯例是红底白字或黄字；而背景布一般以蓝底为多，有时也可以加上其他图案，比如项目合作图。字的颜色，白、黄甚至红色都可以。

签涉外合同时要在签字桌上插放各方的国旗，有关各方的国旗插在该方签字人座椅正前方。如果安排致词，可以在签字桌的右侧放置发言席或者落地式话筒。

三、签字的座次安排

一般而言，举行签字仪式时，座次排列的具体方式共有三种基本形式，它们分别适用于不同的具体情况。

（一）并列式排座

这是举行双边签字仪式时最常见的形式，其基本做法是：签字桌在室内面门横放；出席仪式的全体人员在签字桌之后并排排列；双方签字人员居中面门而坐，客方居右，主方居左，各方的助签人在其外侧助签。其余参加签字仪式的主客方代表依身份顺序站于己方签字人的座位后面。如图 8-1 所示。

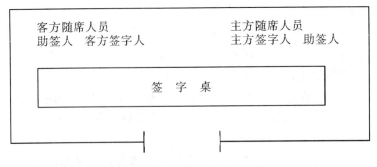

图 8-1　并列式签字仪式位次排列

（二）相对式排座

相对式排座与并列式签字仪式的排座基本相同。二者之间的主要差别是，相对式排座将双边签字仪式的随员席移至签字人的对面。如图 8-2 所示。

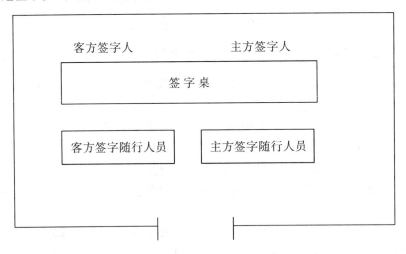

图 8-2　相对式签字仪式位次排列

（三）主席式排座

主席式排座主要适用于多边签字仪式。其操作特点是：签字桌仍须在室内横放，签字者仍须设在桌后面对正门，但只设一个签字席。所有各方人员的随行人员，包括签字人在内，应按照一定的序列，面对签字席就座或站立。签字时，各方签字人依照有关各方事先同意的先后顺序，依次走向签字席就坐签字，各方助签人随之一同行动，并站立于签字人的左侧。如果是多国签字，按照国际惯例，签字人员的座次按国家英文名称首字母顺序排列。中央高于两侧，右侧高于左侧。参加签字仪式的人员按身份高低从前往后就坐。见图 8-3。

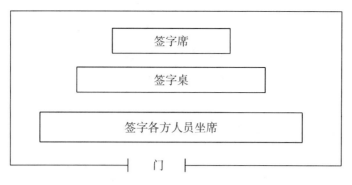

图8-3　主席式签字仪式位次排列

四、签字仪式的基本程序

（一）签字仪式开始

签字仪式一般时间跨度较短，但程序规范、气氛庄重而热烈。正式的签字仪式的流程一般有六项。

1. 礼节性会见

各方代表见面就座后，进行礼节性会见、寒暄，时间要短，不谈实质内容。

2. 主持人宣布开始

有关各方进入签字厅，在既定的位次上各就各位，主持人以先客后主、职务由高到低的顺序介绍各方嘉宾。

3. 致词

主持人请各方领导致词。双边签字时，则先主后客，多边签字时则按签字顺序致词。致词这个程序也可以省略。

4. 签字人签署文本

签字人签署文本时，一般先签署己方保存的合同，交换后接着签署他方保存的合同，签好后再换回己方的。其含义是位次排列方面，轮流使双方均有机会居于首位一次，以示双方完全平等。

5. 交换合同后道贺

国际上通行的做法是各举一杯香槟酒互相道贺。

6. 对外发布

如果是有重大影响力的或有新闻价值的签字仪式，条件许可时，还可以邀请媒体，签字结束后举行新闻发布会。也可以在发布会现场签字并随即回答媒体提问。

第二节　新闻发布会礼仪

新闻发布会又称记者招待会，它是一种主动传播各类有关的信息，谋求新闻界对某一社会组织或某一活动、事件进行客观公正的报道的有效的沟通方式。

新闻发布会上人物、事件都比较集中，时效性又很强，并且参加发布会免去了预约采访对象、采访时间的一些困扰。对商界而言，举办新闻发布会，是自己联络、协调与新闻媒介之间的相互关系的一种重要的手段。

新闻发布会属于公众活动，发言人一举一动都会受到媒体的报道。因此，遵守新闻发布会礼仪成为政商界人士必须掌握的行为规范之一。新闻发布会礼仪一般指有关举行新闻发布会的礼仪规范，包括会议筹备、媒体邀请现场服务和善后事宜四个方面的内容。

一、新闻发布会的筹备

（一）明确主题

新闻发布会的主题得当与否，关系到新闻发布会的预期目标能否实现。主题需要既有高度，又有新闻度，一般可以分为三类：

1. 发布消息

这类新闻发布会是为了正式宣告某个消息或者信息，可能是关于政策的更新、活动的启动或者是其他重大事件的公布。

2. 说明活动

举办这种类型的发布会的主要目的是详细讲解即将举行的活动，包括活动内容、目的和相关细节，以便让公众有所准备并积极参与。

3. 解释事件

在某些情况下，新闻发布会可能被用来解释某个特定的事件，澄清误解、提供背景信息或其他相关内容。

需要注意的是，按照规定，凡是主题中有"新闻"字样的发布会，须经国家相关部门的审批。

（二）安排时间和地点

在确定好主题和目标后，要开始策划发布会的时间和地点。应选好适当的时间和地点，为新闻发布会的成功举办奠定基础。

（三）确定新闻发布会的形式

新闻发布会的形式很多，如现场发布、视频发布、在线发布等。主办方可根据需要和情况确定发布会的形式。

（四）筹备材料和演示文稿

"预则立，不预则废。"为了让新闻发布会更有说服力，主办方需要准备相关材料和演示文稿，对其进行充分的实践演练，以便更加自如地展示给媒体和观众。

1. 主持人主持稿

主持人对发布会的大概程序要有一个提纲，做好每个环节的串词，使发布会能顺利进行。

2. 发言人的发言材料

发言材料是发布会上正式发言时的内容提要，应紧扣主题，全面、真实、准确地表述立场。

3. 问答材料

新闻发布之前需要对热点问题进行预测，拟好统一的新闻口径，做足准备。

（五）邀请媒体和相关单位

根据发布会所发布的内容精心选择召开的时间和地点并邀请记者、新闻界（媒体）

负责人、行业部门主管、各协作单位代表及政府官员参加。邀请的媒体和相关单位根据发布会的内容来确定，要有所选择和侧重。如事件涉及全国，要邀请全国性新闻单位；如事件的影响只限于本地，则邀请当地新闻单位的记者；如事件涉及专门业务，就需邀请专业新闻单位的记者。

数量上也要有所考虑。如果其目的是扩大影响，提高知名度和美誉度，媒体单位的数量可以稍多些；而是为了处理纠纷或解释某一事件时，特别是为了危机公关邀请的媒体数量不宜过多。主办方确定好邀请的媒体单位后，需要提前发出请柬，最好提前一周左右。请柬内附上发布会的主题、时间、地点和目的等，并附上回执单。

二、新闻发布会现场礼仪

新闻发布会是可以展示发布单位的业务技能和专业知识的机会，通过表现得专业、礼貌和自信，可以赢得媒体和观众的尊重和信任。

（一）得体的仪表

新闻发布会上，主持人、发言人与工作人员的言行举止体现了主办单位的文化和内涵，也影响着社会对单位的态度与评价。与会人员要穿着得体，尽量选择正式的职业装。

（二）优雅的言谈举止

言谈举止落落大方，不卑不亢。最好提前到达并认真准备材料，以便提高自信心和表现能力。此外，当主持人介绍发言人时，发言人要站起来，微笑并向观众点头致意。在回答问题时，要注意回答问题的时限和措辞，多用敬语和标准语，并尽量免使用不专业的语言。在新闻发布会结束后，不要忘记感谢所有参与者。

（三）默契的配合

新闻发布会现场，主持人、发言人的相互配合十分重要。要做到分工合作、彼此支持，保持口径一致，不能相互冲突。当新闻媒体人士提出的问题过于尖锐或难以回答时，主持人要设法转移话题，不使发言人难堪。而当主持人邀请某位媒体人士提问时，发言人一般要给予适当回答，以示尊重。

发言人在回答记者提问时要注意"四个不要"。

一是不要说"无可奉告"。这是最重要的一点，2003年"非典"期间，国家相关机构召开新闻发布会，会中把这一点作为对新闻发言人的强制要求。

二是不要说谎。新闻发言人不是代表自己，而是代表企业，只有实话实说，才能守住企业信用的底线。

三是不要说我不知道。确实遇到不知道的情况，要学会巧妙地应变，不要生硬地说不知道。

四是不要目中无人，自说自话。这主要是要体现对记者的尊重。

同时，还要记住：不要与记者为敌，不要有应付记者、利用记者的想法，不要给记者留下猜测的空间，不要给记者留下坏印象。

在发布会举行过程中，往往会出现种种突发的不确定的问题，要应付这些突发情况，确保发布会顺利进行，主办单位的全体人员都要齐心协力、密切合作、把控全局。

三、新闻发布会后的收场

主持人根据会议的时间安排，结合现场媒体记者提问的进展情况，正式发言与答记者问，一般控制在 30 分钟以内，不宜超过 60 分钟，适时做出简要的总结，并宣布新闻发布会结束。

（1）根据不同的新闻发布会要求，主持人还要作以下安排：

第一，请礼仪小姐引导领导与嘉宾离场。会务负责人与对口接待的人员要亲自送领导与嘉宾，甚至送到车上，以示礼貌。

第二，请记者对发言人进行采访。虽然，不是正规的回答记者问题，但是，会后的采访也不能疏忽，要注意以下几点：充分准备应答自如；紧抓主题巧妙回避；注意身份莫失语态；形象端正仪态良好；尊重记者；对记者的提问要尽力而为；多提供一些与采访主题有关的资料。

第三，请摄影记者拍照。如果会议还有新闻人物，应拍一些照片作为留存资料。

第四，媒体负责人要热情地送记者离开。

（2）发布会结束后，需要做到：

第一，整理会议资料。通过整理会议资料，可以对发布会的效果进行全面的评估，并为将来举行类似的会议提供经验和教训。发布会结束后应尽快整理出会议记录材料，比如发言稿、问答提纲、宣传册、声像资料等。对发布会的组织、布置、主持以及回答问题等方面的工作进行回顾和总结，从而吸取经验并发现不足之处。

第二，收集各方反映。需要收集与会者的总体反映，并对接待、安排和服务等工作进行检查，以了解是否存在不周到的地方，从而在未来改进这些方面的表现。

第三节　剪彩仪式礼仪

一种观点认为，剪彩仪式源于美国。在 21 世纪初，在美国的一个小镇，有一家商店即将开业，店主在门前拉了一条布带子以阻挡蜂拥而来的顾客进入店内，同时也为了吸引更多的顾客。正在顾客迫不及待要进店购物的时候，店主的小女儿牵着一条小狗突然从店里跑了出来，那条不谙世事的小狗若无其事地把店门上拴着的布带子碰落了，等候在门前的顾客以为是店主正式开张的"新花样"，便一拥而入，争相购物，从此，小店顾客盈门，财源广进。店主从这一次偶然的事故中得到启迪，在此后他开的几家连锁商店开张时也如法炮制。

另一种认为剪彩起源于西欧。当时西欧的造船业比较发达，新船试水前往往会吸引很多观众，为了防止出现意外，主持人往往会在离船较远的地方用绳索设置一道"防线"。等新船下水典礼就绪后主持人就剪开绳索让人们来参观。后来用彩带代替了绳索，人们就给它起了"剪彩"的名字。

后来，人们纷纷模仿，以讨个吉利，剪彩在从一次偶发的事件演化为一种热烈而隆重仪式的过程中，其自身也在发展和变化。起初，剪彩者是由人牵着小狗来充当，接着改由儿童担任，后来由大美女去撞落拴在门口的大红色的绸带，最后被确定为邀请当地官员或名流剪断由佳丽们手拉的红缎带。这样，剪彩就从最初的一种促销手段发展成为商务活动中一种重要仪式，并约定俗成地形成了一套礼仪要求。

在现代社会中，很多庆典仪式上都会涉及剪彩仪式，比如开业庆典活动，博览会、展销会等都会设置剪彩仪式这个环节。剪彩仪式的筹备工作必须一丝不苟，从场地布置、用品准备、灯光与音响的准备到媒体的邀请、人员的培训等，都要做到细致入微，万无一失。

一、剪彩仪式基本流程

剪彩仪式的会场一般选在展销会、博览会等的门口，如果是新建设施、新建工程竣工启用，会场一般安排在新建设施、工程的现场。仪式宜紧凑，不能拖沓，短则15分钟，最长不超过1个小时，剪彩仪式通常包括以下几个程序：

（一）请来宾就位

一般情况下，剪彩仪式只为剪彩者、来宾和本单位的负责人安排座位。在剪彩仪式开始时，主持人应请相关人员在已排好顺序的座位上就座。一般情况下，剪彩者就座于前排。

（二）宣布仪式正式开始

主持人宣布剪彩仪式正式开始，全场起立。乐队演奏音乐，现场可放气球、礼花、礼炮等，全体到场者应热烈鼓掌。此后，主持人应向全体到场者介绍到场的重要嘉宾，并表示谢意。

（三）代表致辞

致辞者发言的顺序依次应为主办方的代表、上级主管部门的代表、地方政府代表、合作单位的代表等，其内容应言简意赅，重点为介绍、道谢与致贺。

（四）剪彩开始

主持人宣布剪彩，剪彩者在礼仪人员引导下上台，走到自己的剪彩位置。礼仪人员同时上台，拉直红缎带，举好托盘，然后剪彩者向两边的剪彩者和礼仪人员示意，同时进行剪彩。剪彩时应注意全神贯注、表情庄重，将缎带一剪两断，同时还要与礼仪人员配合，让彩球落于托盘内。剪完后，全体人员应热烈鼓掌，同时奏乐，放礼花礼炮。

（五）陪同参观

剪彩之后，剪彩人员在礼仪人员引导下退场。主办方应陪同来宾进行参观，仪式至此结束。随后主办单位赠送来宾纪念性礼品。

二、剪彩仪式的礼仪规范

（一）剪彩者礼仪

剪彩者是剪彩仪式的主角，由于他们的特殊身份，更易于为人们和媒体关注，他们在仪式上的举止行为，要特别注意做到符合礼仪规范。

1. 修饰自己的仪表着装

剪彩者的仪表要庄重、整齐，着装要正规、严肃。着中山装、西装或职业制服均可，以剪彩内容的需要而选定。头发要梳理，颜面要洁净，给人以容光焕发、干净利落的好印象。

2. 注意剪彩中的举止行为

剪彩者在仪式全程中，应始终保持稳重的姿态、洒脱的风度和优雅的举止。起身剪彩时，应面带微笑地稳步走向待剪的彩带，从礼仪小姐的托盘中自取剪刀，并向礼仪人员及两边的拉彩带者微笑示意，然后严肃认真地将彩带一刀剪断。如果剪彩者不只一人，还应当兼顾各位，彼此尽量同时开剪。剪完后，将剪刀放回托盘，并举手向人们致意或鼓掌庆祝。

3. 尊重主办单位，尽力配合仪式进程

剪彩者一定要按照约定的时间提前来到仪式现场，应当理解此时主办单位盼望嘉宾到位的心情，到现场后，可与主办单位或其他先到一步的嘉宾交流谈心，不宜独坐一隅。仪式开始后，则应专心听取别人发言，关注仪式进展程序，不宜喋喋不休地与人谈笑。剪彩归来回位之前，应先和主办单位的代表握手致贺，礼节性地谈几句，或与他们在一起长时间地鼓掌。在后续活动中，与会人员也应善始善终，听从主办单位的安排。

（二）助剪者礼仪

仪式上，通常都有礼仪小姐参加，她们承担着装点仪式、具体参与仪式的服务等重任，在仪式上虽说是配角，但体现着举办单位的形象和员工的素质。礼仪在她们身上显得尤其重要。

首先是仪容高雅。剪彩仪式上的礼仪小姐多数情况下统一身着中华民族的礼仪服装——旗袍或其他中式服装（西式套装也可）脚穿黑色高跟皮鞋，化上淡妆，盘起头发，面带微笑，步履轻盈，要争取一举一动、一颦一笑，都能给人以美的感受，做到典雅大方、光彩照人。

其次是举止行为要规范。在仪式进行中，礼仪小姐应训练有素，走有走姿，站有站相，整齐有序，动作一致。尤其应注意做到的是，始终保持应有的微笑，这一点最重要，又最不容易做得好，主办单位必须加以强调。如果在仪式进行中有点小意外（比如剪了几次，仍未能剪断彩带）发生，礼仪小姐应平静地处理，不可手忙脚乱、大呼小叫，以确保仪式顺利进行。

最后是工作责任心要强。礼仪小姐在剪彩仪式中，应以规范的举止在服务中展示本单位的形象和风采。她们应当意识到，自己在仪式上的一点点粗心大意都会给来宾留下深刻的印象，给本单位带来损失。所以礼仪小姐的工作需要有较强的自控力和高度的责任心。

本章小结

举行签字仪式、新闻发布会、剪彩仪式等商务仪式活动都是为了主办单位的工作能顺利开展。就某项重要项目达成合作或对外声明，主办方需要按照会前、会中、会后三个阶段进行相应的准备工作。出席这些商务活动的主要人物需要按照商务礼仪的位次排列原则：中央为上、前方为上、以右为尊进行安排。在活动进行的过程中，相关的主持、工作人员、礼仪人员无论是服饰还是言行要遵循活动的礼仪规则：尊重为上、专业热情、顾全大局。

签字仪式的准备工作：签字文本的准备、场地准备、人员准备。签字仪式的座次安排：并列式、相对式、主席式。签字仪式的基本程序：仪式开始、签署文本、交换合同文本、举杯庆祝、发布新闻。

新闻发布会的筹备：确定主题、选择时机和地点、安排人员、准备材料、拟定流程、布置会场。新闻发布会的现场服务礼仪：遵守程序、注意配合、语言得体、态度真诚。

剪彩仪式的基本流程：请来宾就位、宣布开始、致辞、剪彩、参观。

小测试

一、判断题

1. 一般而言，新闻发布会的主题大致有三类，一是发布某一消息，二是说明某一活动，三是解释某一事件。 （　　）

2. 按照国家新闻出版部门的规定，凡是主题中有"新闻"字样的发布会，须经国家新闻出版部门的审批。 （　　）

二、选择题

1. （　　）主要适用于多边签字仪式。 （　　）
    A. 并列式
    B. 相对式
    C. 主席式
    D. 平行式

2. 剪彩仪式可以独立成项，但在大部分时候，它是附属于（　　）的。
    A. 商务会议
    B. 开业典礼
    C. 商务谈判
    D. 商务宴请

三、思考题

剪彩仪式上剪彩者和助剪者要遵循哪些礼仪要求？

四、技能拓展训练

1. 学生自由分组，分成主客两方，从主客两方分别选出主签人和助签人。

2. 双方进行签字仪式基本程序的模拟训练。

3. 各组选派代表上台演示，并由老师和其他组对表演组进行点评。

要点：各组保证同时有男女生，注意签字仪式的礼仪要求。

本章参考答案

第九章

涉外商务礼仪

■**知识要求与目标**

1. 了解跨文化差异对跨文化礼仪的影响。
2. 了解涉外礼仪的基本原则和要求。
3. 了解几个主要国家的礼仪习俗。

■**素质培养目标**

1. 能够在工作中熟练运用涉外交往原则和要求。
2. 熟练运用几个主要国家的礼仪。
3. 在外事活动中能规范自己的言行。

案例导入

一次，瑞典一个高级法官代表团到我国某单位访问。访问之前，我方外事接待部门通过交流，得知其代表团团长有饮食过敏问题，而他的过敏原是淀粉。中方接待单位开始认真研究哪些食材当中含有淀粉。经过仔细研究，他们发现，我们日常餐食中的很多主食、蔬菜、水果里都含有淀粉，而且我们在烹饪菜肴的过程中经常使用淀粉进行勾芡。了解到这些情况后，中方接待单位在后来的餐食安排中就特别注意，不做带有淀粉的菜，或提醒这位客人哪些菜在烹饪中使用了淀粉，从而避免了因食用淀粉而造成的身体过敏问题。

对于外事工作者而言，如果自己有食品过敏问题，也应该主动及时说明，以便对方在安排餐食时注意。

当我们做主人时，在饮酒、祝酒过程中，要特别体谅不能饮酒的人的难处。饮酒后身体不适，往往是由酒精过敏引起的。对于正在口服抗生素等药物的人员，不能劝酒，因为此时饮酒，可能会引起严重的过敏反应，甚至有生命危险。

随着全球经济一体化的速度加快，国际贸易和对外交往日益频繁，跨国家、跨民族、跨文化的经济和社会交往与日俱增，这为中西方的各种交流提供了机遇。因此了解涉外商务礼仪的内容和要求尤为重要。

国际交往中，人们为了避免因为各自的文化、历史差异而产生误会、隔阂，共同采用并遵守的通用的礼节规范和沟通技巧，就是涉外商务礼仪。它是人们参与国际商务活动所要遵守的惯例，强调规范性、对象性和技巧性。

第一节　涉外商务礼仪的特点与原则

在涉外交往中，采用国际通用的礼仪规范作为人们彼此之间进行交往的行为准则和行为规范，便于沟通，也易于操作。涉外礼仪好比是一种国际通行的"世界语"，有了日积月累的检验与修正，它在形式上已自成体系，实用性很强。

一、涉外商务礼仪的特点

（一）差异性

涉外商务活动中，各地不同的世界观、时间观、饮食观和生活习惯等，造就了各国商务礼仪的差异性。

【小情景】

Chinese：You look pale. What's wrong?

（中国人：你的脸色看起来很苍白，怎么了？）

American：I'm feeling sick. I have a cold.

（美国人：我生病感冒了）

Chinese：Go and see the doctor. Drink more water. Did you take any pills? Chinese medicine works wonderfully. Would you like to try? Put on more clothes. Have a good rest.

（中国人：去看医生，多喝点水。你吃药了吗？中药效果很好，你要试试吗？多穿点衣服，多休息好）

American：You are not my mother, are you?

（美国人：你又不是我妈，对吧？）

文化差异：

美国人比较看重个人的独立性，受人照顾往往被视为弱者。给对方出主意或提建议时，不能使对方认为自己小看他的能力。美国人对上述生病的反应通常是"Take care of yourself. I hope you'll be better soon."（照顾好自己，祝你早日康复）而不是教人怎么做。中国人则以兄弟姐妹或父母亲人的口吻出主意提建议表示关心，这对美国人行不通。

（二）多样性

不同国家和地区的文化习俗不同，形成的礼仪也有所不同，例如，不同国家的人见面时打招呼的礼仪形式有很多种，如点头礼、举手礼、脱帽礼、鞠躬礼、拥抱礼、亲吻礼等。我国的打招呼礼节在不同朝代就包括：揖礼、拱手礼、万福礼、叉手礼等，而这些传统礼节随着传统文化的流行也愈加受到人们的重视。

（三）趋同性

随着国际贸易的日益频繁，商务礼仪规则也在各国商务人士相互接触和交往中逐渐趋于融合，如握手礼，几乎成为世界通行的礼仪。当然，我们在享受趋同性带来便利的同时，还需要注意其差异性。

【小情景】

一位美国教师在中国任教，中国同事总是对她说："有空来坐坐"。可是，半年过去了，美国同事从没上过门。中国同事又对她说："我真的欢迎你来家里坐坐。如果没空的话，随时打电话来聊聊也行。"一年下来，美国同事既没有来电话，也没有来访。奇怪的是，这位美国人常为没人邀请她而苦恼。

文化差异：中国亲朋好友和同事之间的串门很随便，邀请别人来访无需为对方确定时间，自己去探访别人无需郑重其事征得同意。美国人则没有串门的习惯。一年内只有遇到重要节日，亲朋好友才到家里聚一聚。平时如果有事上门，要有确切的时间预约。没有得到对方的应允，随时上门是不礼貌的行为。因此，美国同事对"有空来坐坐"这句话只当作虚礼客套，不当作正式邀请。无事打电话闲聊也是美国人视为打乱别人私人时间和活动安排的行为。

若想邀请美国人上门，应当与对方商定一个互相都方便的时间。特别忠告：有心邀请要主动约时间、地点。

（四）包容性

包容性是指对各种不同文化、思想和习俗的包容。在国际交往中，难免会遇到不同的文化和思想观念，要有一定的包容力。需要理解并接受不同的看法和做法，在尊重对方的基础上寻求共识。例如，不同的国家在饮食、礼仪等方面存在着很大差异。在这种情况下，应该试着了解、尊重、接受，从中寻求共鸣，而不是内心排斥或嫌弃。

（五）适度性

适度性是指在涉外交往中要遵守一定的社交规范，不过分张扬或冒犯对方。在商务或政治交往中，应该把握适度原则，避免使用过于夸张、冷嘲热讽等对方不接受的言辞。在赠送礼品时，尤其需要注意适度。礼品的价值和质量应该与受赠方的身份和环境相适应，过于豪华的礼品可能引发不必要的误解和压力。因此，适度行为是在涉外交往中遵循的重要原则之一。

总之，在涉外礼仪中，了解这些原则可以有效减少文化互不理解或冲突的发生，增进国际友谊和合作，促进国际社会的发展。因此，我们应该充分意识到涉外礼仪对于国际交往的重要性，认真遵守这些规范和原则，努力建立和维护和谐的涉外关系。

二、涉外商务礼仪原则

职场人士在涉外商务场合中，一定要遵守国际惯例和各国各民族的礼节，这样有利于展现我国礼仪之邦的气概，又可以赢得国际友人的赞誉。总的来说，涉外商务场合中需要遵守的涉外商务礼仪原则有如下几个方面：

（一）维护形象

在国际交往之中，人们普遍对交往对象的个人形象倍加关注，并且都十分重视遵照规范的、得体的方式塑造、维护自己的个人形象。个人形象在国际交往中之所以深受人们的重视，主要是基于下列五个方面的原因。第一，每一个人的个人形象，都真实地体现着他的个人教养和品位。第二，每一个人的个人形象，都客观地反映了他个人的精神风貌与生活态度。第三，每一个人的个人形象，都如实地展现了他对待交往对象的重视的程度。第四，每一个人的个人形象，都是其所在单位的整体形象的有机组成部分。当人们不知道某一个人的归属时，他个人形象方面所存在的缺陷，顶多会被视为个人的问题；但是，当人们确知他属于某一单位，甚至代表着某一单位时，则往往将其个人形象与所在单位的形象同等看待。第五，每一个人的个人形象在国际交往中还往往代表着其所属国家、所属民族的形象。

基于以上原因，在涉外交往中，每个人都必须时时刻刻注意维护自身形象，特别是要注意维护自己在正式场合留给初次见面的外国友人的第一印象。

个人形象在构成上主要包括六个方面。它们亦称个人形象六要素。

第一是仪容。仪容是指个人形体的基本外观。

第二是表情。表情通常主要是一个人的面部表情。

第三是举止。举止指的是人们的肢体动作。

第四是服饰。服饰是对人们穿着的服装和佩戴的首饰的统称。

第五是谈吐。谈吐即一个人的言谈话语。

第六是待人接物。所谓待人接物，具体是指与他人相处时的表现，为人处世的态度。

（二）不卑不亢

不卑不亢，是涉外礼仪的一项基本原则。它的主要要求是：每一个人在参与国际交往时，都必须意识到自己在外国人的眼里代表着自己的国家，代表着自己的民族，代表着自己所在的单位。因此，其言行应当从容得体，堂堂正正，在外国人面前既不应该表现得畏惧自卑，低三下四，也不应该表现得自大狂傲，放肆嚣张。

周恩来同志提出过16字外事纪律守则：站稳立场、掌握政策、熟悉业务、严守纪律。他曾经要求我国的涉外人员"具备高度的社会主义觉悟。坚定的政治立场和严格的组织纪律，在任何复杂艰险的情况下，对祖国赤胆忠心，为维护国家利益和民族尊严，甚至不惜牺牲个人一切"。江泽民同志则指出涉外人员必须"能在变化多端的形势中判明方向，在错综复杂的斗争中站稳立场，在各种环境中都严守纪律，在任何情况下都忠于祖国，维护国家利益和尊严，体现中国人民的气概"。他们的这些具体要求，应当成为我国一切涉外人员的行为准则。

（三）求同存异

首先，对于中外礼仪与习俗的差异性，是应当予以承认的。

再者，在涉外交往中，对于类似的差异性，尤其是我国与交往对象所在国之间的礼仪与习俗的差异性，重要的是了解，而不是评判是非，鉴定优劣。

在国际交往中，究竟遵守哪一种礼仪更好呢？一般而论，目前大体有三种主要的可行方法。

其一，以我为主。所谓"以我为主"即在涉外交往中，依旧基本上采用本国礼仪。

其二，兼及他方。所谓"兼及他方"，即在涉外交往中基本采用本国礼仪的同时，也应适当地采用一些交往对象所在国的现行礼仪。

其三，求同存异。所谓"求同存异"在涉外交往中为了减少麻烦，避免误会，最为可行的做法，是既对交往对象所在国的礼仪与习俗有所了解并予以尊重的表现，更要对于国际上所通行的礼仪惯例认真地加以遵守。

（四）入乡随俗

入乡随俗是涉外礼仪的基本原则之一，它的含义主要是：在涉外交往中，要真正做到尊重交往对象，就必须尊重对方所独有的风俗习惯。之所以必须认真遵守入乡随俗原则，主要是出于以下两面的原因。

原因之一，各个国家、各个地区、各个民族，在其历史发展的具体进程中，形成了各自的宗教、语言、文化、风俗和习惯，并且存在着不同程度的差异。这种"十里不同风，百里不同俗"的局面，是不以人的主观意志为转移的，也是世间任何人都难以强求统一的。

原因之二，是因为在涉外交往中注意尊重外国友人所特有的习俗，容易增进中外双方之间的理解和沟通，有助于更好地、恰如其分地向外国友人表达我方的亲善友好之意。

（五）信守约定

信守约定作为涉外礼仪的基本原则之一，所谓"信守约定"的原则，是指在一切正式的国际交往之中，都必须认真而严格地遵守自己的所有承诺。说话务必要算数，许诺一定要兑现，约会必须如约而至。在一切有关时间方面的正式约定之中，尤其需要恪守不怠。在涉外交往中，要真正做到"信守约定"，对一般人而言，尤须在下列三个方面身体力行，严格地要求自己。第一，在人际交往中，许诺必须谨慎。第二，对于自己已经作出的约定，务必要认真地加以遵守。第三，万一由于难以抗拒的因素，自己单方面失约，或是有约定难以履行，需要尽早向有关各方进行通报，如实地解释，并且还要郑重其事向对方致以歉意，并且按照规定和惯例主动地负担给对方所造成的某些物质方面的损失。

（六）热情有度

热情有度是涉外礼仪的基本原则之一。它的含义是要求人们在参与国际交往直接同外国人打交道时，不仅待人要热情而友好，更为重要的是，还要把握好待人热情友好的具体分寸，否则就会事与愿违，过犹不及。

中国人在涉外交往中要遵守好热情有度这一基本原则，关键是要掌握好下列四个方面的具体的"度"。

第一要做到"关心有度"。

第二要做到"批评有度"。

第三要做到"距离有度"。

在涉外交往中，人与人之间的正常距离大致可以划分为以下四种，它们各自适用于不同的情况。

其一是私人距离，其距离小于0.5米。它仅适用于家人、恋人与至交。因此有人称其为"亲密距离"。

其二是社交距离，其距离为大于0.5米，小于1.5米。它适合于一般性的交际应酬，故称"常规距离"。

其三是礼仪距离。其距离为大于 1.5 米，小于 3 米。它适用于会议、演讲、庆典、仪式以及接见，意在向交往对象表示敬意，所以又称"敬人距离"。

其四是公共距离。其距离在 3 米开外，适用于在公共场同陌生人相处。它也被叫作"有距离的距离"。

第四，要作到"举止有度"。要在涉外交往中真正作到"举止有度"，要注意以下两个方面：

一是不要随便采用某些意在显示热情的动作。

二是不要采用不文明、不礼貌的动作。

（七）不必过谦

不必过谦的原则的基本含义是：在国际交往中涉及自我评价时，虽然不应该自吹自擂，自我标榜，一味地抬高自己，但是也绝对没有必要妄自菲薄，自我贬低，自轻自贱，过度地谦虚、客套。

（八）不宜先为

所谓不宜先为原则，也被有些人称作不为先的原则。它的基本要求是，在涉外交往中，面对自己一时难以应付、举棋不定，或者不知道到底怎样做的情况时，最明智的做法，是尽量不要急于采取行动，尤其是不宜急于抢先，贸然行事。面对这种情况时，不妨先是按兵不动，然后再静观周围之人的所作所为，并与之采取一致的行动。

不宜先为原则具有双重含义。一方面，它要求人们在难以确定如何行动才好时，应当尽可能地避免采取任何行动，免得出丑露怯。另一方面，它又要求人们在不知道到底怎么做而又必须采取行动时，最好先是观察其他人的正确做法，然后加以模仿，或是同当时的绝大多数在场者在行动上保持一致。

（九）尊重隐私

中国人在涉外交往中，务必要严格遵守"尊重隐私"这一涉外礼仪的主要原则。如前面章节所述，尊重隐私已经是我们国家普遍认同的一种社会交往方式，而不仅仅是涉外场合。一般而论，在国际交往中，下列八个方面的私人问题，均被海外人士视为个人隐私问题：

其一，收入支出。

其二，年龄大小。

其三，恋爱婚姻。

其四，身体健康。

其五，家庭住址。

其六，个人经历。

其七，信仰政见。

其八，所忙何事。

要尊重外国友人的个人隐私权，首先就必须自觉地避免在对方交谈时，主动涉及这八个方面的问题。为了便于记忆，它们亦可简称为"个人隐私八不问"。

（十）女士优先

女士优先是国际社会公认的一条重要的礼仪原则，它主要适用于成年异性间进行社交活动之时。女士优先的含义是：在一切社交场合，每一名成年男子都有义务主动自觉地以自己的实际行动，去尊重妇女，照顾妇女，体谅妇女，关心妇女，保护妇女，并且还要想方设法、尽心竭力地去为妇女排忧解难。倘若因为男士的不慎而使妇女陷于尴尬、困难的处境，便意味着男士的失职。

【知识拓展】

英文里的"女士优先"的本意，其实是"女士第一"，它是通过一系列的具体做法来实现的。比如，女士面前，男士是不允许说脏字、开无聊玩笑的。在发言开始时，讲话者提及听众时，必须以"女士们、先生们"作为"合礼"的顺序。在问候时，男士必须先问候在场的女士。男女同行时，男士应走靠外的一侧，不能并行时，男士应让女士先行一步，在开门、下车、上楼或进入无人领路的场所、遇到障碍和危险时，男士应走在女士前面。乘坐计程车或其他轿车时，应让女士先上车；下车一般是男士先下，然后照顾女士下车。在门口、楼梯口、电梯口及通道走廊遇到女士，男士应侧身站立一旁，让其先行。在需要开门的场合，男士应为女士开门。

在社交聚会场合，男士看到女士进门，应起身以示礼貌；当客人见到男女主人时，应先与女主人打招呼。就餐时，进入餐厅入座的顺序是，侍者引导，女士随后，男士"压阵"。一旦坐下，女士就不必再起身与别人打招呼，而男士则需起身与他人打招呼。点菜时，应先把菜单递给女士。女士在接受男士的礼让时，不能过分腼腆与羞怯，应面带笑容道谢。

（十一）爱护环境

爱护环境作为涉外礼仪的主要原则之一，爱护环境的主要含义是：在日常生活里，每一个人都有义务对人类所赖以生存的环境自觉地加以爱惜和保护。

在涉外交往中，之所以要特别地讨论爱护环境的问题，除了因为它是作为人所应具备的基本的社会公德之外，还在于，在当今国际舞台上，它已经成为舆论倍加关注的焦点问题之一。

在国际交往中涉及此问题时，需要特别注意的问题有两点。

第一，要明白，光有"爱护环境"的意识还是远远不够的，更为重要的是要有实际行动。

第二，与外国人打交道时，在"爱护环境"的具体问题上要严于自律。具体而言，在涉外交往中特别需要在"爱护环境"方面倍加注意的细节问题又可分为下列八个方面。

其一，不可毁损自然环境。

其二，不可虐待动物。

其三，不可损坏公物。

其四，不可乱堆乱挂私人物品。

其五，不可乱扔乱丢废弃物品。

其六，不可随地吐痰。

其七，不可到处随意吸烟。

其八，不可任意制造噪声。

（十二）以右为尊

正式的国际交往中，依照国际惯例，将多人进行并排排序时，最基本的规则是右高左低，即以右为尊，以左为卑。

大到政治磋商、商务往来、文化交流，小到私人接触、社交应酬，但凡有必要确定并排排序时的具体位置的主次尊卑，"以右为尊"都是普遍适用的。无论是悬挂国旗、会见会谈的座次安排、国宴的席位安排，还是坐车、行走，凡涉及位次排列时，都讲究以右为大、为长、为尊。

第二节　部分国家习俗礼仪

习俗礼仪，即有关习惯风俗的礼仪规范。具体来说，它指的是由于历史、文化、地域的不同，各个国家、各个地区、各个民族所相沿成习的特殊的精神文明方面的传承。当人们跨国家、地区、民族进行交往时，习俗礼仪的作用尤为突出。

《荀子·大略》："政教习俗，相顺而后行。"职场人士在涉外交往中，有必要在习俗礼仪方面多加注意。唯有如此，才能够在涉外活动中，不仅真正做到尊重外国友人，也真正做到尊重自己。

一、印度

印度人大多信奉印度教，其次为伊斯兰教、基督教、锡克教。在印度，月亮是一切美好事物的象征。

（一）饮食习惯

印度教徒不吃牛肉，认为牛是神圣不可侵犯的。把牛奉为神牛，牛在大街小巷行走，车辆行人要礼让。把母牛视为"圣牛"，老死不能宰杀，甚至当母牛不能自己寻觅食物时，有的还被收入"圣牛养老院"中供养。

印度教上层人士食素戒荤，连用素食制成的仿荤食品也忌食。反感喝酒，他们认为喝酒是违反宗教习惯的。"1""3""7"是不讨他们喜欢的数字；他们把许多动物（如牛、孔雀、蛇）人化、神化，与中国人相反，他们不喜欢龟、鹤及其图案，也忌讳弯月的图案。

（二）见面礼仪

印度人相见应递英文名片，英语是印度的商业语言。主客见面时，都要用双手合十在胸前致意。口中念着："纳玛斯堆"（梵文："向您点头"，现在表示问好或祝福）。晚辈在行礼的时候弯腰摸长者的脚，表示对长辈的尊敬。男子不能和妇女握手。许多家庭妇女忌讳见陌生男子，不轻易和外人接触。但如果邀请男人参加社交活动时应请他们偕夫人同来。一般关系的男女不能单独相处。到印度庙宇或家庭做客，进门必须脱鞋。迎接贵客时，主人常献上花环，套在客人的颈上。花环的大小长度视客人的身份而定。献给贵宾的花环既粗又长，超过膝盖。给一般客人的花环仅到胸前。妻子送丈夫出远门，最高礼节是摸脚跟和吻脚。

到印度家庭做客时，可以带水果和糖果作为礼物，或给主人的孩子们送点礼品。用右手拿食物、礼品和敬茶，不能用左手，也不用双手。就餐的时候，印度教徒最忌讳在同一个容器里取用食物。也不吃别人接触过的食物，甚至别人清洗过的茶杯，也要自己再洗涤一遍后才使用。

印度人是用摇头表示赞同，用点头表示不同意。人们用手抓耳朵表示自责；召唤某人的动作是将手掌向下摆手指，但不能只用一个指头；指人时也要用整个手掌，不能用一两个指头。

（三）礼品馈赠

在印度文化中，送礼物的方式同样重要。印度人更看重礼物的价值和象征意义，而不是包装或精美的外观。在送礼物的时候，也要避免送太过奢华的礼物，不然有贿赂之嫌。印度人民相信很多神话，所以很多礼物都有吉祥的象征意义。例如，将印度檀香木作为礼物是一种不错的选择，因为在印度文化中，它被认为是神圣的，并具有净化和吸引好运的特性。适当的避讳也是送礼时应该考虑的因素之一。例如，不要送白色的物品，因为在印度文化里白色意味着丧失和悲哀。

二、马来西亚

马来西亚地处东南亚，主要的居民有：马来人、华人、印度人及原住民族。马来西亚大多数人信奉伊斯兰教。伊斯兰教为其国教。

（一）饮食习惯

马来西亚人的饮食习惯受伊斯兰教影响，马来西亚人喜食牛、羊肉，口味清淡，怕油腻，喜食椰子、椰油、椰汁。由于地处热带，马来西亚盛产水果。

马来西亚人忌食狗肉、猪肉，忌用猪皮制品，忌用漆筷。他们认为左手不干净，不能左手传递东西。另外，他们忌用黄色，忌讳"0""4""13"及与之相关的数字。马来西亚禁酒，因此，用餐时不用酒来招待客人。

（二）见面礼仪

马来西亚人友好、和善，注重礼貌礼节，尊老爱幼。

应邀到马来西亚朋友家里做客，应按同主人事先约定的时间准时到达，要衣冠整齐，进屋前先脱鞋，将两只鞋整齐地放在楼梯口或房门边，否则会被视为失礼。进入屋内，要向主人家的成员一一问候，特别要注意首先问候主人的父母和其他长辈，在主人的要求之下，可以席地而坐，男性客人盘腿而坐，女性客人屈膝侧身坐。不可歪戴帽子，没有征得主人同意不可吸烟。

在马来西亚，人们不能在同一个盘子里吃饭。在马来西亚用餐，每个人都有自己用餐时的大盘子和小盘子，如果需要菜，就用另外的勺子给他盛。这与中国家庭待客时一大家子同吃一桌子菜的习惯是有很大区别的。

（三）礼品馈赠

马来西亚人不要求客人送礼，如果向主人赠送一些日常食用品如椰子、槟榔、香蕉、糕点、饼干、咖啡、糖果等表示友好情谊，主人会高兴地收下。主人送上来的饮料、水果、糕点等，客人一定要多少品尝一些，否则会被误认为拒绝主人的善待之情，引起主人的不快。

三、沙特阿拉伯

沙特阿拉伯是伊斯兰教的发源地。公元 7 世纪，伊斯兰教创始人穆罕默德的继承者建立了阿拉伯帝国，其公元 8 世纪为鼎盛时期，版图横跨欧、亚、非三洲。

（一）生活习俗

阿拉伯人崇尚白色、绿色，而忌用黄色。交换物品时，用右手或双手，忌用左手。到主人家时要脱鞋，除非主人提出不用脱鞋。不要随便进入清真寺，入寺必须先脱鞋，忌讳用后脚跟面对人，忌用脚踩桌椅板凳，因为这被认为是侮辱人的表示。

阿拉伯人对国家、法律的概念不是很强，但交往中遵循的原则是信誉和忠诚。阿拉伯人讲究信誉、待人忠诚的传统观念根深蒂固，尤其是在道德水准方面，即使在生意场上，买空卖空、弄虚作假的事情也很少有。在阿拉伯市场买东西，是仿制就是仿制的，店主会如实告诉你。

（二）见面礼仪

阿拉伯人见面行握手和拥抱礼。爱用咖啡、椰枣和甜点招待客人，客人不能拒绝，否则就意味着不恭。忌用左手吃饭和摸小孩的头。阿拉伯的人认为右手为尊，大部分时间都不用左手。

勿主动与女性握手或随意拍摄女性。从社交礼仪上讲，一般情况下男性不主动跟女性握手，应先等女性伸手以免尴尬。在阿拉伯国家，女性一般不会主动跟男性握手。几乎在所有阿拉伯国家都不能不经允许拍摄女性，尤其是戴面纱的女性。这一点在海湾国家更要注意，随意拍摄往往会引起官司。另外，一些敏感处所也不允许拍摄，拍摄前最好先弄清有关规定或咨询当地人。

阿拉伯人与外国人做交易时会提前预约，但不守时；因此，即使是约定的时间去拜会，最好仍需在日程上留一点余地，对方晚到 15~30 分钟是常有的事。依公司类别而定，上班时间千差万别。夜间上班的公司也很多。当地商人多通晓英文，名片和说明宜用英语和阿拉伯语两种文字。

（三）礼品馈赠

对生意场上的礼物收受，必须注意不要赠送有关个人的礼物和卡片，否则会被误认为是伊斯兰教所严禁的崇拜偶像。如果他们送给你东西，你最好收下，要是不收下，他们就会认为你是在羞辱他们，这是阿拉伯人的性格决定的。

【小情景】

2005 年世界首脑峰会，元首们在饭店一般要住 7~10 天，许多元首都自带一些食用的东西。

当时一位阿拉伯国家元首抵达饭店时，美国安全人员发现车队中有异常情况，检查后发现车里面有 30 多只活羊。饭店工作人员看到后提出"饭店是不能屠杀任何动物的"。这位元首的工作人员反而提出，这些羊是飞机长途运输过来的，肉已经发紧，不好食用，要求饭店帮助遛放。饭店人员听到后真是哭笑不得。蒋女士知道后立即亲自与有关方面联系，很快在新泽西州找到一家牧场，不仅可以遛放，而且可以屠宰，保证了这位国家元首每天都吃到新鲜美味的羊肉。

四、韩国

（一）生活习俗

韩国人讲究礼貌，待客热情，普通民众都有很好的礼仪素养，敬老爱幼，热情待客，重视礼尚往来。韩国人对交往对象的第一印象非常看重，在与人建立密切的工作关系之前，他们认为举止合乎礼仪是至关重要的。倘若在从事商业谈判的时候能遵守他们的生活方式，他们会对你的好感倍增。木槿花是韩国的国花。

（二）见面礼仪

到韩国人家里做客，进入室内时，要将鞋子脱掉留在门口，这是最基本的礼仪。与韩国人相处时，宜少谈当地政治，多谈韩国文化艺术。无论在什么场合都不大声说笑。

在与韩国人共进工作餐时，不可边吃边谈，因为他们认为吃饭的时候不能随便出声。韩国人习惯以身份高低来称呼对方，对有身份者或客人称先生、夫人、太太、小姐，对地位一般者或低于自己的男性或女性多用"君"或"娘"来称呼。"再见"一词主要用于平辈或熟人，对长者或生人、外宾等都要说"您好好走吧"或"您好好在这儿吧"。向年长者或有身份者递送物品时，一般都习惯以双手并躬身，以示尊重。

（三）礼品馈赠

韩国人的民族自尊心很强，反对崇洋媚外，倡导使用国货。在赠送礼品时，最好选择是鲜花、酒类和工艺品，禁忌日货。

（四）生活禁忌

韩国人珍爱白色，礼金要用白色的礼袋而不是红色的。喜欢单数，不喜欢双数。在韩国，忌讳数字是"4"，因其发音与"死"相同，所以在生活方面尽量避开"4"，受西方文化的影响，有许多韩国年轻人不喜欢"13"这个数。

五、日本

（一）生活习俗

日本几乎全是大和民族。居民主要信奉神道教和佛教，少数信奉基督教和天主教。日本至今还保留着我国唐代的很多礼仪和风俗。日本人注意穿着打扮，平时穿着大方整洁。在正式场合一般穿礼服，男子大多穿成套的深色西服，女子穿和服。在天气炎热的时候，不随便脱衣服，如果需要脱衣服，要先征得主人的同意。在一般场合，只穿背心或赤脚被认为是失礼的行为。

（二）见面礼仪

在日常生活中，都互致问候，脱帽鞠躬，表示诚恳、可亲。初次见面，向对方鞠躬90°，而不一定握手。如果是老朋友或比较熟悉的人就主动握手或拥抱。遇到女宾，女方主动伸手才可以握手。如果需要谈话，应到休息室或房间交谈。

日本人一般不用香烟待客，如果客人要吸烟，要先征得主人的同意。在日本，"先生"的称呼只用来称呼教师、医生、年长者、上级或有特殊贡献的人，如果对一般人称"先生"，会让他们感到难堪。

和日本人谈论茶道是非常受欢迎的，一般以半杯为敬，不再续茶。不管家里还是餐馆里，座位都有等级，一般听从主人的安排就行。日本商人比较重视建立长期的合作伙伴关系。他们在商务谈判中十分注意维护对方的面子，同时希望对方也这样做。

（三）生活禁忌

日本人喜欢奇数（偶数8例外，9及其他某些奇数也不受欢迎）。由于日语发音中"4"和"死"相似，"9"与"苦"相近，因此，忌讳用4、9等数字，包括梳子也不能送，梳子发音和"4"相同，还忌讳三人一起合影。

日本人忌讳别人打听他的工资收入。送花给日本人时，别送白花（象征死亡），也不能把玫瑰和盆栽植物送给病人。菊花是日本皇室专用的花卉，民间一般不能赠送。樱花是日本国花。

六、英国

（一）生活习俗

英国是绅士之国，讲究文明礼貌，注重修养，同时也要求别人对自己有礼貌。注意衣着打扮，什么场合穿什么服饰都有一定标准，正式场合的穿着应十分庄重而保守。

（二）见面礼仪

见面时对尊长、上级和不熟悉的人用尊称，并在对方姓名前面加上职称、衔称或先生、女士、夫人、小姐等称呼。亲友和熟人之间常用昵称。初次相识的人相互握手，微笑并说："您好！"在大庭广众之下，人们一般不行拥抱礼，男女之间除热恋情侣外一般不手拉手走路。英国人不喜欢别人随意称呼他们的名字，可以称"某某先生""某某女士""某某博士"等。如果是有爵位的人可以爵位相称。

（三）生活禁忌

在英国，陌生人之间通常会保持一定的距离，他们习惯保留私人空间，因此不喜欢人与人之间过于亲近。通常，在第一次见面时，英国人会与对方保持一定的距离，常常不会主动与对方握手或拥抱。此外，英国人也不喜欢在公共场所大声说话或打电话，他们注重保持安静与秩序。

英国人忌讳的动物包括孔雀和大象。孔雀因为其华丽的羽毛而被认为是不吉祥的象征，而大象则因为其体型庞大而不受欢迎。

英国人偏好的颜色主要有蓝色、红色和白色，这些都是英国国旗的颜色。他们不太喜欢的颜色是墨绿色。在英国，用餐时应避免浪费食物，这被看作不礼貌。吃完自己的食物后，留下空盘子是礼貌的做法。相反，剩余食物可能会被理解为客人不喜欢这些食物。

（四）礼品馈赠

避免送包装奇特和太贵重的礼物。在英国人的传统中，礼物的包装要保持简洁、素雅。在送礼时要考虑到对方的接受能力。

避免送钟表和刀具。在英国人的文化中，送钟表被认为是不吉利的，因为钟表象征着时间的流逝和有限的生命，刀具被认为是刺伤友谊的。

小心选择鲜花。例如，百合被认为是葬礼上的花朵，玫瑰花则具有浪漫的意义，但如果你送给普通朋友，可能显得过于庄重或者有性暗示。

七、美国

（一）生活习俗

美国是个移民之国，它的祖先来自于全球各地。人们移居美国时，不仅仅是地理位置上的变化，而且还把他们原本所在国的风俗习惯带到了新的居住地。因为差异十分普遍，人们就不特别注重统一性。久而久之，美国人的文化习俗中形成了较高程度的宽容性。美国人穿着崇尚自然，喜欢个性轻松的着装。但在商务场合，很注重服装的整洁和得体。男士通常穿西装，女士则穿套装或连衣裙。美国饮食不刻意讲究排场与形式，快餐文化全球闻名。

（一）见面礼仪

美国人时间观念强，约会需提前预约，并准时赴约。早上 8 点前和晚上 10 点后，除非有紧急事情，他们一般不接受拜访。由于美国人强调平等，他们的社会等级观念相对而言比较淡薄，所以他们没有家庭世袭的头衔。相反，美国人喜欢用职业作为称呼，比如"博士""律师""法官"等。

（二）生活禁忌

在美国，为避免麻烦，男子不要给妇女送香水、衣物、化妆品等。美国人在日常生活中喜欢开玩笑，但与美国商人交往，涉及生意时说话必须慎重，因为他会认为你的话是算数的。美国人不喜欢被问及收入，美国人在数字上忌讳"13"。美国人不喜欢蝙蝠，认为那是凶神恶煞的象征。

（三）礼品馈赠

美国人一般不随便送礼，也不送厚礼。圣诞节时，人们常用花纸包好礼物送给附近穷人。探病时，常赠鲜花，有时也赠盆景。美国人收到礼物后，一定要马上打开，当着送礼者的面欣赏或品尝礼物，并立即向送礼者道谢。

本章小结

涉外商务礼仪的特点：差异性、多样性、趋同性、包容性和适度性。涉外商务礼仪的原则：维护形象、不卑不亢、求同存异、入乡随俗、信守约定、热情有度、不必过谦、不宜先为、尊重隐私、女士优先、爱护环境。

主要涉外国家礼仪风俗中，分别介绍了印度、马来西亚、沙特阿拉伯、韩国、日本、英国、美国的生活习俗、见面礼仪、生活禁忌与馈赠礼品等方面的内容。职场人士在涉外交往中需要注意这些方面，才能实现双赢。

小测试

一、选择题

1. 和外国友人发生意见分歧时，我们应该（　　　）。

    A. 彼此尊重、求同存异

    B. 坚持己见、固守立场

C. 改变立场、配合对方

D. 不予理睬、若无其事

2. 赠与外国友人礼物的时候，应该（　　　）。

    A. 价格越高越好

    B. 随意按自己的喜好来

    C. 在自己可承受范围之内，不给对方和自己造成心理和物质上的负担

    D. 包装一定要很精致

3. （多选）在涉外交往中，我方陪同人员应严格要求自己，要做到（　　　）。

    A. 谨慎行事

    B. 计划周全

    C. 注意保密

    D. 少说多听

4. （多选）女士优先体现在以下哪些方面？（　　　）

    A. 不要在女士面前乱开玩笑

    B. 一同行进的时候，让女士走里面

    C. 要吸烟的时候先征得在场女士同意

    D. 进行双方介绍时，如果二者地位平等，先介绍男士给女士认识

二、思考题

涉外交往中，涉外人士如何进行礼貌的拜访？

三、技能拓展训练

班级同学分几个小组，一组 6 名同学，3 名扮演主要外国国家的客人，3 名扮演我国商务人员与之进行商务洽谈、上门做客、宴请、馈赠礼品等场景的模拟演练。注意角色分配到位，符合各国习俗，遵守涉外礼仪原则。

本章参考答案

参考文献

陶杰，2017. 文化差异对跨文化交际的影响［J］. 经营管理者（3）：335.

何浩然，2020. 中外礼仪［M］. 4版. 大连：东北财经大学出版社.

惠亚爱，2021. 沟通技巧［M］. 3版. 北京：人民邮电出版社.

金正昆，2004. 商务礼仪［M］. 北京：北京大学出版社.

金正昆，2019. 商务礼仪教程［M］. 6版. 北京. 中国人民大学出版社.

刘建明，王泰玄，1993. 宣传舆论学大辞典［M］. 北京：经济日报出版社.

路银芝，吕志梅，孟菲，2023. 现代礼仪［M］. 2版. 北京：中国人民大学出版社.

罗元浩，孟祥越，2020. 人际沟通与社交礼仪［M］. 2版. 北京：清华大学出版社.

吕宏程，2016. 职场沟通实务［M］. 2版. 北京：北京大学出版社.

麻友平，2020. 人际沟通艺术［M］. 3版. 北京：人民邮电出版社.

潘媛媛，杨洁，2022. 职场礼仪训练教程［M］. 北京：中国人民大学出版社.

钱志芳，2022. 礼仪与沟通［M］. 北京：中国人民大学出版社.

阮喜珍，张明勇，从静，2021. 商务礼仪与人际沟通［M］. 3版. 武汉：武汉大学出版社.

唐西光，王新娟，2021. 沟通技巧［M］. 长春：东北师范大学出版社.

王光华，2021. 人际沟通与礼仪［M］. 北京：中国人民大学出版社.

王茂跃，2017. 社交礼仪［M］. 5版. 北京：高等教育出版社.

黄蒸蒸，2023. 深入了解中西文化差异培养跨文化交际意识［J］.（8）：178-180.

王岩，2023. 职场礼仪训练［M］. 北京：中国人民大学出版社.

向多佳，2011. 商务礼仪［M］. 上海：上海大学出版社.

杨娟，2018. 商务礼仪［M］. 北京：中国商业出版社.

张向东，2022. 沟通技巧［M］. 北京：中国人民大学出版社.

赵蓉，2021. 商务礼仪［M］. 北京：人民邮电出版社.

李歆，2015. 商务礼仪与职业形象塑造［M］. 北京：电子工业出版社.

吴清伙，陈乐群，梁传波，2021. 商务礼仪［M］. 西安：西北工业大学出版社.